中韩经贸关系20周年回顾与未来展望

——2012年中韩经济合作研讨会文集

陈东琪　主编

中 国 计 划 出 版 社

图书在版编目（CIP）数据

中韩经贸关系 20 周年回顾与未来展望：2012 年中韩经济合作研讨会文集／陈东琪主编．—北京：中国计划出版社，2013.6
ISBN 978-7-80242-834-8

Ⅰ.①中 Ⅱ.①陈… Ⅲ.①国际合作-经济合作-中国、韩国-文集 Ⅳ.①F125.531.26-53

中国版本图书馆 CIP 数据核字（2013）第 058937 号

中韩经贸关系 20 周年回顾与未来展望
——2012 年中韩经济合作研讨会文集
陈东琪　主编

中国计划出版社出版
网址：www.jhpress.com
地址：北京市西城区木樨地北里甲 11 号国宏大厦 C 座 4 层
邮政编码：100038　电话：（010）63906433（发行部）
新华书店北京发行所发行
三河富华印刷包装有限公司印刷

880mm×1230mm　1/32　9.375 印张　241 千字
2013 年 6 月第 1 版　2013 年 6 月第 1 次印刷

ISBN 978-7-80242-834-8
定价：22.00 元

前　　言

2000年10月，时任国务院总理朱镕基访韩期间，与韩国领导人就成立《中韩经济合作研究会》达成共识。2001年6月，韩国总理访华期间，中韩两国政府研究机构——原国家计委宏观经济研究院（现国家发展和改革委员会宏观经济研究院）和韩国对外经济政策研究院共同签署了《中韩经济合作研究会》备忘录，两国总理出席了签字仪式。2002年5月13日，《中韩经济合作研究会》正式成立。按照机构设置基本对等的原则，中韩双方各自成立研究会，中方研究会设在国家发改委宏观经济研究院（原国家计委宏观经济研究院），韩方研究会设在韩国对外经济政策研究院。

《中韩经济合作研究会》的宗旨，是加强中韩两国经济合作的长期研究，将研究成果提交两国政府相关部门，供政府部门制定有关政策时参考，推动两国经贸合作的深入发展。

经中韩双方理事联席会议讨论，《中韩经济合作研究会》的主要工作内容有两个方面：一是根据不同时期中韩经济发展与合作的实际需要，设立研究课题，各自独立地开展研究，不定期进行阶段性成果交流；二是每年共同举办一次研讨会，就双方商议的主题进行学术交流。第一次研讨会于2003年12月在中国北京举办，自此开始，中韩经济合作研讨会每年在中韩两国轮流举行。

第十次中韩经济合作研讨会于2012年7月在韩国丽水举办，会议主题为“中韩经贸关系20周年回顾与未来展望”。韩国对外经济政策研究院作为东道主，由金尚谦副院长率来自韩国对外经济政策研究院中国组、国际贸易研究院的专家学者一行10人参会。中国国家发展和改革委员会宏观经济研究院陈东琪副院长率国家发改委经济研究所、对外经济研究所、投资研究所、产业经济与技术经济研究所、国土开发与地区经济研究所的专家学者参加了会议。会上，双方围绕“中韩经贸关系20周年回顾与未来展望”这一主题，分别就“中韩FTA推动情况及今后课题”、“中韩相互投资”、“中韩绿色合作发展”、“人民币国际化与中韩金融合作”、“中韩贸易平衡与可持续增长”五个单元进行研讨和交流。在双方的共同努力下，会议取得了圆满成功。

为了加强与社会的交流，与社会各界友人分享中韩经济合作研讨会的成果，我们将中韩两国专家在研讨会上的演讲稿编辑出版。由于编辑和翻译水平的限制，本书的不足之处在所难免。我们期待社会各界提出批评意见，以帮助我们更好地加强中韩两国经济合作的研究，推动两国经贸合作的深入发展。

2013年3月14日

目　录

中韩建交 20 周年回顾与展望

李章揆　朴敏淑

一、绪论

2012 年是中韩两国建交 20 周年。建交以来，两国在各行各业保持了活跃的交流。尤其在经济领域，两国通过保持互补性合作关系，取得了较快发展。

1992 年建交时，两国的贸易规模仅为 64 亿美元。到 2011 年达到 2206 亿美元，增长到 34.6 倍。另外，建交以来，出口和进口分别增长了 51 倍和 23 倍，中国成为韩国最大的出口对象国和最大进口来源国。

在投资方面，中韩两国也取得了长足发展。1992 年两国投资额仅为 1.4 亿美元，到 2011 年达到 35.7 亿美元，增长了 25 倍左右。韩国对中国投资规模仅次于美国，排第二位。

中韩两国建交以来，不仅在经济交流上取得了较快发展，人员流动也迅猛增加。两国人员流动从 1993 年的 21 万人增长到 2011 年的 641 万人。2011 年访问中国的韩国人数达到 419 万名，仅次于日本排第二位。特别是自 2002 年以后中国超过日本成为韩国最大的出国目的国。两国人员交往在教育领域也取得了飞跃发展。1992 年建交时，在韩中国留学生人数为零，到 2010 年增加到 57783 名，占外国留学生总数的 69%。在华韩国留学生达到 64232 名，在单一国家中排第一位。

另外，在政治、外交领域也取得了较大成绩。1992 年以睦邻友好合作关系为基础发展起来，1998年建立了“面向21世纪的合作伙伴关系”。2008年通过将两国关系升级到“战略合作伙伴关系”，进一步提升了两国外交关系（参考表1）。

自中韩两国建交至2012年1月，双方共举办了32次领导人会晤，平均每年举办1.5次峰会。可以说，这是在主要国家领导人会晤中出现的最高频率。

表1　中韩两国建交以来的主要事件

年　份	主　要　交　流
1992	——签订中韩建交协议（8.24），达成“中韩睦邻友好合作关系”协议
1994	——协商建立“合作伙伴关系” ——第三次中韩领导人会晤，签订避免双重征税协定、文化协议等 ——两国贸易额突破100亿美元
1998	——第八次中韩领导人会晤，“面向21世纪的中韩合作伙伴关系”宣言 ——中国成为韩国第三大贸易对象国
1999	——中韩两国年均往来人数突破100万人
2001	——第十二次中韩领导人会晤，建立“全面合作关系”
2002	——中国成为韩国第二大贸易对象国 ——中国成为韩国最大的海外直接投资对象国
2003	——中国成为韩国最大的出口国 ——第十四次中韩领导人会晤，“全面合作伙伴关系”宣言
2004	——中国成为韩国最大的贸易国
2005	——韩国承认中国的“市场经济地位（MES）” ——两国贸易额突破1000亿美元
2007	——中国成为韩国最大的进口国
2008	——第二十二次中韩领导人会晤（北京），协商建立“战略合作伙伴关系”
2010	——6月，韩国大幅度放宽中国人签证签发条件（6月） ——在多伦多G20峰会中，两国领导人对2012年中韩贸易额突破2000亿美元的目标达成共识
2011	——提前一年实现两国贸易额突破2000亿美元的目标

资料来源：罗秀烨（2007），中国专家论坛　中韩建交20周年公告栏（http://csf.kiep.go.kr/20th/）。

本文分析了中韩建交以来两国之间的交流与发展情况，并展望未来中韩关系的新方向。但是，首先要说明的一点是，本文中的大多数观点是站在韩国的立场上表明的中韩关系。

二、中韩经济交流概况

（一）中韩贸易关系

建交之前，两国就已经通过第三国家间接地进行了不少的经济交流。1992 年建交之后两国便开始了正式的经济交流。1992 年中韩两国的贸易额仅为64 亿美元。20 年之后的2011 年这一规模达到2206 亿美元，增长到34.6 倍。在过去 20 年时间里，韩国对华出口年均增长率达到23%，是同期韩国对全世界出口年均增长率（11.0%）的2 倍以上。中国成为韩国最大的出口对象国和最大进口来源国。

尤其值得一提的是，2011 年中韩两国的贸易额突破了2206 亿美元，提前一年实现了贸易额突破 2000 亿美元的目标。对华出口规模不断扩大，在韩国整个出口中所占的比重也有所上升，从建交时的4.0% 大幅上升到2011 年的20.4%。

1. 中韩贸易特点

快速发展扩大的中韩贸易呈现出以下几个特点：

第一，在过去20 年里，中韩贸易虽然在各个不同时期表现有差异，但是保持了持续增长的趋势。除了受到 1998 年东亚金融危机和2009 年国际金融危机影响，两国贸易规模一度减少之外，在其他的时间里都出现了持续增长的趋势。特别是 2001 年中国加入世贸组织之后，两国的经济交流呈现了爆发性的增长。实际上，中国加入世贸组织也成为两国交流，特别是投资增长的契机。

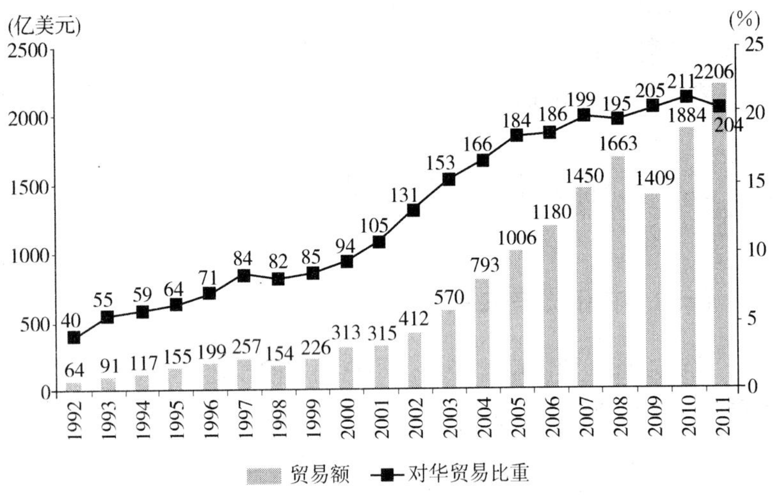

图1 中韩贸易变化

资料来源：韩国贸易协会（www. kita. net）。

第二，随着韩国对华出口增长的扩大，两国之间的贸易不平衡进一步深化。纵观韩国对中国的贸易收支，除了1992年建交时韩国对华贸易出现逆差之外，之后的连续19年时间里韩国一直对中国保持贸易顺差。特别是在经历两次金融危机之后，韩国对华出口额小幅减少，但是进口额却大幅下降。这导致了韩国对中国贸易顺差规模的进一步扩大。2011年韩国对华贸易收支顺差规模突破了477.5亿美元。

第三，随着两国贸易扩大，韩国对华贸易依存度和出口依存度大幅上升。过去20年里，中韩贸易规模增长了35倍。韩国对华贸易在韩国整个对外贸易中所占比例超过了20%，对华出口在整个出口中所占比重超过了24.2%。

第四，形成了以加工贸易为主的出口结构。韩国对华出口形成了以中间产品和资本货物为主的加工型出口结构。虽然近几年加工出口小幅减少，但是相对于日本、美国等竞争国家仍然占有较高比重。

2010年，对主要对华出口国家（地区）的调查结果显示，韩国的中间产品出口比重（76.3%）略高于与韩国有着相似出口结构的台湾（76.0%）。相反，在制成品方面对华出口中，德国占的比重最大（51.3%），其次依次为日本（35.6%）、美国（28.5%）、台湾（22.1%）、韩国（21.9%）。

表2　主要国家（地区）进入中国内需市场概况（2010年）

单位:%

类　别		韩国	台湾	日本	美国	德国
初级产品		1.8	1.9	5.1	36.3	4.2
中间产品		76.3	76.0	59.3	35.2	44.5
	半成品	57.1	59.5	32.1	26.6	16.1
	零配件	19.2	16.5	27.2	8.6	28.4
制成品		21.9	22.1	35.6	28.5	51.3
	资本货物	15.7	20.3	25.4	19.2	28.5
	消费品	6.2	1.8	10.2	9.3	22.8

资料来源：KIEP（2011），“促进对华经济合作与贸易投资方案”。

1992年建交当时，韩国对华主要出口商品为半成品和零配件等中间产品（88.7%）。中间产品的出口比重在2010年下降到67.2%，但两国之间的出口结构仍然保持着以中间产品为主的结构。但是，建交以来的20年时间里，制成品出口比重持续上升，从1992年的10.8%上升到2011年的31.2%，增长到近3倍。

表3　对华出口加工阶段分布　　单位:%

类　别	1992	2000	2005	2010
全部商品	100	100	100	100
初级产品	0.5	0.4	0.6	1.5
中间产品	88.7	84.9	82.0	67.2

续表

类　别	1992	2000	2005	2010
半成品	84.0	65.2	42.0	35.4
零配件	4.7	19.7	40.0	31.8
制成品	10.8	14.7	17.3	31.2
资本货物	7.3	9.9	14.0	26.9
消费品	3.5	4.8	3.3	4.3

资料来源：Lee Bonggeol（2012），“中韩建交20周年对华出口的成果与课题”，韩国贸易协会。

2. 主要贸易产品

在建交初期，韩国对华主要出口产品以工业原材料和中间产品为主。近几年，发生一些变化，以高端产品为主。据了解，2011年韩国对华主要出口产品为平板显示屏、半导体、石油产品、合成树脂。其中，石油产品和合成树脂是在建交之后韩国对华出口持续增加的产品，平板显示屏和半导体是进入21世纪以后快速增加的产品。对韩国对华十大出口产品进行比较会发现，在1992年建交初期钢板、合成树脂、船用棒钢、钢筋等为主要对华出口产品，然而到2011年出口产品排序变成平板显示屏、半导体、石油产品。在这20年时间里，韩国对华出口产品变得以高端技术产品为主，出口产品结构进一步得到升级。

表4　韩国对华十大出口产品（1992年、2011年对比）

单位：百万美元,%

十大出口产品（1992）				十大出口产品（2011）			
代码	产品名称	金额	增长率	代码	产品名称	金额	增长率
总计		2654	164.7	总计		134185	14.9
613	钢板	420	382.8	836	平板显示屏与传感器	20292	9.4
214	合成树脂	299	273.8	831	半导体	15777	-8.2

续表

十大出口产品（1992）				十大出口产品（2011）			
代码	产品名称	金额	增长率	代码	产品名称	金额	增长率
612	船用棒钢和钢筋	235	6684.1	133	石油产品	10995	61.9
331	皮革	141	105.8	214	合成树脂	7382	6.3
411	人造纤维	130	24.1	213	石油化工合成原料	4540	28.4
434	人造长纤维织物	98	84.3	742	汽车零部件	4401	16.4
252	纸制品	90	205.7	812	无线通讯器材	4277	-9.6
721	纤维与化学机械	76	163.4	212	石油化工中间原料	3806	51.1
133	石油产品	74	412.1	613	钢板	3671	14.4
219	其他石油化工产品	69	118.4	211	基础油	3240	62

注：MTI3单位标准。

资料来源：韩国贸易协会（www.kita.net）。

在过去的20年时间里，韩国从中国进口的主要产品结构也发生了诸多变化。建交初期韩国主要从中国进口植物性产品、原油、纤维等农产品和矿产品。到2011年半导体、电脑、钢板、无线通讯器材、平板显示屏等产品在对华进口产品中所占比重最大。特别是，在上述前五位对华进口产品中，除了钢板之外，其他四种产品均属于高端产业产品，可以说这是最大的变化。这意味着韩国从中国进口的产品相对于1992年得到了进一步升级。

表5　韩国对华十大进口产品（1992年、2011年对比）

单位：百万美元,%

十大进口产品（1992）				十大进口产品（2011）			
代码	产品名称	金额	增长率	代码	产品名称	金额	增长率
总计		3725	8.3	总计		86432	20.8
13	植物性物质	657	29.8	831	半导体	6642	0.9
131	原油	223	91.8	813	电脑	5941	-1.2
435	人造短纤维织物	222	1.2	613	钢板	5541	38.7
241	水泥	214	-46.7	812	无线通讯器材	4653	64.8
132	煤炭	210	7.1	836	平板显示屏与传感器	4216	7.0
431	丝织物	178	9.6	441	服装	3448	23.3
11	谷物类	142	29.0	228	精密化学原料	3080	38.4
228	精密化学原料	107	12.2	842	静电（static electric）机器	2773	65.8
433	棉织物	103	86.9	850	电线	1926	29.4
19	其他农产品	103	-42.5	834	器械零部件	1768	10.9

注：MTI3单位标准。

资料来源：韩国贸易协会（www.kita.net）。

（二）中韩投资关系

1. 中韩两国投资规模

在中韩两国投资中，韩国企业的对华投资保持着绝对高的水平，形成了单方面的投资模式。进入21世纪以后，虽然中国对韩国的投资有所增加，但是在绝对规模上，仍然小于韩国对华投资。

在过去20年时间里，韩国企业对华投资规模累积达到359.3亿美元（申报额标准）。除了上世纪90年代后期爆发的东亚金融危机和21世纪爆发的国际金融危机前后时期，韩国企业对华投资规模保持着持续增长态势。

特别是，在国际金融危机稳定之后，韩国企业对华投资呈现了快速反弹的趋势。另外，随着中国在2001年12月加入世贸组织，中国的投资条件进一步得到改善，韩国企业对华投资保持了相当高的水平。

表6　韩国对华投资概况

单位：件，个，百万美元

年份	申报数量	新法人数	申报额	汇款次数	投资额
总计	44386	21743	50072	81754	35933
1992	314	170	223	356	141
2011	2179	828	4874	3322	3572

资料来源：韩国输出入银行。

虽然，中国对韩国的投资规模较小，但是近几年呈现了增长态势。在中国的对外直接投资中，亚洲地区所占比重为71.9%左右。其中对韩国的投资仅为0.2%，无论是在绝对规模还是在比重方面，中国对韩国的投资都不是很大。

除了东亚金融危机这一特殊时期，进军中国的韩国企业持续增加。1992年为170家新法人企业，2006年增加到2300家，达到最高水平。但是在2008年美国金融危机之后进军中国的韩国企业数量急剧减少，2011年下降到828家企业。进入中国的韩国企业数量减少，除了受到国际金融危机的影响之外，还因为已经有相当多的企业进入到了中国，所以新投资企

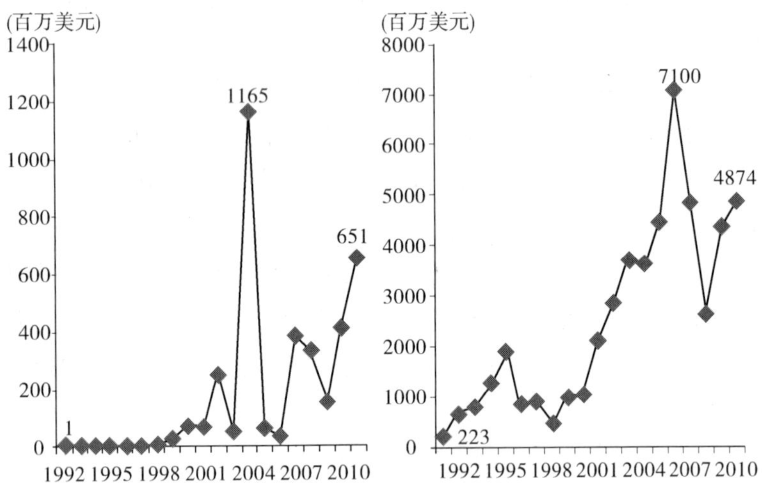

图 2　中国对韩国的投资

注：申报额。

资料来源：知识经济部外商投资统计。

图 3　韩国对华投资

注：申报额。

资料来源：韩国输出入银行。

业数量相对有所减少。

2. 产业投资概况

2011 年韩国对华投资中，制造业占了绝对优势地位。其他专业科学及技术服务业、批发零售业方面的投资也实现了较高水平。

两国建交以后，制造业方面的投资出现了持续增长趋势。但是近几年，专业科学与技术服务业方面的投资出现了高速增长趋势。

另外，随着2006 年11 月中国遵循 WTO 承诺进一步开放金融市场，2007 年在金融与保险业方面，韩国对华投资突破了6. 6 亿美元。受到2009 年美国金融危机和2011 年欧洲财政危机影响，虽然减少不少，但2010 年以3. 5 亿美元保持了较高水平。

表7　韩国对华产业投资概况

单位：亿美元，%

产业	1992年	2000年	2005年	2010年	2011年
制造业	1.2（83.1）	5.8（76.6）	22.9（81.2）	27.4（75.7）	27.7（77.5）
专业科学与技术服务业	—	0.01（0.0）	0.5（1.8）	1.3（3.5）	3.2（8.9）
批发零售业	—	0.6（7.6）	1.6（5.8）	2.2（6.0）	2.1（6.0）
金融保险业	—	0.002（0.0）	0.9（3.3）	3.5（9.6）	0.6（1.6）

资料来源：韩国输出入银行。

3. 投资区域概况

在过去的20年时间里，韩国对华投资呈现了明显的区域偏重情况。大部分投资都集中在了地理上邻近的沿海地区和东北地区。

1992年建交当时，对较为邻近的山东省的投资最多，占35.0%。其次依次为北京（19.3%）、辽宁（11.2%）。2011年显示，韩国企业仍然较多地集中在沿海地区和长江三角洲、东北三省等地区。据了解，90%以上的韩国对华投资集中在了山东省（20%）、江苏省（18.9%）、辽宁省（14.1%）、广东省（12.3%）、上海（8.2%）、天津（7.1%）、北京（6.5%）、浙江省（3.9%）。

（三）人员交流概况

1. 中韩两国访问者人数

伴随着活跃的经济交流，两国之间的人员交流也有了持续增加。在1992年建交之后的第二年1993年，两国来往人员数（双方之间的访问者人数）共计不过21万人。之后一直持续增加，到2011年突破641万人，呈现了30倍以上的跨越式增长趋势。

建交之后，随着两国人员交流的持续增长，两国访问者人数大幅上升。数据显示，一直到前几年，到中国的韩国访问者人数是去韩国的中国访问者人数的4倍以上。2000年访问中国的韩国人数突破了100万人，2007年更是超过了400万人。随着两国之间经济交流的深化，2011年这一规模突破了419万人。与此同时，由于受到韩流影响，中韩两国之间的访问者人数差距缩小到了2倍以下。

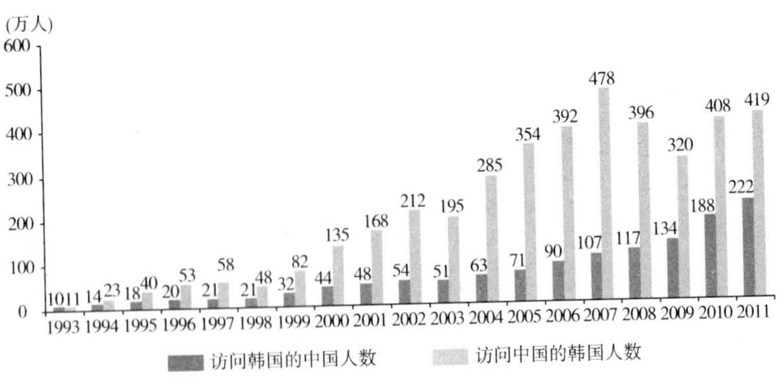

图4　两国访问者人数变化

资料来源：韩国观光公社，中国专家论坛中韩建交20周年公告栏（http://csf. kiep. go. kr/20th/）。

2. 两国留学生

随着两国之间的经济交流迅猛增加，两国留学生数量也有了快速上升。21世纪初，留学中国的韩国留学生规模为留学韩国的中国留学生的3倍以上。近几年两国留学生规模变得相差无几。2003年在华韩国留学生和在韩中国留学生规模分别为18267名和5607名，到2010年分别为64232名和57783名。

值得一提的是，2010年在华韩国留学生规模小幅下降，但是在韩国的中国留学生人数却出现了持续增长趋势。如果这种趋势继续保持下去，估计在未来几年内在韩国的中国留学生将超过在华韩国留学生规模。

表8　两国留学生人数变化　单位：人

分类	2003年	2004年	2005年	2006年	2007年	2008年	2009年	2010年
在韩中国留学生	5607	8677	12312	19160	31829	44746	53461	57783
在华韩国留学生	18267	23722	28408	29102	42269	57504	66806	64232

注：1. 中国留学生（包括语言进修生与其他进修生）；

2. 韩国留学生（大学以上在校生）。

资料来源：中国专家论坛　中韩建交20周年公告栏（http://csf.kiep.go.kr/20th/）。

三、中韩关系评价与展望

（一）评价

如上所述，建交以来两国的双边贸易量出现了快速增长。这与两国通过建立正式的外交关系为经济交流提供制度密不可分。但是更加确切的说，应该是两国之间互补性的经济结构和地理邻近性等经济因素发挥了决定性作用。换句话说，建交之后中韩两国贸易出现的爆发性增长，向全世界说明了地理上邻近、经济结构互补的两个国家可以通过自由贸易增进两国经济利益并扩大经济福利的事实。①

另外，在投资方面，韩国企业对华投资急剧增加。这主要是因为在过去20年时间里由于生产成本的上升等问题面临困难的韩国企业正好利用开放的中国市场，在中国进行当地化生产，从

① 李章揆，2012。

而获取了新的商业机会。可以说，这一因素对韩国企业对华投资的急剧增长起了相当重要的作用。[①] 在中国实行改革开放政策之后，从上世纪80年代以后正式开始形成了使用中国优质低薪劳动力的东亚生产网络。可以说，韩国企业以单纯加工贸易为主的投资成为东亚生产网络的一个环节。

在过去的20年时间里，1997年和2008年分别经历了亚洲金融危机和国际金融危机。在经历这两次危机时，中国发挥了韩国主要出口市场的作用，为韩国经济的恢复起到了相当重要的作用，并通过货币互换协议进一步稳定了韩国经济。

下面更为详细地介绍一下国际金融危机之后的情况。在国际金融危机爆发之后，美国、欧盟、日本等主要发达国家并没有呈现明显的恢复态势。2010年美国实行了非正常的货币政策，即实行了第二次量化宽松货币政策。实际上，这被认为是美国为恢复本国经济所做的具有保护主义色彩的政策。[②] 相反，中国市场却实现了较为稳定的增长。可以说，属于韩国主要出口市场的美国和中国市场的表现具有极大的反差。

在经历国际金融危机的同时，中国的对外进口也经历了相当大的变化。首先，德国和美国产品在中国市场中的份额小幅上升。相反，在东亚国家（地区）中日本和台湾产品在中国市场中所占份额却有所下降。在2009年至2010年期间，韩国在中国市场中所占份额比2008年有所上升，这与日本和台湾地区产品呈现的下降趋势有所不同。

这说明在发达国家市场停滞或不振的情况下，韩国积极开拓中国市场的战略，对韩国更好地克服国际金融危机提供了相当大的帮助。这其中最重要的一点就是韩国很好地运用了中国的经济

① Kwak Bokseon，2012。

② 李章揆，2011。

刺激计划。尤其是得益于LCD、汽车零部件、冷轧钢板等产品的良好出口状态，2009年韩国对华出口在中国市场中所占份额有所上升。①

2009年，在亚洲国家中，只有韩国和印度尼西亚（资源出口国）的中国市场份额有所提升。根据IMF和其他一些研究报告显示，至少中国对亚洲一些国家的经济恢复起到了拉动作用。②

（二）存在的问题

然而对韩国而言，在中韩贸易上同样存在很多问题。第一，对华出口的良好发展态势有利于韩国经济较快地摆脱国际金融危机。但是，相应地韩国对华出口依存度有所上升。2011年韩国对华出口依存度为20.4%，仅次于台湾，是世界上对华出口依存度第二高的水平。尤其是近几年韩国的显示屏、半导体、电脑等占整个出口产品60.3%的十大主打产品对华出口依存度急剧上升。这导致韩国将直接面临未来中国经济增长停滞和经济环境变化带来的风险。虽然说这种现象并不好，但是从未来世界经济展望考虑，预计很难在短期内降低对华出口依存度。第二，以加工贸易为主的出口结构是主要问题所在。以加工贸易为主的对华贸易结构将很难继续保持下去。过去，韩国之所以在对华贸易中一直保持大规模的顺差，主要原因是韩国形成了以中间产品和资本货物为主的加工型出口结构。在过去20年时间里，中国对韩国出口基础产品和低附加值产品，而韩国主要对中国出口零配件等技术密集型和资本密集型产品。

但是，近几年（国际金融危机爆发前后），随着区域内分工

① Jeong Hwanwoo，Lee Eonmi，2010。

② Park，D，2011。

结构的弱化，加工贸易比重有所下降。此外，随着中国产业结构升级和技术水平的提升，预计中国的加工进口比重将进一步下降。上世纪90年代，超过50%的中国加工进口比重在进入21世纪以来逐渐下降，2011年末降到了26.9%。此外，考虑来自国际上对于全球不平衡的压力和中国产业结构升级政策、中国劳动力成本的上升等各种因素，预计中国的加工贸易比重将进一步减少。因此，从中长期来看，如果韩国不减少加工出口比重、扩大针对中国内需市场的一般出口，韩国对华出口将不可避免地只能逐渐下降。

第三，韩国对华出口形成了主要对进入中国的韩国投资企业提供零配件和资本货物的结构。因此，形成了投资和出口的相关关系非常高的投资挂钩型出口结构。也就是说，具有对华投资和生产设备、原料出口同步进行，韩国对华投资越多，对华出口就越多的与投资挂钩的特点。但是，在2005年以后，随着中国技术的提升和韩国零部件企业对华投资的扩大，进入中国的韩国企业在当地购买的比重有所上升，从韩国进口的比重有所下降。

（三）展望

可以预见今后中韩两国经济关系将迎来新的转机。首先，由于中国经济正在探索新发展方式的转变，中韩关系一定程度上会受到某种形式的影响，最终对韩国经济也会有一定影响。另外，发达国家不能迅速地找出摆脱经济萎靡的突破口，这种世界经济的新环境，也会对两国经济关系产生一定影响。也就是说，存在着未来所谓东亚生产网络将向哪个方向发展的问题。

展望未来中韩经济关系，本文指出了以下几个观点：

第一，中韩两国在诸多领域中竞争激化的可能性较高。今后中国会继续出现类似海尔、联想、华为等世界上具有竞争力的大企业。此外，中国政府正在积极推进培育七大新兴战略产业政策，对钢铁、纺织、造船等主要产业积极推进结构调整和升级。[①] 如果这种产业政策取得可视性的成果，双方在两国市场乃至全球市场上的竞争将变得愈加激烈。

第二，韩国对华投资将进入新的阶段。把中国视为加工生产基地的视角将不再有效。未来，很难再期待韩国企业对华投资取得量的增长。预计韩国企业对华投资（进入中国）将以开拓中国内需市场为主要目的。

过去，有一些大企业在中国内需市场上取得了较好成绩。例如，斗山工程机械和现代重工业在挖掘机市场上取得领先地位；现代、起亚汽车成为中国汽车行业的佼佼者；爱茉莉太平洋、熊津豪威等化妆品产业也在中国市场上颇受好评；依恋（Eland）和百家好（Basic House）等品牌在中国的销量超过了韩国国内市场。[②]

随着中国城镇化和收入水平的提高、中产阶级进一步扩大，预计2016年左右，中国将超越美国成为世界最大的进口市场。[③] 因此，如上所述，韩国企业针对中国内需市场进入中国的战略方向可以说非常正确。但是，截至目前，中韩经济关系仍然以加工贸易为主。是否可以顺利地从过去以加工贸易为主的出口结构转变为进入内需市场的出口结构，将决定韩国对华出口能不能进入新的阶段。

第三，如上所述，建交20年以来，中韩两国之间的贸易量之所以迅速扩大，主要是因为建交以来两国政府努力完善政策制度，并在此基础上互补的经济关系、地理上的临近性等经济因素发挥了决定作用。但是，为促进中韩两国之间的经济交流进一步

---

① Kwak Bokseon，2012。

② Yoo Gwangyeol，2011。

③ Lee Bonggeol，2012。

升级，两国政府应该继续推进一些课题。

尽管难以判断今后中韩两国贸易量是否会继续保持增长趋势。但是可以肯定的一点是中韩经济关系将以更加多元化和复杂的形态发展。在双向的投资关系中，中国对韩国的投资也将会有所增长。此外，两国在金融方面的交流也将有所扩大，包括技术领域在内的合作范围也将进一步扩大，朝着多元化发展。

随着这种变化趋势，需要出现新的贸易规范或合作规范。这一时刻，在追求扩大双方交流的同时，应该签定能够包容新变化趋势的具有先进方式的 FTA。虽然已经启动中韩 FTA 谈判，但是今后中韩 FTA 要成为对两国双方具有实际意义的 FTA。通过先进方式的中韩 FTA，预计两国将进一步扩大对方国家的市场份额。为此韩国也应该积极探索通过 FTA 进入中国内需市场的方法。

（李章揆，韩国对外经济政策研究院俄罗斯与 CIS 组组长；朴敏淑，韩国对外经济政策研究院中国组专门研究员）

参考文献：

1. 罗秀烨．从经济交流统计上看到的中韩建交 15 周年［J］．KIEP 区域经济热点，2007，Vol. 1，No. 12.

2. 刘光烈．中韩经济关系活跃的变化评估［J］．中国金融市场热点，2011（1）．

3. Lee Bonggeol. 中韩建交 20 周年对华出口的成果和课题．IIT Trade Focus，2012.

4. 李章揆．中国与世界经济［J］．全球事件，2011 夏季刊，世宗研究院．

5. 李章揆．中韩经济关系，通过 FTA 将进入新局面［J］．Chindia Journal，2012（5）．

6. Jeong Hwanwoo, Lee Eonmi. 对华出口，2009 年评价与 2010 年五大关键词 . IIT Trade Focus, Vol. 9, No. 4.

7. KIEP. 对华经济合作与贸易投资促进方案：以进入内需市场和促进投资为中心 . 2011.

8. Park, Donghyun & Shin, Kwanho. People's Republic of China as an Engine of Growth for Developing Asia? [J] . Asian Economic Paper, Vol. 10, No. 2 pp. 120 – 163.

9. Kwak Bokseon. 韩国对华投资：无限经济领域和网络结构时代 . 2012.

应用网站：

1. 中国专家论坛“中韩建交20周年”公告栏 .

2. 韩国观光公社 .

3. 韩国贸易协会 .

4. 韩国输出入银行 .

5. 韩国知识经济部外商投资统计 .

中韩建交20周年经贸关系回顾与深化合作的前景

陈东琪　姚淑梅

一、中韩建交20年经贸合作的主要成果

（一）双边贸易

1. 货物贸易

根据中国海关统计[①]，1992～2011年，中韩货物贸易进出口总额由50亿美元增加到2456亿美元，增长了48倍（参见图1）。尤其是2002～2008年，中韩贸易快速增长，2003年、2004年和2005年两国贸易额年增长率分别高达43%、42%和24%。此后受国际金融危机影响，2009年中韩贸易额下降16%，为1992年建交以来的第二次负增长（上次为1998年受东亚金融危机影响，双边贸易额下降11%）。2010年中韩贸易快速反弹，双边贸易额增长33%，2011年增长18.6%。

2011年，韩国是中国第二大进口来源国（参见图2），占当年中国进口总额的比重为9.3%，同时韩国也是中国第四大出口目的国（参见图3），对韩出口占中国当年出口总额的比重为4.5%。与此同时，中国已是韩国第一大出口市场和第一大进口来源国，

① 本文所讲的“中国”是指中国大陆部分，不含作为单独关税区的中国香港、澳门和台湾地区。

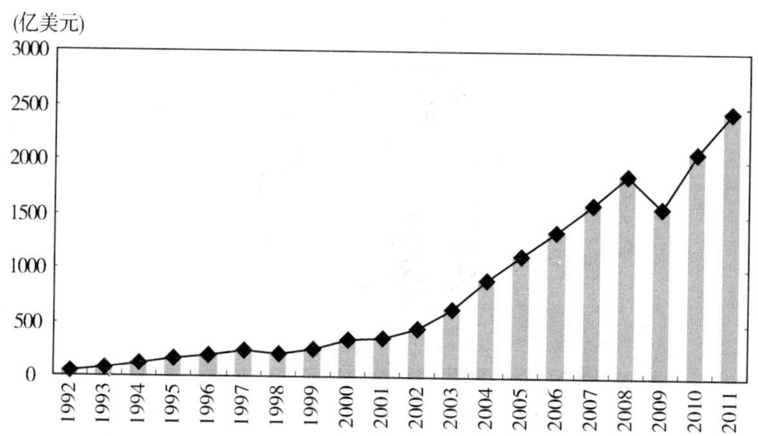

图1 中韩货物贸易进出口总额

资料来源：中国海关统计。

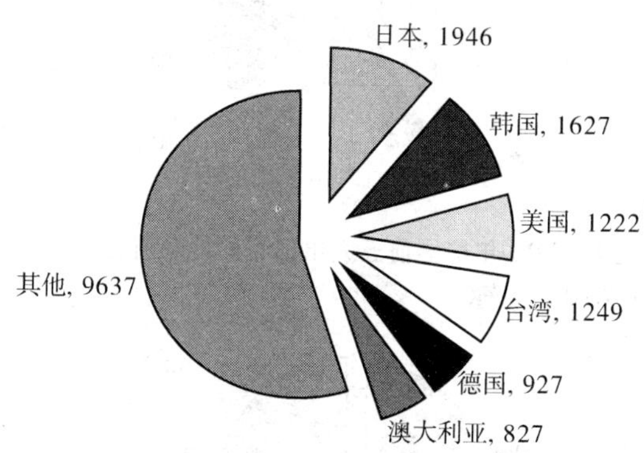

图2 2011年中国主要进口来源地（亿美元）

2010年韩国对中国出口占其总出口额的比重高达23.8%，从中国进口占其进口总额的比重为16.8%（参见图4、图5）。

2. 服务贸易

中国已是韩国重要的服务贸易伙伴国。根据韩方统计，2010年，中国是韩国服务贸易第二大出口市场和第三大进口来源地，

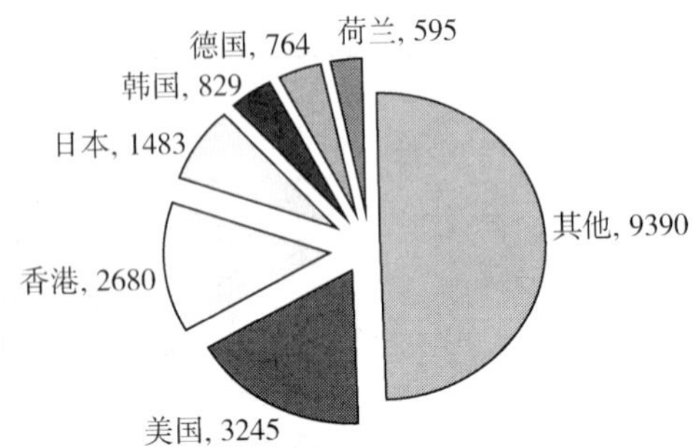

图3　2011年中国主要出口市场（亿美元）

资料来源：中国海关统计。

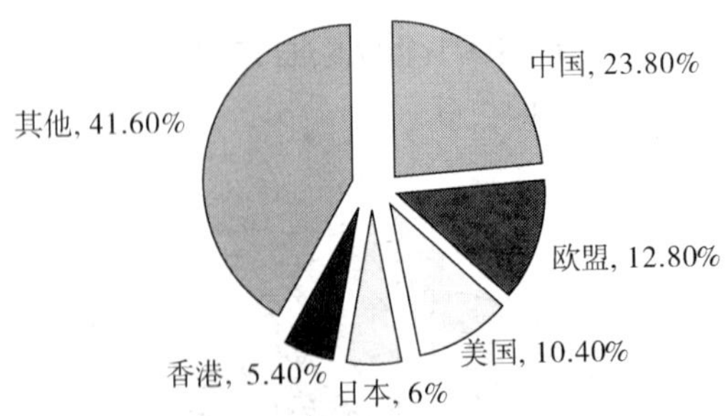

图4　2010年韩国前五大出口目的地及所占份额

资料来源：WTO数据库。

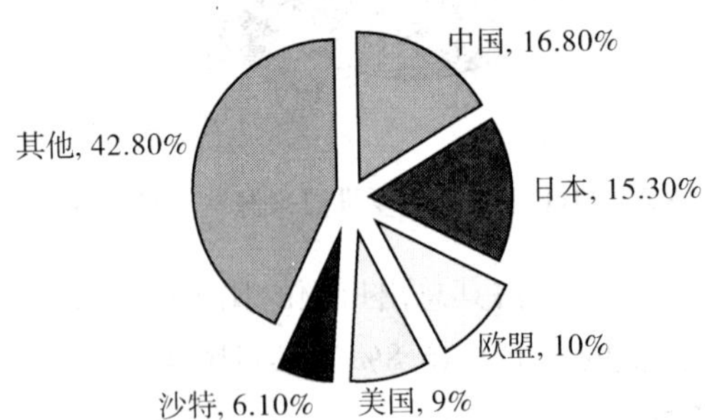

图5　2010年韩国前五大进口来源地及所占份额

资料来源：WTO数据库。

对中国出口和进口分别占韩国当年出口总额和进口总额的15.7%和11%。

(二) 双边投资

1. 韩国企业对华投资

中韩建交后，正值中国加大改革开放力度，出台诸多优惠政策鼓励外商直接投资（FDI）流入。韩国企业抓住机遇，积极扩大对华投资。1992年至2011年，韩国对华直接投资累计达500亿美元。

韩国对华投资经历了两次高峰（参见图6）。第一次高峰期是中韩建交后的投资上升期。这次高峰顶点在1997年，当年韩国企业对华投资达到22亿美元，是1992年的18倍。第二次高峰期是在亚洲金融危机结束后，尤其是2001年中国加入WTO之后，韩国企业对华投资大幅上升，2004年达到顶峰62亿美元。此后，韩国对华投资快速下滑，2011年仅为25.5亿美元，比2004年下降约60%。不过，2011年韩国仍是中国第六大外商直接投资来源国（参见表1）。

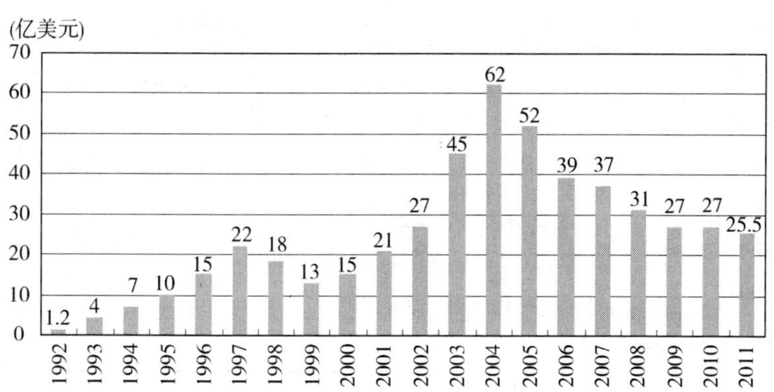

图6　韩国企业对中国直接投资情况（以实际投入金额计）

数据来源：中国统计年鉴1993~2011年各期，2011年数据来自商务部外资司《外资统计快报》，2012年1月。

表1　2011年对华直接投资前十位国家/地区（以实际投入外资金额计）

国家/地区	金额（亿美元）	国家/地区	金额（亿美元）
1. 香港	770	6. 韩国	25.5
2. 台湾	67.3	7. 英国	16.1
3. 日本	63.5	8. 德国	11.4
4. 新加坡	63.3	9. 法国	8.0
5. 美国	30.0	10. 荷兰	7.7
中国利用FDI总额	1160		
前十位占中国实际利用FDI金额比重	91.6%		

资料来源：商务部外资司《外资统计快报》，2012年1月。

2. 中国企业对韩投资

自2003年中国企业开始扩大海外投资以来，对韩投资一直处于较低水平，2010年中国对韩直接投资甚至净减少7.2亿美元。至2010年底中国企业对韩直接投资存量为6.4亿美元（参见图7），仅占中国对外投资存量的0.2%。

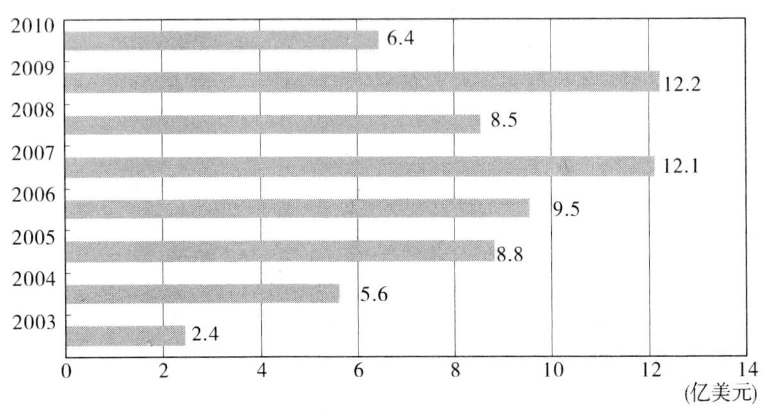

图7　中国对韩直接投资存量

资料来源：中国统计年鉴2004~2011年各期。

（三）金融、技术和劳务合作

1. 中韩金融合作

（1）宏观层面的合作。1993 年以来，两国金融监管当局定期磋商为促进中韩金融合作发挥了重要作用。2003 年 12 月韩国央行北京代表处成立，成为首家在中国本土设立代表处的外国央行。2005 年韩国金融监督院亦在北京设立代表处，成为第一家在中国设立的外国金融监管机构代表处。2012 年中国政府批准韩国央行在上海设立了第二家代表处。

2002 年中韩在《清迈倡议》框架下签署 20 亿美元货币互换协议，并于 2005 年 5 月扩大到 40 亿美元。2008 年 12 月中国人民银行和韩国银行签署规模为 1800 亿元人民币/38 万亿韩元的双向货币互换协议，2011 年 10 月扩大到 3600 亿元人民币/64 万亿韩元。

（2）金融市场开放。

①银行业。韩国金融机构很早就进入中国市场，自 1993 年 12 月，韩国外换银行在北京开设第一家分行以来，韩国韩亚银行、韩国输出入银行、韩国朝兴银行等都在中国设立了代表处或者开设分行。2006 年 12 月，中国加入 WTO 五年过渡期结束后，中国金融业进入全面开放时期。韩国银行纷纷改制，在中国设立总行，并增设分行和代表处。韩亚银行、原韩国友利银行、韩国中小企业银行、韩国新韩银行、韩国国民银行、外换银行等都已获中国银监会批准，在北京或天津设立总行，其各地分行也相应改制（参见表 2）。截至 2012 年 5 月，中国银行、中国工商银行、中国交通银行和中国建设银行在首尔、安山、大邱、釜山等地开设 8 家分行。

表2　2006年以来中国银监会批准韩国银行改制情况一览表

年份	设立总行情况	分行改制开业情况
2007年	批准韩亚银行（中国）有限公司总行在北京市开业	批准韩亚银行（中国）有限公司上海分行开业 批准韩亚银行（中国）有限公司沈阳分行开业 批准韩亚银行（中国）有限公司北京分行开业 批准韩亚银行（中国）有限公司青岛分行开业 批准韩亚银行（中国）有限公司烟台分行开业
2007年	批准友利银行（中国）有限公司总行在北京市开业	批准友利银行（中国）有限公司北京分行开业 批准友利银行（中国）有限公司上海分行开业 批准友利银行（中国）有限公司深圳分行开业 批准友利银行（中国）有限公司苏州分行开业
2008年	批准韩国中小企业银行有限公司在天津市筹建企业银行（中国）有限公司	批准企业银行（中国）有限公司天津分行开业 批准企业银行（中国）有限公司沈阳分行开业 批准企业银行（中国）有限公司青岛分行开业 批准企业银行（中国）有限公司烟台分行开业 批准企业银行（中国）有限公司苏州分行开业
2008年	批准新韩银行（中国）有限公司总行在北京市开业	批准新韩银行（中国）有限公司北京分行开业 批准新韩银行（中国）有限公司上海分行开业 批准新韩银行（中国）有限公司天津分行开业 批准新韩银行（中国）有限公司青岛分行开业
2010年	批准外换银行（中国）有限公司总行在天津市开业	批准外换银行（中国）有限公司天津分行开业 批准外换银行（中国）有限公司北京分行开业 批准外换银行（中国）有限公司上海分行开业 批准外换银行（中国）有限公司大连分行开业
2012年	批准韩国国民银行在北京市筹建国民银行（中国）有限公司	批准国民银行（中国）有限公司广州分行开业 批准国民银行（中国）有限公司哈尔滨分行开业 批准国民银行（中国）有限公司苏州分行开业 批准国民银行（中国）有限公司北京分行开业

资料来源：根据《中国银监会》"政务信息"整理。

②证券市场。中国证券市场逐渐扩大对韩开放。截至2012年3月，中国共批准131家合格境外机构投资者（QFII）投资中国境内证券市场，总额度为245.5亿美元。其中，韩国9家机构

被批准，包括国民年金公团（NPS）、韩国银行、三星资产运用株式会社等。2011 年，银监会批准韩国货币经纪株式会社在北京设立代表处。2011 年底，已有 15 家中国企业在韩国证券交易所 IPO，共融资约 6000 亿韩元。根据韩国金融监督院统计，2011 前三季度，韩国债券市场上，中国购买金额 3.5 万亿韩元，超过美国 3.2 万亿韩元，居首位。

2. 技术合作

自《中韩科学技术合作协议》（1992）及《中韩原子能合作协议》（1994）签署以来，中韩科技合作与交流不断加强和发展。2006 年两国政府签署了《中韩关于标准化和合格评定的合作安排》和《中韩两国工程院工程科技合作谅解备忘录》。在政府协定框架下，两国对口专业部门已分别签署了大气科学、航空技术、航天和宇宙技术、卫星技术、钢铁技术、基础科学、标准计量、中医中药、环境保护、科技政策、核安全技术、通信技术、新材料、海洋技术、邮政邮电、林业技术、技术信息、基金会共 18 个合作议定书或谅解备忘录。

具体合作形式主要包括：

（1）共同研究项目。双方通过协商确立共同研究项目，涉及基础研究和应用研究的多个领域。如 2011 年中韩政府间科技合作联委会第十一次会议确定 2012 ~ 2013 年度合研究计划重点领域为新材料/纳米材料、可再生能源/智能电网、生物技术。

（2）建立共同研究中心。目前，双方已建立了大气、海洋、新材料、生命科学、光电技术、纳米技术、天然药物等共同研究中心。此外，双方还通过互派科技考察团、开展青年科学家交流、召开中韩科学技术创新论坛等方式开展科技合作。

3. 劳务合作

自 1994 年韩国部分开放劳务市场以来，中韩劳务合作有所加强，但仍处于较低水平（参见图8）。据官方统计，2005～2007年中国对韩劳务合作年营业额增至3亿美元以上，但2008后大幅下降，2010年仅为1.6亿美元，较2007年下降50%。然而，实际在韩务工的中方人员远高于官方统计数字。

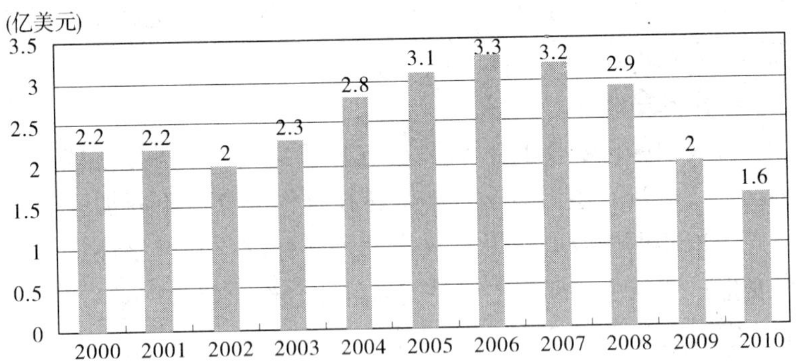

图8　中国对韩国劳务合作金额

资料来源：中国统计年鉴2001～2011年各期。

二、中韩经贸合作中的主要问题

（一）贸易不平衡

1992年以来，中国对韩货物贸易一直呈现逆差，且规模不断扩大。2003年中国对韩货物贸易逆差首次超过200亿美元（参见图9），2011年已高达798亿美元，8年间增长了300%。1992～2011年，中国对韩货物贸易逆差累计高达5023亿美元。

近几年来，中国对韩服务贸易逆差也在不断扩大。根据韩方统计，2007年韩国对中国服务贸易顺差为1.7亿美元，2010年上升至26.8亿美元（参见图10）。

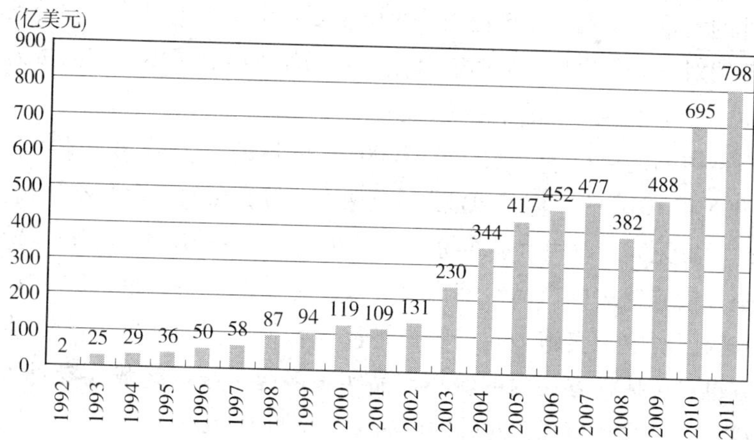

图9　中国对韩国贸易逆差情况

资料来源：中国海关统计。

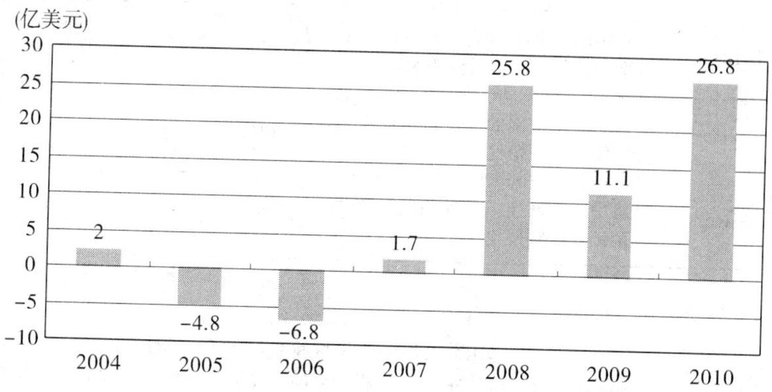

图10　韩国对中国服务贸易差额情况

资料来源：UN Service trade database.

（二）贸易纠纷和市场保护

中韩贸易不平衡有客观原因：一是两国市场规模差距较大，中国市场容量远大于韩国；二是两国发展阶段不同，中国尚处于产业链低端以及加工贸易为主的外贸格局导致对韩原材料和零部件的大量需求；三是韩国对华投资主要集中于加工组装业，带动韩国对华大量出口。同时，韩国的市场保护限制了中国产品进入也是一个不容忽视的重要原因。

中韩建交以来，发生在2000年6月的“大蒜事件”① 和2005年10月的“泡菜风波”② 是两次比较激烈的双边贸易争端。此后虽无大的双边贸易纠纷，但韩方陆续采取的反倾销、技术壁垒等措施给中国产品对韩出口带来一定负面影响。如2008年以来韩国对中国实施多起反倾销终裁（参见表3）。与此同时，中方也对包括韩方在内的输华产品实施多起反倾销终裁（参见表4），但并没有单独针对韩国产品实行反倾销措施。

表3　近年来韩国对中国实施的主要反倾销案例

时　间	针对或涉及中国的反倾销终裁	中国涉案企业税率
2012年1月	对中国、马来西亚、日本产乙酸乙酯继续征收三年反倾销税	3.14% ~14.17%
2011年9月	对原产于中国的瓷砖再次征收为期三年的反倾销税	9.14% ~29.41%
2010年8月	对中国输韩连二亚硫酸钠征收为期两年的反倾销税	12.25% ~36.18%

① 2000年5月31日，韩国首先宣布自2000年6月1日起将对来自中国的进口大蒜关税由30%调高至315%在协商没有取得成果的情况下，2000年6月中国宣布禁止由韩国进口移动电话及聚乙烯。8月份达成正式协议，中国同意撤销禁止进口韩国手机和聚乙烯的措施，以交换中方获得自2000年起三年内，以30%和50%的关税待遇每年向韩国各出口32000吨、33728吨、35448吨大蒜，包括征收30%关税的20000吨新鲜及冷冻大蒜。中韩两国第一次贸易争端结束。

② 2005年10月，韩国食品药品安全厅称，对在韩国市场上销售的9种中国泡菜进行食品安全性检测时检测出三种寄生虫卵，随即对来自中国的进口泡菜采取了禁售和回收措施。中国出入境检验检疫机构宣布从韩国生产的10种泡菜、辣椒酱、烤肉酱等产品中检出寄生虫卵。中国国家质检总局就此发布公告，当日起停止相关产品的进口入境。以泡菜为主的贸易争端爆发。随后双方进行多次协商后就泡菜贸易问题达成了谅解，双边贸易重新恢复了正常。

续表

时　间	针对或涉及中国的反倾销终裁	中国涉案企业税率
2010 年 5 月	对原产于中国大陆、中国台湾、马来西亚的进口聚酯拉伸变形丝继续征收为期三年的反倾销税	江苏恒力化纤有限公司等 6 家应诉企业税率为 2.93% ~8.69%，其他中国企业税率为 8.69%
2008 年 9 月	对原产于中国、印度尼西亚、美国、俄罗斯以及加拿大的牛皮纸征收反倾销税	4.03% ~10.79%
2008 年 3 月	对原产于中国的浮法玻璃征收反倾销税	12.73% ~36.01%

资料来源：中国贸易救济信息网。

表 4　2008 年以来中国对涉及韩国的反倾销终裁

征收反倾销税时间	产品名称	涉及国家
2009 年 5 月 28 日起 5 年	初级形态二甲基环体硅氧烷	韩国、泰国
2009 年 8 月 5 日起 5 年	铜版纸	日本、韩国
2010 年 1 月 30 日起 5 年	苯酚	日本、韩国、美国、台湾地区
2010 年 8 月 12 日起 5 年	精对苯二甲酸	韩国、泰国
2010 年 11 月 30 日起 4 年	三氯甲烷	欧盟、美国和韩国
2011 年 1 月 1 日起 5 年	非色散位移单模光纤	日本、韩国
2012 年 6 月 28 日起 5 年	环氧氯丙烷（Epichlorohydrin）	美国、韩国、日本、俄罗斯

资料来源：中国商务部公平贸易局。

据中方出口商反应，韩国常常通过技术壁垒和其他措施，对中国进口产品主要是农产品、水产品等设置障碍，给中国产品出口韩国带来不利影响。一是频繁修订有关食品、保健品、食品接触材料、食品添加剂、牲畜产品加工标准及规范，绝大多数新标准和规范没有国际标准、指南或建议作为参照，且绝大多数修正案草案的通报未规定拟批准和生效日期，使中国出口企业无所适从，在生产决策和出口经营上面临很大的不确定性。二是韩国通过进口检疫制度、畜产品进口检疫认证制度等实施复杂的卫生与植物卫生标准，阻碍了中国农产品的出口。如2010年2月，韩国海关以中国属于香蕉穿孔线虫疫区为由，对中国广东、广西、海南三省区出口的生姜、马铃薯等各类植物实行禁运。三是韩国对包括中国中成药在内的各类成药进口实施严格的许可证管理并加以严苛的安全标准。目前，韩国已成为中国中药的主要出口市场之一，韩国对药品、药材的数量限制措施对中国产品出口带来较大负面影响。四是韩国通关程序复杂，阻碍了中国产品尤其是农产品和水产品的对韩出口。如韩国海关自2000年开始对部分农产品实行“通关前税额审查制度”，2003年扩大审查商品种类，针对产品主要甚至全部产自中国，事实上造成了对中国产品的歧视，增加了相关产品的通关时间和交易成本。

三、未来中韩深化经贸合作面临的挑战和机遇

国际金融危机以来，世界经济格局正在发生深刻变化，使中韩经贸合作面临诸多新的挑战，也为中韩带来深化经贸合作、在东亚区域经济发展中发挥重要作用的新机遇。

（一）挑战

1. 世界经济增长疲弱，中韩如何保持经济平稳较快增长

国际货币基金组织（IMF）2012年10月份预测，2012年全球实际GDP增长率为3.3%，远低于2011年3.8%的增长率。目前，美国经济继续复苏，但增长乏力，IMF预计美国2012年增长率为2.2%。欧元区经济再次陷入衰退，德国经济显著放缓，

IMF预计欧元区2012年增长率为-0.4%。日本经济在灾后重建的刺激下短暂反弹，随后大幅下滑，IMF预计2012年日本经济温和增长2.2%。新兴市场国家经济也明显放缓。总体看，国际金融危机阴霾未散，欧债危机持续发酵，世界经济增长呈现疲弱态势，全球经济仍面临较大的下行风险。在这种形势下，如何保持经济平稳较快增长成为中韩面临的重大挑战。

2. 国际贸易市场低迷，多边贸易谈判止步不前，中韩如何寻求贸易增长新动力

IMF10月份预测，2012年全球贸易量年增长率将从2011年的5.8%收窄至3.2%，2013年可能回升至4.5%，不仅低于2011年，更远远不能与2010年12.6%的强劲反弹相比。在这种低迷的市场形势下，国际贸易保护主义日渐抬头，加之多哈回合谈判受挫，多边贸易体制面临严峻挑战。由于中韩两国经济对外贸的依存度都较高，全球外需收缩不仅对两国各自的经济增长带来很大困难，也难免使两国间经贸关系增加新的变数。

3. 金融危机以来，尤其欧债危机不断升级导致国际金融市场动荡不安，中韩如何维护金融市场稳定

目前，欧债危机尚未根本缓解，欧洲银行大规模“去杠杆化”进程仍在继续，IMF预计未来两年欧洲银行去杠杆化规模将高达2.6万亿美元，欧洲资本仍将持续流出亚洲地区。美欧日等国央行新一轮量化宽松货币政策导致全球流动性泛滥，何时退出、如何退出都将影响金融市场稳定。对中韩来说，如何防止资本大规模流出带来的汇率风险乃至系统性金融风险是一个非常棘手的难题。

4. 应对全球气候变化及全球能源格局变动，中韩如何承担责任、保障能源稳定供给并优化利用

应对气候变化在国际合作领域中的重要性日益突出，与此同时，全球能源格局正在发生重大变化。美国能源信息署预计，到2016年和2021年，美国将相继成为LNG净出口国和总体天然气净出口国，同时其石油自给率将逐步上升，进口油源将更多地由周边邻国提供，其结果是中东地区将更加依赖亚洲新兴经济体的石油需求，但亚洲将承受远比北美更高的天然气价格，使中韩在确保能源供给安全上面临新的挑战，在控制和减少温室气体排放上面临更大的压力。

5. 中国加快转变经济发展方式，中韩传统合作模式如何调整转型

中韩经贸合作的中国背景正在改变：一是从对外贸易看，中国将延续近年来贸易顺差逐渐减少的态势，中国对传统市场出口高速增长的阶段已经过去。二是从外商直接投资看，中国利用外资已从过去的“来者不拒”向“有条件的选资”转变，对于高耗能、高污染、低附加值出口加工等行业的投资，将逐渐提高门槛甚至拒之门外。三是从资金流动看，中国正在加快“走出去”步伐，从“积极吸引外资”向“引进外资与对外投资并行”的阶段迈进。2012 年 1 ~6 月份，中国非金融类对外直接投资 354 亿美元，与上年同比增长 48%。

中韩传统经贸合作模式面临调整转型。一是早期以加工贸易为主体的在华韩资劳动密集型企业面对转型升级的巨大压力，部分高污染、高耗能企业可能会被淘汰。二是韩国对华直接投资的技术门槛将提高，中国的要素成本将不断上升，投资领域需要调整。三是韩国产品将日益面对中国本土产品的竞争。四是中国企业将加大对外投资力度，中国资本进入韩国的总量可望较快增加，投资领域亦将逐步拓宽。

（二）机遇及相关建议

1. 世界经济增长重心东移，中韩可在区域经济和全球经济增长中发挥更大作用

世界经济增长格局发生重大变化，亚洲地区成为主要增长极。国际金融危机后，以中国等东亚国家为代表的新兴市场在全球经济复苏中的作用更显重要。在全球经济增长重心东移的格局下，中韩有能力通过深化经贸合作，为亚洲地区乃至世界经济增长做出积极贡献。

2. 中韩正在加快推进自贸区谈判，可为深化双边合作提供坚实基础

区域贸易合作成为多边贸易合作的重要补充，尤其是多哈回合受挫后，自贸区建设已成为主流趋势。目前，中韩自贸区谈判已经启动。可以预计，中韩自贸区将为深化双边合作创造更充分的制度保障，为双边贸易带来新动力，为双边投资带来新空间，为双边经济增长注入新动能。

3. 金融危机加快了国际金融体系变革进程，中韩可通过密切金融合作，在地区经济增长和金融稳定中做出贡献

国际金融体系正在加快演变进程，美元独大的货币格局正在改变，欧债危机削弱了欧元的避险功能，亚洲货币如人民币、韩元可在地区经济发展与金融稳定中发挥更大作用。为此，中韩可在以下方面加强金融合作：加强美元流动性支持合作，防范突发性金融危机；通过互持国债，增强金融市场稳定性；对等开放市场，支持企业投融资活动；推动本币在双边贸易和投资中的使用，降低对美元依赖性。

4. 在应对气候变化和全球能源格局变动中，中韩可通过合作获取新优势

中韩可加强在新能源和替代能源、节能和减排等领域的技术合作，促进绿色低碳发展，为应对气候变化做出积极贡献。在美国逐渐减少对中东石油依赖，实现天然气自给的形势下，中韩可加强海外能源开发合作，构建能源供给安全网。

5. 中国转变增长方式为中韩投资合作提供新空间和新机会

韩国财政部 2011 年 9 月 28 日《对外经济研究报告》中预

计，2020年中国消费将达到全球总消费的21%。中国中银集团亦在2012年4月《中银财经述评》中测算，未来20年内中国内部消费需求将至少扩大6倍，成为全球最大规模的消费市场。中国扩大内需将为中韩贸易提供巨大空间。

中国大力推进产业结构优化升级为中韩投资合作带来新机会。韩资企业可充分利用中国作为全球加工制造中心的优势，抓住中国培育发展战略性新兴产业的重大机遇，加大对节能环保产业、新一代信息技术产业、生物产业、高端设备制造业、新能源产业、新材料产业、新能源汽车产业等的投资，积极参与中国战略性新兴产业的研发和发展，获取长期的可持续收益。

（陈东琪，国家发改委宏观经济研究院副院长、研究员；姚淑梅，国家发改委对外经济研究所国际经济金融室主任、研究员）

参考文献：

1. ［韩］吉桐均，李红．韩中贸易不平衡问题和两国的立场［J］．山东科技大学学报（社会科学版），2004（6）．

2. 孙莉莉，张曙霄．中韩双边服务贸易结构研究［J］．东北师大学报（哲学社会科学版），2011（5）．

3. 南守重．韩中金融合作的现状与今后课题［J］．国际经济评论，2005（5）．

4. 孟德凯，张兵．中韩科技合作的历史回顾与展望［J］．中国科技产业，2007（9）．

5. 许兴镐．韩国企业对中国投资与中韩贸易的发展［J］．东北亚论坛，2009. Vol. 8（8）．

6. 刘瑞，周人杰．全球金融危机下的中韩经贸关系调整及对策［J］．国际经贸探索，2009（3）．

7. 徐长文．深化中韩经贸合作潜力巨大［J］．国际贸易，2011（8）．

8. 范爱军．推动中韩贸易持续发展的几点思考［J］．当代亚太，2000（8）．

9. 庞德良，张建政．中、日、韩金融合作与东北亚区域经济发展［J］．东北亚论坛，2002.11（4）．

10. 方学芹，范爱军．中、日、韩三国劳务合作的现状、问题及对策分析［J］．世界经济，2002（4）．

11. 胡艺，沈铭辉．中韩金融合作新思维［J］．东北亚论坛，2009（5）．

12. 王书杰．中韩贸易逆差问题及对策分析［J］．经济研究导刊，2010（12）．

13. 周培奇．中韩自贸区与中国区域一体化［J］．上海商学院学报，2011.1.Vol.12（1）．

14. 闫克远，李秀敏．中韩服务业产业内贸易比较研究［J］．经济纵横，2011（10）．

15. 金元培．对韩中贸易纠纷的研究［J］．哈尔滨商业大学学报（社会科学版），2004（1）．

16. 郝洁．韩国对华投资带动下的中韩产业分工与双边贸易［J］．中国经贸导刊，2011（2）．

17. 王春新．近期中国FDI下降的成因与前景［J］．中银财经述评，2012（4）．

韩国 FTA 政策以及中韩 FTA

金荣贵

一、韩国的 FTA 政策

尽管韩国输出主导型的经济政策，已经在全世界取得了前所未有的快速经济增长，但在 FTA 政策上，相对来说还是后来者。为了促进正规的 FTA，韩国在 2003 年制定了 FTA 促进准则。在此准则中，包含了两个原则：第一，在敏感问题的合理顾虑基础上的，实施全面高水准的 FTA；第二，实施同期多发的 FTA。此后，在这两个原则的基础上，韩国通过 FTA 快速扩张了经济领域。

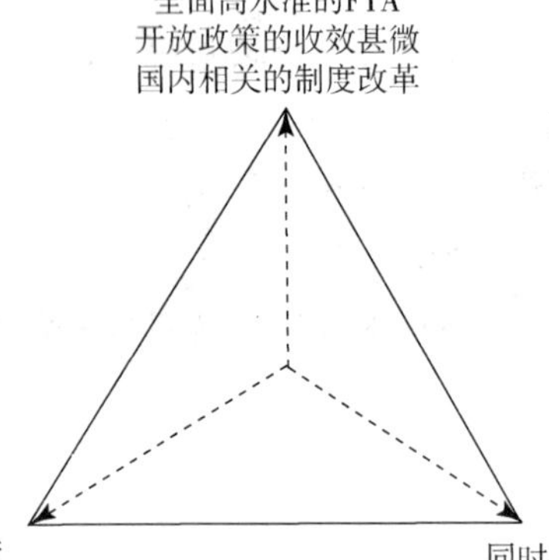

图 1　韩国的 FTA 政策原则

资料来源：作者制作。

为了促进同时多发性的 FTA，韩国以 2004 年和智利签订 FTA 作为开始，到 2012 年 6 月，韩国已经与 45 个国家签订了 8 个自由贸易协定，并与土耳其签订了有关商品贸易的 FTA。此外，韩国也与很多国家正在进行 FTA 的协商，或者为了进行 FTA 协议而进行准备。从这个层面可以看出，韩国很好的执行着实施同时多发性的 FTA 这一原则。

表 1　韩国的 FTA 促进现况

进行阶段	对象国	现况	意义
生效（8 件，45 个国家）	智利	2004 年 4 月生效	打入中南美 FTA 的桥头堡
	新加坡	2006 年 3 月生效	打入 ASEAN 市场的桥头堡
	EFTA（4 个国家）	2006 年 9 月生效	打入欧洲市场的桥头堡
	ASEAN（10 个国家）	商品贸易协定 2007 年 6 月生效 服务贸易协定 2009 年 5 月生效 投资协定 2009 年 9 月生效	韩国第二大贸易对象国（2010 年基准）
	印度	2010 年 1 月生效	扩大 BRICs 国家的市场
	EU	2011 年 7 月 1 日生效	世界最大的经济圈（以 GDP 为基准）
	秘鲁	2011 年 8 月 1 日生效	国家资源茂盛，打入中南美市场的桥头堡
	美国	2012 年 3 月 5 日生效	扩大先进国家经济圈
协商进行中（7 件，12 个国家）	加拿大	2005 年 7 月开始协商	北美先进国家市场
	GCC（6 个国家）	2007 年 11 月事前协议 第三次协商	国家资源茂盛， 首次与中东亚国家间签订 FTA
	墨西哥	2007 年 12 月 FTA 协商	打入北中美市场的桥头堡
	澳洲	2009 年第五次协商 2010 年第四次会期间会议	资源茂盛国， 大洋洲的主要市场
	新西兰	2009～2010 年间共进行了四次协商	大洋洲的主要市场
	哥伦比亚	2009～2010 年间共进行了五次协商	资源茂盛国，中南美新兴市场
	土耳其	2010～2011 年间共进行了三次协商	打入欧洲，中亚市场的桥头堡

续表

进行阶段	对象国	现况	意义
正在准备协商或者进行共同研究（12件，17个国家）	中国	正在进行对于两国间敏感性的处理方案的协商	韩国最大的贸易对象国
	中、日、韩	正在进行共同研究	准备东北亚经济一体化的基础
	MERCOSUR（4个国家）	2005～2006年共同研究	BRICs国家，资源丰富国
	以色列	2009年8月～2010年8月共同研究	西部中东地区据点
	日本	2003年12月开始协商 2004年11月 在第六次协商后中断 2008～2009年 再次进行了四次协商会议	韩国第四大贸易对象国
	越南	6次FTA共同作业会议	韩国第四大投资对象国
	蒙古	2008年开始合议民间共同研究	资源茂盛国
	中美（6个国家）	2010年10月开始共同研究	北美和南美的要害之地
	马来西亚	2011年5月开始研究FTA的可行性	升级韩国·ASEAN FTA，资源丰富国
	印度尼西亚	举办韩国·印度尼西亚CEPA共同研究会议（共三次）	升级韩国·ASEAN FTA，在东盟除了新加坡的韩国最大贸易对象国

资料来源：韩国外交通商部（2012年3月至今）。

从图2中可以看出韩国促进积极的，同时多发性的FTA的结果——韩国的经济领土在全世界都在扩张，但是如果和全世界贸易中特惠贸易占了超过50%的情况相比，韩国的特惠贸易比重还远远没有达到这个数字。因此，到现在为止，韩国的FTA成果还没有达到满意的水准。

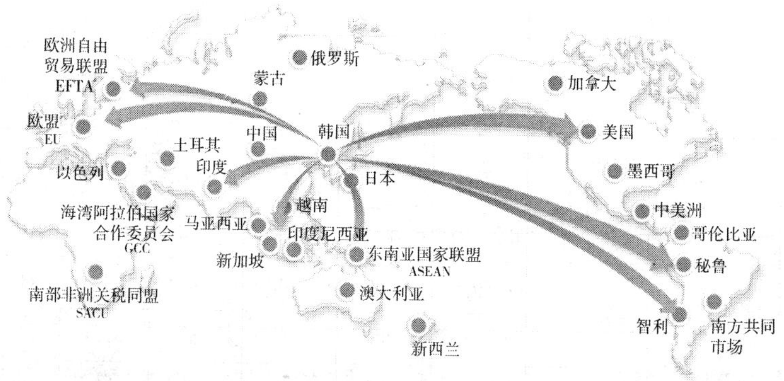

图 2 韩国的 FTA 生效对象国

资料来源：FTA 综合门户网站。

从这期间进行的 FTA 来看，韩国也很好地遵守了追求全面、高水准的 FTA 这一原则。从表 2 中可以看出，几乎在所有的 FTA 中，韩国都实施了相当高水平的开放。从这点来说，韩国也很好地履行了 WTO 追求的自由贸易原则。在韩国已经签订的 FTA 中，平均关税减免率在 97% 以上。同时，韩国也给予了对开放持拒绝态度的发展中国家适当的照顾。例如，在韩国—印度的 CEPA 中，韩国给予了印度 85% 的关税减免。

表 2 韩国已签订 FTA 的关税减免率及即时关税取消率

（以物品数为基准） 单位:%

分类		关税取消	平均	工业	林业	水产业	农业
韩国—智利	韩国	减免率	99.8	100	100	100	98.5
		即时取消率	87.2	99.9	58.2	69.5	15.6
	智利	减免率	99.0	99.8	100.0	100.0	94.2
		即时取消率	41.8	30.6	100.0	99.0	92.9

续表

分类		关税取消	平均	工业	林业	水产业	农业
韩国—新加坡	韩国	减免率	91.6	97.4	82.9	56.2	66.6
		即时取消率	59.7	68.8	53.7	13.8	16.0
	新加坡	减免率	100.0	100.0	100.0	100.0	100.0
		即时取消率	100.0	100.0	100.0	100.0	100.0
韩国—EFTA	韩国	减免率	99.1	100.0	100.0	88.4	84.2
		即时取消率	86.3	92.3	45.5	27.1	15.8
	EFTA	减免率	100.0	100.0	100.0	100.0	100.0
		即时取消率		100.0	100.0	100.0	35 - 55
韩国—ASEAN	韩国	减免率	99.2	100.0	100.0	100.0	94.1
		即时取消率	90.8	96.6	60.4	60.8	63.2
	ASEAN	减免率	99.2 ~ 100				
		即时取消率	89.9 ~ 100				
韩国—印度	韩国	减免率	93.2			80.3	55.2
		即时取消率	88.6			10.3	7.7
	印度	减免率	85.3			92.8	59.7
		即时取消率	71.5			0	2.1
韩国—美国	韩国	减免率	99.8	100.0	100.0	100.0	99.0
		即时取消率	78.2	90.6	26.8	25.4	37.9
	美国	减免率	100.0	100.0	100.0	100.0	100.0
		即时取消率	81.3	87.9	73.0	72.8	58.7
韩国—EU	韩国	减免率	99.6	99.5		93.7	97.2
		即时取消率	81.7	90.7		12.3	42.1
	欧盟	减免率	99.6	100.0		100.0	98.1
		即时取消率	94.0	97.3		40.8	91.8

资料来源：赵美辰（音译）等（2011）。

另外，为追求全面的 FTA，除了商品关税，韩国还缔结了包含非关税壁垒、服务贸易、投资开放、规范领域等内容的 FTA。从表 3 整理的韩国已经签订的 FTA 规则中可以看出，大部分的 FTA 都包含关于多个领域的规定。

表 3　韩国 FTA 规则分类

分　类	韩国—智利	韩国—新加坡	韩国—EFTA	韩国—ASEAN	韩国—印度	韩国—美国	韩国—EU
关税废止	0	0	0	0	0	0	0
非关税壁垒				△	△	0	0
领取限制	0	0	0	0		0	0
保护措施	0	0	0	0	0	0	△
反倾销和反补贴关税	0	0	0		0	△	0
原产地	0	0	0	0	0	0	0
投资	0	0	0	0	0	0	0
关税行政	0	0	0	0	0	0	0
服务	△	△	△	0	0	0	0
MRA	△	0	0	△		0	△
SPS	0	0	△	△		0	0
TBT		0	△	△		0	0
政府购买	0	0	△			0	0
知识产权税	△	△	△	0	0	0	0
竞争	0	△	△		0	0	0
纷争解决	0	0	0	0	0	0	0
E – Commerce		0				0	0
人力移动	0	△			0		0
环境						0	0
劳动						0	0

注：0 表示协定书对该项目有明确的章节或内容；△表示虽然有涉及但内容受限较多。

资料来源：赵美辰（音译）等（2011）。

同时，为了确保 FTA 的基础——国民的认同，韩国政府进行了多种努力以寻求民众的理解支持。如协商前阶段，在制度上特别规定了要开听证会，向 FTA 的利害关系者以及一般民众说明 FTA 的效果以及促进方向，然后听取他们的意见。此外，在 FTA 协商的各个阶段，政府也会通过各种各样的手段听取来自民众的意见。

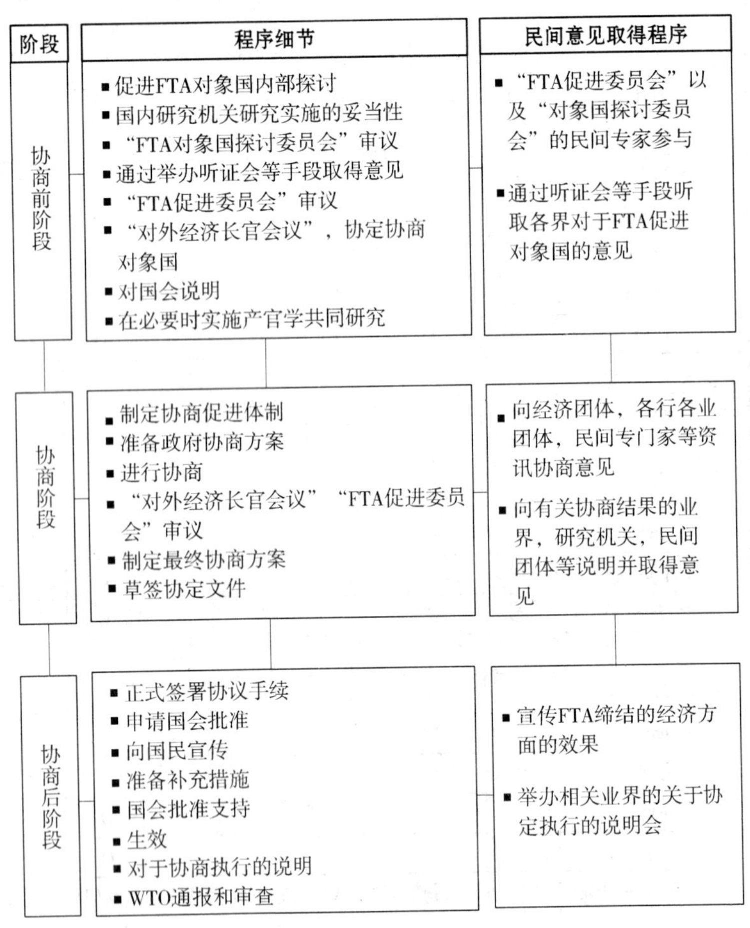

图 3　缔结 FTA 民间意见取得程序

资料来源：韩国全球领先（2012）引用。

二、中韩 FTA1①

(一) 中韩经济关系

中国和韩国互为非常重要的贸易对象国，这一点是毋庸置疑的。韩国对中国出口占其总出口的 24%，从中国进口占其总进口的 15% 左右，也为中国的贸易顺差做了很大贡献。

表 4 中韩贸易关系 单位：亿美元

项目	2006 年	2007 年	2008 年	2009 年	2010 年	2011 年	贸易比重（世界贸易额）
输出	694.6 (12.2)	819.9 (18.0)	913.9 (11.5)	867.0 (-5.1)	1168.4 (34.8)	1342.0 (14.9)	24.1% (5565.1 亿美元)
输入	485.6 (25.6)	630.3 (29.8)	769.3 (22.1)	542.5 (-29.5)	715.7 (31.9)	864.3 (20.8)	15.2% (5243.8 亿美元)
贸易数字	209.0	189.6	144.6	324.6	452.6	477.8	
总贸易	1180.2 (17.4)	1450.1 (22.9)	1683.2 (16.1)	1409.5 (-16.3)	1884.1 (33.7)	2006.3 (36.1)	20.4% (10808.9 亿美元)

注：（ ）中数据为增减率。

资料来源：韩国贸易协会、关税厅，韩国外交通商部报告资料。

对于中国来说，在美国、日本、香港之后的重要贸易伙伴就是韩国，韩国占中国对外贸易总额的 7%。考虑到中国的贸易规

① 以下内容是在中韩 FTA 听证会等发表资料的基础上选出整理的。

模，这已经是相当高的数值了。

表5 韩国和中国的主要贸易伙伴（2011年）

单位：百万美元,%

顺序	韩国			中国		
	国家（地区）	贸易额	比重	国家（地区）	贸易额	比重
1	中国	220631	20.4	美国	401780	12.3
2	日本	108015	10.0	日本	310925	9.5
3	美国	100770	9.3	香港	248904	7.6
4	沙特阿拉伯	43941	4.1	韩国	223866	6.9
5	澳洲	34486	3.2	德国	155093	4.8
6	香港	33290	3.1	台湾	146469	4.5
7	台湾	32891	3.0	马来西亚	81586	2.5
8	印度尼西亚	30779	2.8	巴西	77610	2.4
9	新加坡	29820	2.8	俄罗斯	70743	2.2
10	德国	26467	2.4	印度	67265	2.1
总数		661090	61.2	总数	1784241	54.7

资料来源：韩国贸易协会。

由中韩贸易关系详细的分商品目录可以看出，全面来说，垂直的产业内贸易非常活跃。特别是两国在以IT产品为中心的类似商品上有很多贸易往来。

表6 中韩两国间的主要输出物品目录（2011年）

单位：百万美元,%

顺序	韩国			中国		
	商品目录（MTI 2单位）	金额	比重	商品目录（MTI 2单位）	金额	比重
1	电子产品	41836	31.2	电子产品	14119	16.3
2	石油化工制品	21601	16.1	产业用电子制品	12378	14.3

续表

顺序	韩国			中国		
	商品目录（MTI 2 单位）	金额	比重	商品目录（MTI 2 单位）	金额	比重
3	矿物燃料	11039	8.2	钢铁制品	12144	14.1
4	产业用电子制品	10312	7.7	纤维制品	4412	5.1
5	运输机械	8641	6.4	精密化学制品	4282	5.0
6	钢铁制品	5178	3.9	重型电机	3928	4.5
7	基础产业器械	5167	3.9	运输机械	2745	3.2
8	产业器械	4536	3.4	农产品	2583	3.0
9	有色金属制品	3343	2.5	家用电子制品	2315	2.7
10	精密化学制品	3257	2.4	基础产业器械	2293	2.7
总数		114910	85.6	总数	61199	70.8

资料来源：韩国贸易协会。

用中国和韩国的贸易模式和中国其他主要贸易伙伴相比较，可以看出中韩贸易中，一般贸易所占的比重非常小。比如，中国和美国的贸易中，一般贸易占 66.7%，而中国和韩国的一般贸易比重虽然也在缓慢增加，但目前只占 34.4%，而加工贸易却占高达 48.9% 的比重。

与中韩两国的贸易规模的比重相比，两国的投资关系比重可以说是相当低的。从图 5 可以看出，2007 年韩国对中国的投资规模比重是比对美国的投资规模比重高的，但现在对美国的投资比重变得更高了。

从中国和韩国的相互投资关系来看，韩国对中国的投资比中国对韩国的投资额多 10 倍左右。对韩国来说，投资更重要。由此可以看出，中韩 FTA 要充分制定有关改善投资条件的内容，两国的投资才能变得更为活跃。

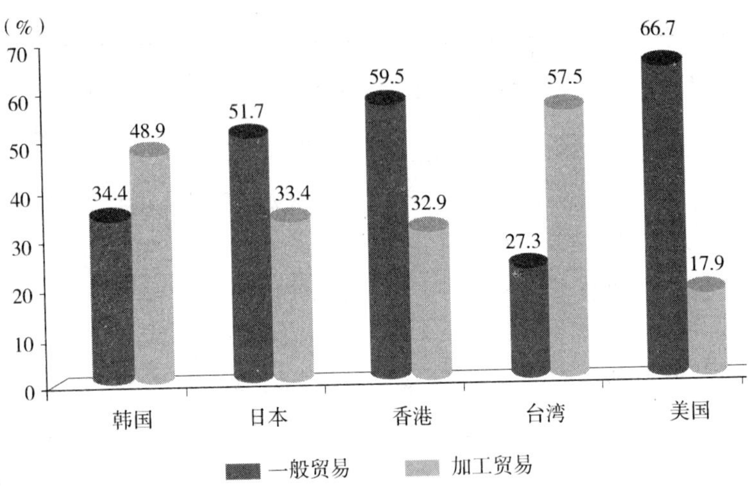

图4　中国与主要贸易伙伴的一般贸易和加工贸易比重

资料来源：中国海关分析资料。

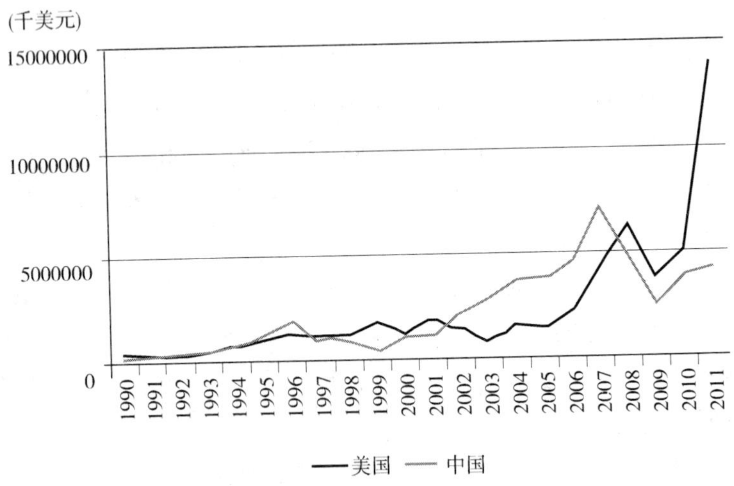

图5　韩国对美国以及中国的投资（1990～2011年申报金额）

资料来源：韩国输出入银行。

表 7 韩中两国互为对象国投资状况

（以总申报额为标准） 单位：百万美元

类别	2005 年	2006 年	2007 年	2010 年	2011 年	合计
韩对中（件数）	3663（4647）	4530（4686）	7116（4594）	3931（2262）	4352（1698）	49184（44026）
中对韩（件数）	68（672）	40（334）	385（364）	414（616）	253（260）	3,339（7,387）

注：1. 对中国的投资总累计计数年度为 1968 年到 2011 年 1～9 月；

2. 韩国的大众投资申告件数是包含了公众投资、增额件数的数值。

资料来源：以韩国外交通商部、韩国输出入银行、知识经济部资料为基础整理。

（二）中韩 FTA 的必要性

目前 WTO 中争论的 DDA 协商面临的主要困难为：发达国家的市场停滞，发展中国家和发达国家间的对立尖锐。这种现状造成的结果便是许多国家通过 FTA 促进贸易自由化。在亚太地区，中国、韩国、日本、ASEAN、美国等都在以各种包含了 FTA 的形态讨论经济一体化。从这个视角来说，中国和韩国促进 FTA，不仅能保证在以后的东亚经济一体化时韩国的主导权，也是一个能让韩国像美国、中国、EU 一样成为 FTA 中心主导国的契机。

另外，中国和韩国通过 FTA 也很有可能找到未来的成长动力。从韩国的角度来说，韩国和中国的内需市场有很大的相似点，可以降低加工贸易的比重从而谋划更加多元化的输出市场。同时有利于与台湾等地的竞争，找到打入中国市场的落脚点。

从中国的角度来说，通过和韩国签订 FTA，可以提高生产率，也可以使中韩的分工结构更加稳定化。随着将来中国经济进一步成长，制造业中高增值产业比重将会增加，也会促进服务产业的发展。因为比起中国，韩国的高增值制造业和服务产业的生产率更高，将来中国借中韩缔结 FTA 的契机，也可以受到韩国高生产率的正面影响。同时，通过这种影响，中国也可以加快形成高端化的产业结构。为了这一目标，中国应当考虑积极对韩开放服务市场，为了改善在华韩国企业的投资条件，为了扩大这种积极的影响，也应当在政策上有更多的努力。另外，韩国和中国间已经形成了生产分工结构，中韩缔结 FTA 不仅能够完善两国的生产结构，强化两国的生产力，并且在日后打进第三市场的时候，也能强化两国的共同利益。

此外，加强韩国和中国的竞争合作关系，有利于东亚地区形势的稳定。通过中韩 FTA，开城工业园以及中朝合作都更加活跃，对于朝鲜半岛的和平稳定以及朝鲜的中长期改革开放也有正面的作用。

（三）中韩 FTA 的促进现状①

中韩 FTA 的发展，从 2004 年 9 月中韩通商长官会议中的促进民间共同研究商议开始，到 2005 年，韩国对外经济政策研究院（KIEP）以及中国国务院发展研究中心（DRC）分别对各自关心的产业进行独立的研究，而后再分享研究成果，进行民间共同研究。从 2007 年 3 月开始“中韩 FTA 产官学共同研究”，到 2008 年 6 月，已经进行了五次交接讨论。2010 年 5 月举办的中韩正常会谈结束了“中韩 FTA 产官学共同研究”，两国政府间开始了关于 FTA 协商亮相、两国商品分类敏感性处理方法的充分讨论。2010 年 9 月，举办了“中韩 FTA 敏感性处理方案政府间事前协商”会议。在几次政府间事前协商后，于 2012 年 1 月开始着手国内的程序。

综上所述，从 2004 年 9 月中韩通商长官会谈制定敏感共同研究开始，8 年后进入了正式的协商。作为正式协商的第一步，

① 本节部分内容全部引用了成韩静（音译）等人的报告。

2011年2月24日举办了关于中韩FTA的听证会。2011年5月2日，中韩通商长官正式宣布两国开始FTA协商，并于同月14日举办了第一次协商，7月初进行了第二次协商。

表8 中韩FTA促进日志

时　间	进　程
2004年9月	两国合议民间共同研究（ASEAN+3经济长官会议）
2005~2006年	共同研究（KIEP，DRC）
2006年11月17日	2007年开始产官学共同研究合议（APEC阁僚会议）
2007年3月~2008年6月	产官学共同研究五次会议
2010年5月28日	产官学共同研究结束
2010年9月	第一次政府间事前合议
2011年4月	在北京举行中韩通商长官会议
2011年7月8日	中韩FTA政府间局长级事前商议
2012年1月9日	中韩正常会议国内程序着手商议
2012年2月24日	举办听证会
2012年5月2日	中韩通商长官会谈暨宣布中韩FTA协商开始
2012年5月14日	在北京举行第一次协商

资料来源：以韩国外交通商部资料为基础整理，引用成韩静（音译）等研究成果。

近来，在中韩FTA第二阶段协商中，韩国采取了与之前促进FTA协商稍有不同的方式。

韩国预定在第一阶段的协商中，对敏感部分的保护方式的协议方法进行讨论。在商品分类上，将全部商品目录分为一般商品类和敏感商品类，再将敏感商品细分为敏感商品列表以及超敏感商品列表，以此对各商品类的比重以及关税减免方式等进行讨论。对两国的敏感商品目录，将通过长期关税废除、关税配额或关税减让等多种方式进行保护。

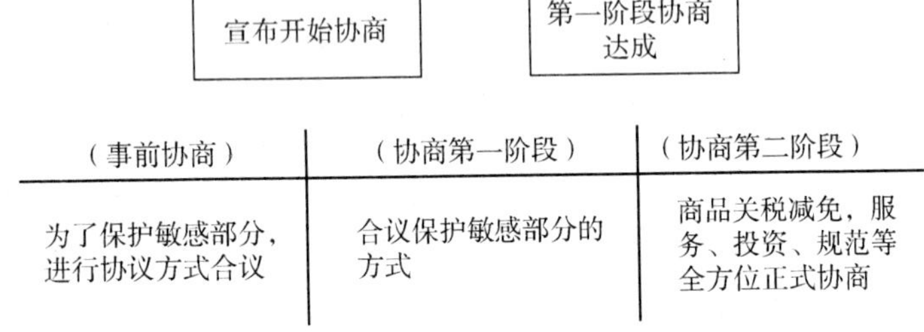

图6　中韩FTA协商方向

资料来源：韩国外交通商部报道材料。

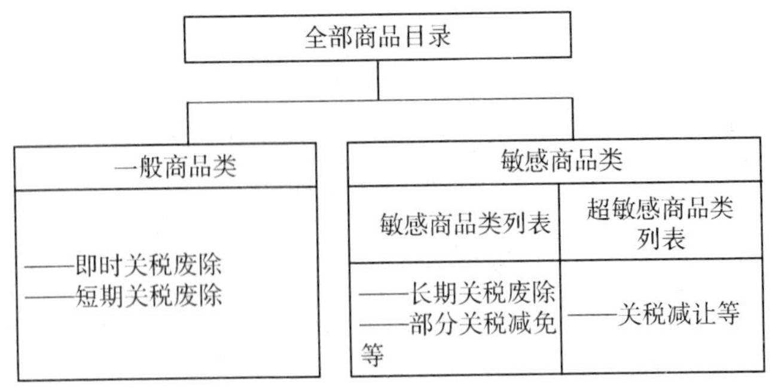

图7　中韩FTA商品Modality构成案

注：各商品目录比例（%）及敏感性处理方案等按照第一阶段协商为标准。

资料来源：韩国外交通商部报告资料。

第二阶段的协商以第一阶段协商的结果为基础，开始关于制定怎样的商品目录以及各商品目录里应该包含何种内容的讨论，此外，也预计开展关于服务、投资、规范等多方面全方位的协商。

2011年的第一次协商，一方面制定协议运营时的基本原则方针等的职权范围（terms of reference，TOR），另一方面对以后中韩FTA协议的范围以及协议作业的构成等行政方面进行了全面的讨论。在协议运作细则中，明确了两国追求全面的、高水准的FTA原则。对于协议的对象，每个阶段的协商方式、商品、服务、投资等，各分类协商方针（modality）的框架，以及朝鲜半岛境外加工地区、行政事项等也进行了向后的协商。协商结果是，设立了两国首席代表担任共同主席的贸易协商委员会（trade negotiating committee，TNC），全面掌握调整了向后各分类协商方针（modality）。

三、主要争论焦点以及协商方向

目前，两国对于敏感商品目录保护方式的协商是最重要的议题。从韩国的立场出发，在关心能否确保电气电子、化学、一般机械、输送机械等主要出口业利润的同时，也十分关心将可能会受到直接损失的化学工业、塑料、纤维等主要依靠中小企业维持的制造业领域能否使损失最小化。另外，因为在农业和水产业领域中，两国的生产规模差距巨大，中国产品占有绝对的价格优势以及不均衡的贸易逆差规模，韩方对于FTA带来的损失也非常忧虑。从韩国的角度来说，对因中韩FTA带来巨大损失的各业界进行协商难度很大，在第一阶段的协商中，必须将对敏感商品的充分保护措施纳入议程。

在服务贸易方面，两国有必要以能够双赢的区域为重心，共商积极开放。韩国在打入中国市场期间，希望中国能够在服务贸易方面从提升生产率的层面持肯定态度。在法律和制度上两国的开放度是相似的。最好能从两国都能获得利益的领域开始协商。为了强化两国的经济合作，不仅要开放服务，还要深入商讨各种各样的规范法律问题，并立足长远，通过中长期的开放扩大利益。

综上所述，比起两国的贸易规模，两国的投资规模是相当小的。为了搞活投资，两国应商讨各种各样的改善投资条件的事项。希望中韩 FTA 能够制定尽可能高水准的促进投资协议。特别是在设立前阶段，为了保证能够给予对方本国国民待遇，保证地方政府履行 FTA 协议，必须制定制度方面的政策，才能带来实际的改善。

（金荣贵，韩国对外经济政策研究院地方贸易组组长）

中韩 FTA 推进情况及今后课题

贾若祥

从欧盟到北美自由贸易区、从东盟到南美共同市场，区域经济一体化趋势日益明显，缔结自由贸易协定（Free Trade Agreement，FTA）就是其主要形式之一。经济结构具有互补性或地理空间具有毗邻性的国家或地区纷纷签订区域性（双边或多边）自由贸易协定，促进相互之间贸易和投资的便利化。1994年11月15日，在印度尼西亚茂物举行的APEC经济领袖会议上设立了“茂物目标”[①]，即发达成员国在2010年前、发展中国家成员在2020年前，实现亚太地区自由与开放的贸易及投资。

作为东亚三个经济实力最强的国家，中日韩自由贸易区建设被认为是未来实现整个东亚自由贸易区的关键性环节。但由于历史原因，日本与亚洲各国的关系不是很融洽，直接组建中日韩自由贸易区困难重重。而中国与韩国之间政治上没有历史遗留问题，两国间经济联系非常紧密而且互补性也很强，中韩FTA在实践上已经作为东北亚经济一体化的先导，并将对东北亚的经济格局产生重大影响。

---

① 参考新华网的背景资料：茂物目标，2010年11月8日。

一、中韩 FTA 背景分析

（一）中国 FTA 情况简介

根据中国自由贸易区服务网的有关信息，目前，中国正与五大洲的28个国家和地区建设17个自贸区。其中，已经签署了10个自贸协定，分别是中国与东盟、新加坡、巴基斯坦、新西兰、智利、秘鲁、哥斯达黎加自贸协定，中国大陆与香港、澳门的更紧密经贸关系安排，以及与台湾的海峡两岸经济合作框架协议，此外，中国还加入了《亚太贸易协定》。除与哥斯达黎加的自贸协定外，其他9个自贸协定已经开始实施，实施情况良好。正在谈判的自贸区有7个，分别是中国与海湾合作委员会、中国与澳大利亚、中国与冰岛、中国与挪威、中国与南部非洲关税同盟、中国与瑞士，以及2012年5月正式启动的中国与韩国 FTA 谈判。同时，中国已经完成了与印度的区域贸易安排联合研究，同时也完成了中日韩自贸区官产学联合研究，正在积极磋商正式启动中日韩 FTA 谈判的日期。

表1　中国 FTA 情况

类　　型	涉及国家或地区
已签署协议的 FTA	中国—东盟；中国—巴基斯坦；中国—智利；中国—新西兰；中国—新加坡；中国—秘鲁；中国—哥斯达黎加；中国大陆与中国香港、澳门的更紧密经贸关系安排（CEPA）；中国大陆与中国台湾的海峡两岸经济合作框架协议（ECFA）；亚太贸易协定
正在谈判的 FTA	中国—海合会；中国—澳大利亚；中国—冰岛；中国—挪威；中国—南部非洲关税同盟；中国—瑞士；中国—韩国
正在研究的 FTA	中国—印度；中日韩

资料来源：根据中国自由贸易区服务网（fta. mofcom. gov. cn）有关内容整理。

（二）中日韩 FTA 情况

中日韩三国间的 FTA 建设，是推动东北亚经济一体化的重要内容。从现实来看，中日韩三国经济具有较强的互补性，地缘上具有毗邻性，具备建设 FTA 的条件和需求。但是由于三国之间政治、历史等方面的原因，推进 FTA 建设面临重重困难。

早在 2002 年中日韩三国首脑会议上，中国时任总理朱镕基就首次提出签署三国 FTA 的倡议。随后，进入了相对漫长的有关建立中日韩 FTA 的研究阶段。从 2003 年至 2009 年可以认为是民间共同研究阶段，主要是相关学术机构对此开展研究。但是由于中日韩之间存在政治等方面的较大隔阂，政府层面的推进情况时断时续，并无实质性进展。只是这一阶段的学术研究积累为推进中日韩 FTA 建设提供了较好基础。2009 年 10 月 10 日，在北京举行的第二次中日韩领导人峰会上，三国领导人一致同意在已完成的三国联合研究的基础上，尽快启动中日韩 FTA 官产学联合研究。随后在 2010 年至 2011 年，中日韩进入了“官产学”联合研究阶段。在应对全球经济危机的形势下，三国领导人一致决定加快谈判进度，2010 年 5 月进入官方、产业界、专家对中日韩 FTA 可行性的共同研究阶段，并于 2011 年 12 月 16 日正式宣告结束。中日韩三方均就 FTA 建设得出积极结论，一致认为“中日韩间实现 FTA 将会给三国带来共同利益”。并指出，在今后的谈判过程中将遵循四大原则，即建立全面高水准的 FTA、与 WTO 准则保持一致、利益均衡、妥善处理敏感问题。

随着中日韩对 FTA 官产学研究的结束，中日韩 FTA 建设进入需要启动谈判的关键时刻。进入 2012 年，中日韩 FTA 进程也一度出现了突破的迹象。2012 年 3 月 7 日，中国商务部部长陈德铭在人大、政协“两会”记者会上透露，中日韩 FTA 官产学的研究已经结束，中日韩 FTA 谈判有望在 2012 年 5 月正式启动。

2012年5月，在北京召开的第五次中日韩领导人会议上，中国、日本、韩国同意在2012年年内启动中日韩自由贸易区谈判。

（三）中韩FTA建设回顾

中韩两国有着上千年来往、交流的历史，同属于东亚文化圈，近百年来又有过同样遭受帝国主义侵略、殖民的经历，较容易相互沟通和理解。2004年11月，中国胡锦涛主席和韩国卢武铉总统共同宣布启动中韩自贸区民间研究。2005年双方正式开展中韩自贸区民间联合研究，主要由中国国务院发展研究中心和韩国对外经济政策研究院参与。2006年11月17日，中韩双方同意于2007年年初启动中韩自贸区官产学联合可行性研究。官产学可行性联合研究是民间研究的继续，研究涉及建立中韩自贸区的宏观经济影响、自贸协定的涵盖领域、贸易投资自由化对产业的影响以及敏感产品和敏感领域的处理方式等问题。双方经过5次联合研究会议，就货物贸易、服务贸易、投资等问题进行了全面深入的研究，并取得了积极成果。

表2　中韩自贸区官产学联合研究会议情况

会议次数	时间	地点	主要参与方或主要内容
第一次	2007年3月22日至23日	北京	中方代表团由商务部、外交部、发展改革委员会、财政部、农业部、海关总署、质检总局等政府部门组成，石化、钢铁、机械、汽车、机床工具、纺织、塑料、光学光电子、家电、轻工业等产业协会以及中石油、中石化等代表企业和国务院发展研究中心、上海WTO事务咨询中心等学术机构也派代表参加了会议。韩方代表团也由相应的政府部门、产业协会和学术机构组成
第二次	2007年7月3日至4日	首尔	双方深入讨论了部分工业部门以及原产地规则和贸易救济措施等问题，会议取得了丰硕成果
第三次	2007年10月24日至26日	山东威海	双方就货物贸易相关的部分工业部门和农林渔业、服务贸易以及投资等问题深入交换了意见

续表

会议次数	时间	地点	主要参与方或主要内容
第四次	2008 年 2 月 18 日至 20 日	韩国济州	双方就农林渔业、制造业、竞争政策、知识产权、政府采购、动植物检验检疫（SPS）、海关程序、原产地规则和经济合作等议题进行了深入讨论，就大部分内容达成一致，取得了积极成果
第五次	2008 年 6 月 11 日至 13 日	北京	双方就联合研究报告中的农林渔业、韩国弃用两项"特保条款"和总体结论建议等议题进行了深入细致的协商和讨论

资料来源：根据中国自由贸易区服务网（fta. mofcom. gov. cn）有关内容整理。

2009 年 10 月 10 日，中国商务部长陈德铭和韩国外交通商部通商交涉本部长金宗壎在京签署《中韩经贸合作中长期发展规划报告》。中韩双方对两国间原有的经贸合作中长期发展规划进行了调整补充。此次签署的新规划反映了两国经贸合作发展新形势的新要求，涉及重点合作领域包括：创造良好的经济贸易环境，产业领域，技术、能源、环境和劳动领域，多边和区域经济合作以及其他领域等 5 个方面，涵盖 23 个具体合作领域，新增加了能源、气候变化、金融、造船、劳动就业以及区域和多边合作与协调等一些双方关注且合作意愿较强的新领域。

2010 年 5 月 28 日，正在韩国访问的温家宝总理与韩国总统李明博举行会谈。双方宣布结束中韩自贸区官产学联合研究，并由双方经贸部长签署谅解备忘录，发布了中韩自贸区联合研究报告。认为联合研究加深了双方的相互了解，在两国自贸区协商进程中迈出了重要一步，为进一步推进中韩自贸区建设奠定了良好基础。双方商定，下一步将就各自关心的问题进一步交换意见，为早日启动政府间谈判创造条件。

2012 年 1 月 9 日至 11 日，韩国总统李明博访华期间宣布将在韩国国内启动中韩自贸协定（FTA）谈判的准备程序，在韩国国内引发强烈反响。韩国国内既有表示欢迎的声音，主要来自汽车、电子、石化等行业，也有反对的声音，主要来自农业部门。韩国主要在野党民主统合党12日甚至要求李明博总统立即收回该决定。但中韩两国政府仍然从战略高度积极推进中韩FTA谈判。2012年5月2日，中韩两国政府就启动中韩FTA正式谈判达成协议，并在2012年5月14日举行第一轮中韩FTA谈判。这成为中韩FTA建设过程中具有里程碑意义的突破。在中韩相互减免关税的推动下，中韩双方将会继续扩大贸易量，同时进一步加深经贸关系。而且随着中韩FTA谈判的顺利推进，中韩将在推进中日韩FTA和东北亚经济一体化进程中发挥先导作用。

二、中韩FTA的基础

（一）中韩两国经济上具有较强的互补性

中韩两国经济上具有较强的互补性，建设中韩FTA，可以进一步发挥中韩两国的比较优势，实现互利双赢，这是推进中韩FTA的重要基础。中国仍属于发展中国家，而韩国已进入发达国家行列，两国在产业发展中具有各自不同的比较优势。对于中国而言，虽然近期劳动力成本在不断提升，但是比之韩国而言，相对低廉和丰富的劳动力优势仍然会持续相当长一段时期。此外，中国的自然资源相对丰富，市场空间尤其巨大。上述两大特点使得中国在劳动密集型和资源加工型产业上具有比较优势。韩国在某些产业领域技术研发能力较强，资本密集型和技术密集型产业存在一定的优势。两国产业结构具有较强的互补性。中韩两国都需要进行产业升级和结构调整，同时，由于韩国国内市场狭小，亟需开拓外部市场，而中国广阔的市场和持续较快的经济增长为韩国拓展外部市场提供了可能。这种明显的经济互补性决定了两国未来的经贸合作潜力很大，这是两国建立自由贸易区的坚实经济基础。

（二）中韩两国有地理空间毗邻的优势

中韩两国依水相邻，中韩两国海岸的直线距离不足 200 海里，自中国威海至韩国的仁川最近处仅 170 海里。在中国东南沿海分布着许多国际级的大港口，在韩国也有许多国际级的港口，两国的海运交通非常便利，较短距离的海运使中韩两国的货物贸易既可得运输成本低之利又无时效之虑。此外，在中国的东北、华北、华东等地区，有多个较高水准的国际机场，与韩国有着多条国际航线，到韩国只有约一小时航程，人员来往十分便捷。从国际上 FTA 建设的情况来看，除了参与 FTA 建设的相关国家和地区具有密切的经济联系外，地缘条件也对 FTA 建设具有较大影响。一般来讲，FTA 往往都是在地理空间邻近的国家和地区之间先行开展。因为毗邻地区大都具有经贸和文化交往的历史传统，而且运输成本相对低廉，人员来去比较方便。建设中韩 FTA 具有明显的地理空间毗邻优势。

（三）中韩两国睦邻友好的国家关系

自 1992 年中韩建交以来，尽管两国的社会政治制度不同，却都致力于发展在相互尊重、和平共处、平等互利基础上的睦邻友好关系。两国的关系一直发展良好，两国高层领导人交往频繁。1998 年，两国确立了“面向 21 世纪的合作伙伴关系”。2003 年 7 月，韩国总统卢武铉应邀访华期间，双方又将这一关系提升为全面合作伙伴关系。2005 年 11 月，中国国家主席胡锦涛访韩期间，韩国宣布承认中国的市场经济地位，进一步推进了中韩全面合作伙伴关系的发展。此外，中韩两国在维护东北亚地区和平稳定、反恐、防核扩散、环保等领域也有着良好的合作。

2006年5月，中韩就双方经贸合作问题举行了会谈，双方表示愿意继续在中韩自由贸易区问题上进行研究和交流。中、韩两国国家关系的良好发展，为两国FTA的建立提供了十分重要的政治前提。同时两国在贸易方面也取得迅速发展。1992年两国刚刚建交时双边贸易额仅为50亿美元，到2011年中韩贸易额已达到2139亿美元，增长了40多倍，两国对未来的双边经贸合作前景充满信心。

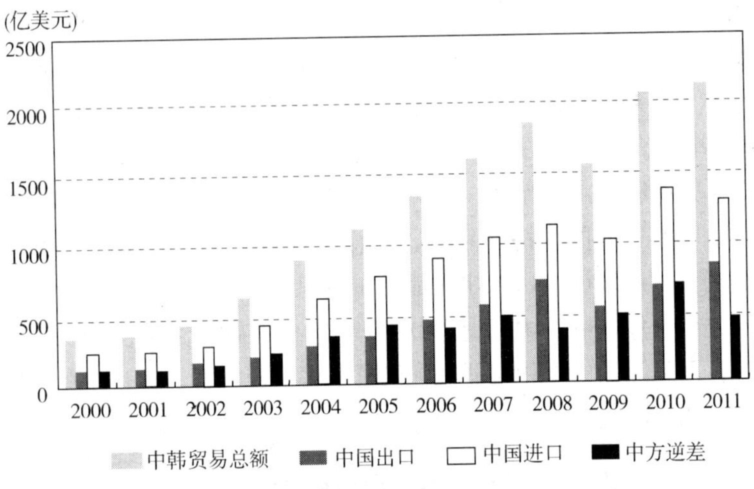

图1　中韩贸易情况

资料来源：根据中国商务部网站公布统计数据和韩国知识经济部发布数据整理。

（四）中韩两国对FTA都高度重视

根据中国自由贸易区服务网的有关信息，目前，中国正与五大洲的28个国家和地区建设17个自贸区，其中9个自贸区协议已经实施，进展情况良好。韩国也在积极推进自由贸易协定签署工作，积极扩大国外市场。根据金英姬著的《投资韩国》中的相关资料，韩国已经与巴西等11个新兴经济体签署了"发展中国家全球贸易优惠制度"协定，削减关税推动贸易。截至2010年底，韩国已正式签署并开始实施的自贸协定有5个，涉及16个国家；已签署协定但尚未生效的有3个，涉及29个国家[①]。韩国与欧盟的自贸协定已经生效，使得韩国成为与全球两个最大经济体——美国、欧盟同时签订自贸协定的国家。中韩两国都高度重视自由贸易协定的签署，将其作为国家发展战略的重要内容，这为推动中韩缔结 FTA 奠定了很好的思想基础。

三、建立中韩 FTA 的效应分析

（一）有利于发挥中韩两国的比较优势

中韩两国经济发展程度不同，分别处在经济产业链的不同位置，并且两国的资源禀赋也存在较大的差异，尤其是在自然资源、劳动力、资金、技术等方面有较强的互补性。建立中韩自由贸易区有利于中韩两国优势互补，促进各自具有比较优势的产业获得更好更快发展，从而进一步增加两国的经贸往来，提供更多的就业机会，创造更多的国民福利，促进中韩两国经济社会的繁荣昌盛。目前，中韩两国都是 APEC 和 WTO 成员国，推进贸易和投资的便利化是中韩两国共同的政策取向。在中国不断扩大国内需求的大背景下，中国巨大的潜在市场无疑会为韩国企业发展提供广阔的空间。尽快推进中韩 FTA 建设，将有助于充分发挥两国的比较优势，扩大两国比较优势产品出口，降低各自的进口成本，同时在深化贸易、投资、技术合作中加快产业结构转型升级，增强两国经济的国际竞争力。

---

① 金英姬著，投资韩国，中国投资指南网站（www. fdi. gov. cn）。

（二）有助于中国推进发展方式转变和提高对外开放水平

目前，中国正处在转变发展方式的关键时期，而推进中韩FTA建设，一方面，中国可以引进更多的资金和技术。韩国作为发达国家，是中国主要的外资来源国之一。韩国有着比较先进的技术和相对充裕的资金，缔结中韩FTA将使中国能更多、更方便地获取韩国的资金与技术，从而有助于中国企业结构调整和发展方式转变。另一方面，建设中韩FTA，可以去除或大大降低中韩经贸关系中存在的各种有形或无形的关税及非关税壁垒，为中韩贸易、投资、劳务、金融、环保、科技、文化、教育等各个领域的交流合作等提供更便利的条件，从而有助于中国实施"走出去"战略，进一步提高对外开放的水平。

（三）有利于韩国持续发展

韩国经济具有鲜明的外向型特征，20世纪60年代之后实现经济起飞，到本世纪初跻身发达国家行列，很大程度上得益于出口导向战略的成功实施，抓住了经济全球化带来的机遇。在中韩的经贸往来中，中国市场对于韩国的重要性也不断增强，而且中国经济在改革开放30年来持续快增长的基础上，仍将继续保持平稳较快增长，加之中国人口众多，未来市场潜力极其巨大，对世界各国都有很强的吸引力，如果韩国不进一步深化同中国的合作，那么分享中国经济增长成果的比率就会有所下降。近年来，韩国LCD、汽车及配件、重型建筑设备配件、家电、无线通信设备、化工产品在中国市场所占份额有所增长。国际金融危机爆发后，中国政府为保持经济平稳较快增长，一方面在国内推出产业振兴规划及各项刺激内需政策，一方面积极推进同周边国家和地区的经贸合作，先后与东盟、香港、澳门、台湾等周边国家和地区签署

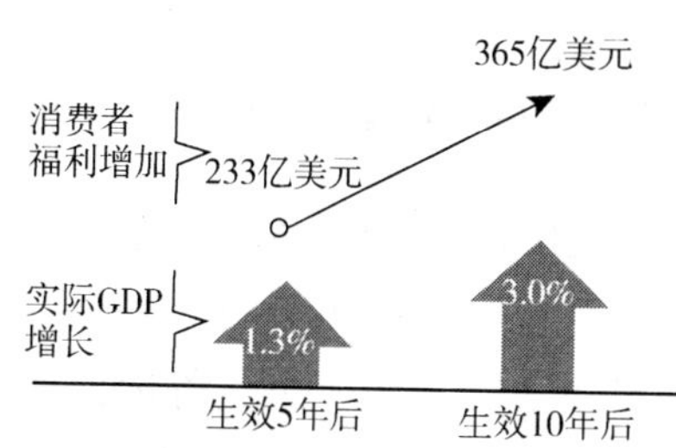

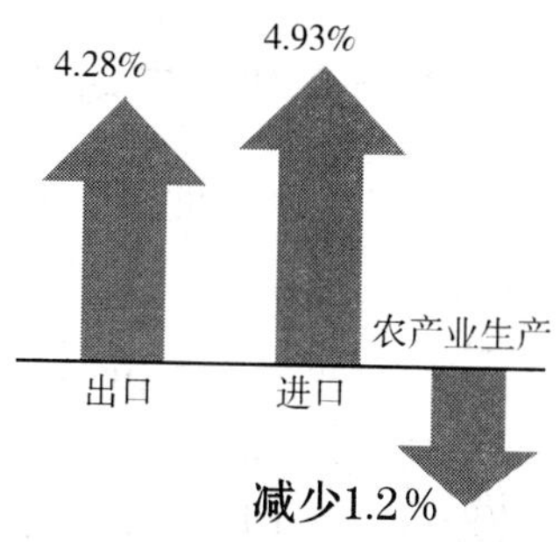

* 消费者福利是指特定商品消费者愿意支付的最高价和实际价格之差。数值越大，对消费者越有利。

资料来源：对外经济政策研究院（KIEP）。 资料来源：三星经济研究所。

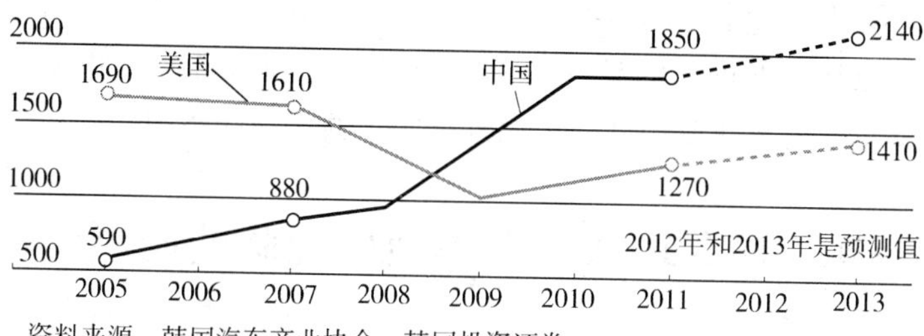

资料来源：韩国汽车产业协会，韩国投资证券。

图 2　中韩 FTA 对韩国的影响

资料来源：朝鲜日报驻北京特派记者崔有植、记者崔炯硕，韩中 FTA 谈判启动，政治经济有望双赢，韩国朝鲜日报中文网络版，2012 年 5 月 3 日。

自贸或类似的协定。在欧美日市场萎靡不振的形势下，韩国为保持经济稳定增长，也更加看重以中国为代表的新兴市场。韩国要想在中国大市场中与其他与中国签署了自贸协定的国家和地区开展有效竞争，就需要加快推进中韩 FTA 建设，为韩国企业争取更宽松、更便利的待遇。根据韩方相关研究机构就中韩 FTA 对韩国经济和进出口的影响分析，中韩 FTA 建设对于韩国的经济和进出口都有着比较明显的拉动作用。中韩尽快实现 FTA 可使韩国在分享中国市场上比日本等国赢得先机，将对韩国经济持续发展起到重要的积极作用，并可能会对东北亚的经贸格局产生重要影响。

（四）有利于推动东北亚经济一体化进程

相对于欧洲、北美、南美、东南亚等区域，东北亚的区域一体化进程明显滞后。尽管东北亚各国在经济上具有较强的互补性，空间上也具有毗邻性，但是由于受政治、历史等因素的影响，经济一体化进程一直缓慢。中日韩三国在东北亚具有举足轻重的地位，其FTA建设对于推进东北亚经济一体化起着非常重要的关键和核心作用。但由于多种复杂因素的制约，中韩日三边的FTA谈判显现要比双边的FTA难度大，中韩FTA谈判的启动，可使韩国在分享中国市场方面比日本处于更有利的地位，对中日韩三边甚至中日和韩日双边FTA谈判产生推动作用。中韩FTA建设对推动东北亚经济一体化具有明显的先导性作用。

四、中韩FTA谈判推进中面临的问题

（一）韩国政治因素对中韩FTA谈判的影响

推动中韩FTA谈判，不仅基于经济需要，政治考量也是一个非常重要的因素。在韩国，农业一直是政府给予重点保护的部门，尤其是其稻米市场，更是受到政府的严格保护。如果仅仅从经济角度考虑，农业在韩国整个经济中所占的比重很小，农业从业人员占全部从业人员的比重也很低。但是，农业政策对于韩国的政局却有着比较重要的影响，往往成为执政党或在野党在选举中制衡对手竞争的一个重要筹码。从中韩FTA前期研究结果来看，中韩FTA会对韩国农业有所影响，但影响不大，因为中国为了保障自身粮食安全，稻米谷物出口量十分有限。如果仅从经

济角度考虑，这种影响相对于中韩经贸大局来讲并无大碍，但是如果考虑到政治因素，则可能会对 FTA 谈判带来一定困难。2012 年是韩国总统选举年，政治力量的角力有可能对中韩 FTA 谈判产生影响。此外，韩国已经与美国签署了 FTA 以及韩美之间的战略关系，美国因素也会对中韩 FTA 谈判产生较大影响。

（二）其他影响因素

推进中韩 FTA 谈判，还面临着其他方面的影响因素，这些因素都是中韩 FTA 谈判过程中需要直面的问题。首先，中韩两国经济发展水平和所处发展阶段的差距，会给中韩两国在政策协调上带来一定难度。一般来讲在 FTA 建设过程中，经济发达国家可以凭借自身的技术、管理和资金优势，获得更大的经济收益。自从中韩建交以来，中国就在中韩贸易中一直处于逆差状态，而且这种逆差还呈现不断扩大的趋势。如何处理贸易平衡关系，可能是中韩 FTA 谈判的一个难点。

还有，中韩两国都有着自己的弱势产业，建立 FTA，关税大幅下降，市场开放程度进一步提高，必将会对中韩两国的弱势产业产生一定冲击。如何有效减缓对这些产业的冲击，也是 FTA 谈判过程中需要重点解决的问题。韩国面临的主要是农业问题。中国的部分制造业，比如机械制造业、通信设备制造业、汽车制造业、钢铁、化工等产业将会受到一定冲击，而这些产业在中国的国民经济中还占据较大比重。

五、中韩 FTA 展望

（一）中方对中韩 FTA 持积极推动态度

中方从战略高度积极推进 FTA 建设。温家宝总理在 2012 年

3月政府工作报告中指出要“继续推进自贸区建设和区域经济一体化进程”。除了中韩FTA外，中方对于中日韩FTA都是从战略高度持积极推进的态度。实际上，中国是从更高的战略层面看待中韩FTA建设的。在中韩贸易中，韩国的比较优势发挥更为明显，其获益亦是最大。自从2006年中国超过美国成为韩国第一大贸易伙伴以来，中国就一直是韩国外贸顺差的最大来源地。事实上，自上世纪90年代东亚金融危机以来，庞大的中国市场给韩国转危为安提供了绝佳的外部环境，而在眼下全球金融危机的背景下，中国市场再次成为不少韩国企业脱困的希望。在环球时报对中韩网民对FTA态度的调查中，一位中国网民就这样表示：“韩国相对中国而言，具有电子、汽车等产业的技术优势，而中国的市场远远超出韩国。这样的自由贸易协定只会有利于韩国，韩国将能够利用技术优势迅速占领中国市场，并促进其产业壮大和升级，对中国而言将会损害到中国相关的竞争行业的发展。”尽管如此，中国政府仍然是站在区域经济一体化的高度、以战略眼光来看待并积极推进中韩自由贸易协定建设。

（二）韩方也从战略高度推进中韩FTA

通过中韩双方的官产学研究，中韩双方都一致认为中韩FTA从经济和战略上符合两国利益，韩方要从战略高度看待中韩FTA建设，顺利推进中韩FTA谈判，妥善解决谈判中面临的各种问题，顺应各自发展的需要。韩国政府对推进中韩FTA谈判的态度也是积极的。2012年1月份，韩国总统李明博在访问中国时表示韩国已经着手就开始中韩自由贸易协定谈判作必要准备。根据当时媒体的乐观报道，韩方的准备工作如果进展顺利，中韩FTA的正式谈判有可能在2012年上半年开始，但是，考虑到两国关系的现状和韩国的舆论，推迟的可能性也不小。[①] 而根据韩国 SBS 电视台称，虽然中韩 FTA 从经济和战略上符合两国利益，但真正达成协议并付诸实施可能需要较长时间。按照韩国国内的启动程序，要首先在官报上刊登相关消息、举行听证会、成立 FTA 小组委员会和促进委员会，经济官员开会议决等，这需要 1～2个月。随着韩国国会 2012 年 4 月份进行选举及各种政治因素的影响，韩中 FTA 谈判宣布开始有可能推迟到5 月。正如部分媒体所言，2012 年 5 月，双方终于正式启动中韩 FTA 谈判，成为中韩 FTA 建设史上具有里程碑意义的重大进展。考虑到中韩 FTA 谈判的各种影响因素，最终完成需要相当时日。此前韩美谈成 FTA 用了 1 年，韩欧 FTA 谈了 3 年半。如果中韩两国政府都能坚持从战略高度推进中韩 FTA 建设，有望在 2 年之内完成谈判。

（三）先易后难、逐步推进中韩 FTA

中韩 FTA 谈判可以考虑采取先易后难、逐步推进的方式。中韩两国的经济发展水平和产业结构存在较大的差异，具有较强的互补性，但在某些领域也存在不同程度竞争关系。考虑到中韩两国都有着各自的敏感或弱势产业，因此，中韩 FTA 谈判从务实的角度考虑，可以根据两国经济和产业发展的实际情况，采取先易后难、逐步推进的方式，双方先在互补性强和虽有一定竞争性但技术水平相近的产业领域缔结自由贸易协定；对于敏感产业，则可以有选择的逐步推进，并可以考虑一定时间的过渡期，以此促进中韩 FTA 谈判顺利推进。

---

① 欧阳亮，李明博访华 中韩 FTA 待破局，第一财经日报，2012 年 1 月 10 日。

六、主要结论

通过中韩两国的官产学研究，双方一致认为缔结中韩 FTA 对于两国经济增长都有积极作用，是一项对两国都有好处的事情。但是受各种因素的影响，中韩 FTA 在谈判过程中仍有很多问题需要解决。如果两国都能从战略高度积极看待中韩 FTA 建设，中韩 FTA 谈判则可顺利推进。中韩 FTA 谈判的顺利推进，将会对推进中日韩 FTA 谈判的尽早启动，为推进东北亚经济一体化发挥先导作用。考虑到韩国和日本在中国的目标市场具有很大的重叠性，中韩 FTA 谈判率先启动并顺利推进，可使韩国在分享中国市场上比日本居于更为有利的地位。

（贾若祥，国家发改委国土开发与经济研究所副室主任）

参考文献：

1. 王静．对建立中韩 FTA 的思考和建议［J］．国际经济合作，2010（7）．

2. 刘赛力．孕育中的中韩自由贸易区［J］．国际问题研究，2008（1）．

3. 朴光姬．中国 FTA 的进程及中韩 FTA. 第二届中韩未来对话会议论文，2008.

4. 蔡蕊．加大贸易合作，推进中韩 FTA 取得双赢［J］．当代韩国，2008（冬季号）．

5. 程伟，吴昊．建立中韩 FTA 过程中的农产品贸易安排构想［J］．东北亚论坛，2008（3）．

6. 朴英爱，牟春野．中日韩 FTA 进程及其政策比较［J］现代日本经济，2006（4）．

7. 张晓娜．经济复苏背景下中韩FTA战略选择探讨［J］．当代韩国，2009（冬季号）．

8. 刘昌黎．论中韩FTA［J］．世界经济研究，2008（4）．

9. 魏巍．论中韩FTA的可行性及其经济效应［J］．预测，2010（1）．

10. 陈丰龙．区域生产网络与中韩FTA：基于引力模型的实证研究［J］．世界经济与政治论坛，2010（2）．

11. 王虹．试析缔结中韩FTA的动因、障碍与前景．复旦大学硕士学位论文，2010.

12. 黄鹏，汪建新．中韩FTA的效应及谈判可选方案——基于GTAP模型的分析［J］．世界经济研究，2010（6）．

13. 凌华，曹历娟．中韩FTA对两国农产品贸易的影响研究［J］．生产力研究，2011（4）．

14. 邢程程，张广胜．中韩FTA对我国对韩水产品出口贸易流量的影响——基于贸易引力模型的模拟分析［J］．农业经济，2010（6）．

15. 魏一豪，吴国蔚．中韩FTA投资效应研究［J］．价格月刊，2010（8）．

16. 许兴镐．中韩建立FTA的进程与阻力［J］．科技经济市场，2009（4）．

17. 崔有植，崔炯硕．韩中FTA谈判启动，政治经济有望双赢．韩国朝鲜日报中文网络版，2012.5.3.

在华韩国企业的经营现状和特征[①]

崔弼洙

关于韩国对中国投资的几点特征，本文做了如下整理：第一，韩国对中国的投资在2004年达到顶峰，而后到现在为止一直在减少。第二，韩国对曾经作为主要投资对象地区的山东、江苏、北京的投资正在逐渐减少，而对华东地区的投资正在增加，对内陆地区的投资并没有明显增加。第三，虽然制造业的比重正在降低，但是与世界平均水平的46.9%相比，现在仍然有70%~80%，这个数字还是相当高的。第四，单个项目的投资正在扩大。第五，对于大型企业的实际业绩是有保护的，但是中小企业的情况却并非如此。第六，2007年以前，制造业的销售额取得了爆发性的增长，而在这之后，成长率趋于稳定。第七，韩国的住宿饮食、商业服务、大众媒体、健康医疗等各种新兴服务业企业的发展停滞不前或是在缩小，而批发零售、交通运输、休闲娱乐等行业的销售额有了很高的成长。第八，韩国企业认为中国的经营环境在制度方面有所改善，在人工成本等方面条件却有所恶化，这与事实是相符的。第九，韩国企业认识到了打入中国内需市场的重要性，中国内需市场的销售将会带来比韩国国内或其他国家的销售更大的利润，但是中国内需市场销售的增加是相当缓慢的。第十，随着原材料采购的本地化，大众投资带来的贸易收支改善效果有了很大的下降，对中国的配件原材料输出金额和比

---

① 本文是在《搞活和中国的经济合作以及贸易投资方案（2011，KIEP）》的基础上，引用一部分资料并进行补充整理而成的。

重比以往有所增加。第十一，在行业构成方面，大体符合中国的产业结构变化。第十二，对中国投资扩大化的想法正在减少。

接下来将以创造利润、成长、本地化、产业结构、未来展望为重点展开讨论。

一、利润创出的现状

在此节中，为了了解在中投资企业的实际经营业绩，将用到大韩贸易投资振兴公社（KOTRA）的《Grand Survey》以及韩国输出入银行发行的《海外直接投资经营分析》中的统计数据，并对这些数据进行分析。大韩贸易投资振兴公社的《Grand Survey》中提到，韩国对中国投资企业的经营实际情况呈现了一个恶化的趋势（表 1）。“大规模赤字”以及“轻微赤字”的比例从 2005 年的 5.7% 渐渐增加到 2008 年的 28.3%。另外 30% 以上曾为“均衡”的比率在 2009 年降到了 24.8%。“些许盈余”和“大规模盈余”的比重也有了小幅度的减少。另外，从 2009 年开始，调查项目有了变化，到了 2010 年，“恶化”、“不变”、“改善”的比重分别是 24.9%、33.5% 和 35.27%。和 2009 年相比，“不变”有所增长，而“恶化”和“改善”则全部下降了。

表 1　在中的韩国企业年度经营现况变化趋势　单位:%

分类		2005 年	2006 年	2007 年	2008 年	2009 年	2010 年
Grand Survey	大规模赤字	3.4	3.8	5.3	5.7	恶化 32.8	恶化 24.9
	略微赤字	23.3	17.1	26.9	28.3		
	均衡	29.8	33.6	32.6	24.8	不变 24.5	不变 33.5
	略有盈余	40.3	43.4	34.2	35.8	改善 42.7	改善 35.2
	大规模盈余	3.2	2.1	1.1	1.4		
	无应答	—	—	—	3.9	—	6.5

续表

分类		2005年	2006年	2007年	2008年	2009年	2010年
海外直接投资经营分析	总销售盈余率	—	10.5	16.1	17.0	21.6	28.7
	营业利润率	—	2.0	3.6	3.3	8.2	11.2
	经营利润率	—	2.1	3.9	3.0	8.3	11.6
	本期纯利润率	—	1.9	3.4	2.4	7.1	9.4

资料来源：《Grand Survey》，韩国输出入银行《海外直接投资经营分析(2011)》。

韩国输出入银行的分析结果显示，经营的实际情况有所改善，这与大韩贸易投资振兴公社的调查结果是有出入的。根据韩国输出入银行的《海外直接投资经营分析（2011）》中的“最近5年间中国现地法人经营分析”，营业利润率、经营利润率、本期纯利润率等都在不停地改善。

这种差异，是由于研究分析对象的差异造成的。韩国输出入银行的研究对象是在万余个中国现地法人中，连续5年提交营业状况的510个企业。而大韩贸易投资振兴公社的《Grand Survey》对于企业的规模、连续性以及代表性并没有什么区分，是以每年400~600个非特定的企业为研究对象的。也就是说，韩国输出入银行的研究对象连续提交营业情况，这些企业的规模相对就要大一些，而大韩贸易投资振兴公社的研究对象中包含了更多小型企业。

另一方面，韩国输出入银行将全部数据综合，各自计算了销售利润率、营业利润率、本期纯利润率（表2）。也就是说，并不是针对每个企业的利润率，而是将全部在中韩国企业的利润率都加在一起进行计算的。另外，计算了各年度中销售额为零的企业，以及当期利润率为零的企业。由此，除了在2008年呈赤字的企业大幅提升到57.42%以外，剩下的企业中也有大约50%是没有获得利润的。也就是说，超过一半的打入中国市场的韩国企业是没有获得盈利的。根本没有销售额的企业在2009年仍然还有8%。

表 2 在中韩国企业经营指标 单位:%

年份	销售利润率	营业利润率	本期纯利润率	无销售企业比重	赤字企业比重
2002	17.21	4.70	3.54	12.15	53.27
2003	15.47	6.17	5.60	4.95	46.53
2004	11.30	2.86	2.60	5.95	51.67
2005	10.55	1.55	1.30	0	51.84
2006	10.87	2.26	1.97	10.18	50.27
2007	11.80	3.03	2.73	4.74	49.10
2008	10.95	1.91	1.44	9.77	57.42
2009	11.65	3.72	2.80	8.05	49.77

资料来源：韩国输出入银行原始资料。

二、成长现况

为了分析企业的成长现况，对于《Grand Survey》中“销售额伸张率”进行了调查。2009 年由于金融危机的影响，呈负增长的企业大幅度增长了 17%，展望 2010 年以及之后的 5 年，预计将回复到 2008 年以前的水准（表 3）。制造业的情况，在未来 5 年间销售将有 10% ~30% 的增加，到达了 40.6%。对于服务行业中，保有除了运输业的所有业种的销售都将会在未来 5 年间有所增长的乐观观点。

表 3 在中韩国企业的销售额展望

行业	年度	不足 0	0 ~10%	10% ~30%	30% 以上	无应答
制造业	2008	9.8	15.9	24.0	27.7	22.6
	2009	17.9	14.8	21.5	27.7	18.2
	2010	6.5	14.2	32.9	31.3	15.2
	2011	9.0	16.1	36.1	26.8	11.9
	2012 ~2016	1.9	14.5	40.6	28.4	14.5

续表

行业	年度	不足0	0~10%	10%~30%	30%以上	无应答
批发零售业	2008	4.3	13.0	21.7	32.6	28.3
	2009	13.0	17.4	28.3	23.9	17.4
	2010	2.6	25.6	28.2	25.6	17.9
	2011	5.1	17.9	28.2	41.0	7.7
	2012~2016	0.0	12.8	48.7	30.8	7.7
运输业	2010	8.3	20.8	33.3	12.5	25.0
	2011	8.3	20.8	37.5	12.5	20.8
	2012~2016	8.3	16.7	41.7	8.3	25.0
住宿饮食	2010	0.0	17.4	21.7	8.7	52.2
	2011	0.0	26.1	26.1	21.7	26.1
	2012~2016	0.0	21.7	21.7	26.1	30.4
金融保险	2008	0.0	0.0	22.2	11.1	66.7
	2009	22.2	11.1	0.0	22.2	44.4
	2010	0.0	12.5	25.0	12.5	50.0
	2011	0.0	12.5	25.0	12.5	50.0
	2012~2016	0.0	0.0	25.0	12.5	62.5
房地产业	2008	0.0	25.0	12.5	37.5	25.0
	2009	0.0	12.5	12.5	37.5	37.5
	2010	0.0	22.2	22.2	22.2	33.3
	2011	0.0	0.0	33.3	44.4	22.2
	2012~2016	0.0	11.1	22.2	55.6	11.1
科学技术业	2008	7.1	14.3	28.6	28.6	21.4
	2009	7.1	21.4	14.3	28.6	28.6
	2010	8.3	12.5	25.0	16.7	37.5
	2011	4.2	12.5	12.5	37.5	33.3
	2012~2016	0.0	0.0	20.8	37.5	41.7
全部行业	2008	8.8	15.2	24.0	27.9	24.0
	2009	17.0	15.0	21.5	27.2	19.3
	2010	5.2	15.9	31.2	26.8	21.0
	2011	6.5	15.7	34.2	28.1	15.5
	2012~2016	1.5	11.9	38.6	29.8	18.2

资料来源：2010，2011《Grand Survey》中的一部分行业。

表4 在中韩国企业过去成长率实数

行业	销售额（千美元）			成长率（%）	
	2002年	2007年	2009年	2002~2007年	2007~2009年
制造业	6860952	56552022	85645027	724	51
住宿饮食业	65965	99511	98066	51	-1
房地产	12146	157650	205486	1198	30
商业服务	45777	223117	138367	387	-38
批发零售	150349	3208564	7523892	2034	134
农业	0	12866	16960	—	32
建筑	0	338098	530368	—	57
交通运输	0	486312	805128	—	66
矿业	0	11046	779198	—	6954
大众媒体	0	1088299	44867	—	-96
电气	0	15547	0	—	-100
休闲娱乐	0	24252	65476	—	170
协会	0	4152	29724	—	616
健康医疗	0	2737	851	—	-69
教育	0	776	1154	—	49
金融	0	0	24423	—	—

资料出处：韩国输出入银行原始资料。

这种展望，是有必要通过实际数据得到验证的。由根据表4中韩国输出入银行的资料得出的各行业销售额成长率来看，在

2002年到2007年之间，制造业取得了724%的增长率，而在2007年到2009年之间，这个数字为51%。接下来，有很大规模销售额的批发零售业，在相同的时间分别达到了相对更高的增长率：2034%和134%。而在同行业内销售额增长率的减低，是和制造业一样的。从这两个主要行业的情况来看，可以得知：韩国企业销售额获得爆发性成长的时期已经过去了，最近成长率已经趋于稳定。

此外最近三年间取得最高增长率的行业是矿业（6954%），休闲娱乐（170%）和批发零售业（134%）也取得了较高增长率。在矿业方面，可以说是由于一部分资源开发企业的大规模投资造成的。可以看出，从2002年以来，在中国开展商业的种类迅速变得多种多样，在金融部分，2009年第一次达到了约2400万美元销售额。

但是总的来说，服务行业的成长率是疲困不振的。最近三年间，住宿饮食（-1%）、商业服务（-38%），大众媒体（-96%），健康医疗（-69%）等行业的销售额都有下降趋势。

三、本地化现状

（一）销售本地化：开拓内需的意向和现状

韩国企业开拓中国内需市场的倾向一直都在强化。根据大韩贸易投资振兴公社的调查数据，从2006年开始，有应答的企业中的62%都将中国作为日后的重点市场。而在2010年，正在积极促进开展中国内需市场或者预计要促进内需市场企业的比例达到了有应答企业的72.4%；目前还没有计划，或者需要促进的占了21.5%。也就是说，几乎大部分打入中国市场的韩国企业，都有打入中国内需市场的准备（表5）。

表 5　在中韩国企业的开拓动机和打入内需市场的意向

单位:%

分类		2006 年	2007 年	2008 年	2009 年	2010 年	2011 年
未来重点市场	中国	62.0					
	韩国	6.1					
	其他国家	31.9					
打入内需市场意向	积极开拓中					56.3	51.1
	预计未来开拓					16.1	17.2
	有促进的必要					21.5	17.4
	没有计划					5.6	2.7
	其他					0.6	
开拓动机	打入内需市场		38.4	31.3	34.0	53.1	62.3
	低廉劳动力		17.6	21.9	20.9	16.2	11.3
	韩国经营环境恶化		11.5	11.0	10.6	4.6	3.8
	合作企业和共同开拓		11.1	12.5	10.0	16.6	8.6
	调整自己的企业		8.0	9.3	6.7	2.7	1.9
	中国的良好输出环境		5.9	4.8	4.3		
	打入其他国家市场					2.5	3.6
	和中国的合作关系		3.7	5.8	7.5	2.5	3.4
	其他		3.9	3.4	5.7	1.9	2.4
	无应答				0.4		2.7

资料来源：各年度《Grand Survey》。

在打入市场动机中，认为“打入内需市场”最重要的企业，在2011年大幅增长到了62.3%，而“低廉劳动力”和“调整自己的企业”等动机渐渐呈现减弱的趋势。

为了详细了解销售本地化的程度变化趋势，作者制作了表6。从表6可以看出，中国2009年的本地、韩国及其他国家的销售额比重各自为59.1%，26.7%和14.2%。在年度趋势中，“其他国家”的比重有了明显降低（29.6%→14.2%），而“本地”（51.1%→59.1%）和“韩国”（19.3%→26.7%）的比重都有所增加。特别是在2007年以后，这种变化趋势变得愈发明显。

其他国家作为销售对象的比重的降低，主要原因是2008年全球金融危机，海外需求骤减，而中国和韩国的经济状况相对没有那么停滞。考虑到西欧和北美等市场长期停滞，再加上以上的两个原因相互作用，导致了在中国的销售比重增加。

另一方面，“本地”和“韩国”的销售比重增加，主要是由于和“关联公司”之间的往来造成的。“本地”和“韩国”在非关联公司的比重全部停滞或者极小幅度的增加，而在关联公司的比重则全部增加了。也就是说，销售的增加主要是通过韩国的母公司、现地的合作伙伴或者持有股份的连锁公司等的关系获得的。这到底是关联公司的关系外延战略造成的结果，还是现地流通渠道以及开拓新顾客失败的结果呢？这需要另外单独研究。

表6　在中韩国企业销售额构成变化趋势

单位:%

年份	本地			韩国			其他国家		
	合计	关联公司	非关联公司	合计	关联公司	非关联公司	合计	关联公司	非关联公司
2002	51.1	9.4	41.7	19.3	17.8	1.5	29.6	12.2	17.4
2003	55.0	11.3	43.7	18.9	18.4	0.5	26.1	13.2	12.9
2004	49.5	12.8	36.7	14.2	13.1	1.0	36.4	26.4	9.9
2005	51.1	13.5	37.5	12.6	11.3	1.3	36.3	24.8	11.5
2006	50.2	10.0	40.2	16.4	15.1	1.4	33.4	22.7	10.7
2007	51.4	11.9	39.5	17.3	13.4	3.9	31.3	22.8	8.5
2008	54.2	16.8	37.4	25.2	22.4	2.7	20.6	14.0	6.6
2009	59.1	15.3	43.8	26.7	24.4	2.3	14.2	8.4	5.8

资料来源：韩国输出入银行原始资料。

（二）销售本地化：原材料采购变动趋势

根据《Grand Survey》，2006 年，超过一半的韩国企业从中国采购原材料，2010 年，表示要持续扩大本地化采购的企业有 58.4%。此后，渐渐有更多的原材料都在本地采购了（表 7）。在 2006 年，有 37.8% 的企业在韩国采购原材料，在 2009 年，仅有 6.3% 的企业表示要扩大从韩国进口原材料，而到了 2011 年，仅剩下 2.1% 的企业表示计划将从包括韩国的其他国家采购原材料。在《海外直接投资经营分析》中也写明，“本地买入”的比重增加，韩国进口的比重正在降低。

表 7　在中国的韩国企业原材料采购变化趋势

单位：%

项　目		2006 年	2007 年	2008 年	2009 年	2010 年	2011 年
Grand Survey	韩国	37.8					
	中国	52.7					
	其他国家	9.5					
	维持现行				39.5	38.5	46.5
	扩大本地采购				35.1	58.4	51.4
	扩大韩国进口				6.3		
	扩大其他国家进口				1.1	3.1	2.1
	无应答				18.1		
海外直接投资经营分析	现地买入	42.8	50.6	48.4	59.9	64.7	
	韩国进口	40.5	33.8	32.3	21.0	19.2	
	其他国家进口	16.7	15.6	19.3	19.1	16.1	

资料来源：各年度《Grand Survey》、《海外直接投资经营分析（2011）》。

有必要将《Grand Survey》中出现的企业的意向和《海外

直接投资经营分析（2011）》中出现的一部分作为样例，通过输出入银行的数据，与全部样例做检验。对此，在表8中，统计出了实际的销售额构成趋势。根据表8，“韩国”的比重明显降低，而“本地”的比重在增加。如果拿2002年和2009年作比较，在增长的13.6%现地买入比重中，关联企业增加了5.6%，非关联企业增加了5.6%。另一方面，在同一时间，韩国买入比重中，关联企业和非关联企业的减少比重分别为13.2%和4%。换句话说，韩国投资者对于本地法人的输出有了很大的减少。如果这种趋势持续下去的话，韩国大众贸易收支从长期来讲，恶化的可能性是很大的。实际上，韩国从全面来讲，大众贸易虽然是顺差的状态，但是对中投资企业的贸易收支，2009年输出为188.7亿美元，输入为251.2亿美元，约为62.5亿美元的赤字。

表8　购进额构成变化趋势

年份	本地			韩国			其他国家		
	合计	关联公司	非关联公司	合计	关联公司	非关联公司	合计	关联公司	非关联公司
2002	45.8	12.7	33.1	41.2	32.7	8.4	13.0	4.4	8.6
2003	46.4	8.8	37.6	38.8	31.5	7.3	14.8	7.1	7.8
2004	41.0	10.2	30.8	48.7	43.3	5.4	10.3	4.2	6.0
2005	40.8	9.2	31.5	42.9	39.7	3.2	16.3	6.8	9.5
2006	44.0	11.8	32.1	41.0	36.4	4.5	15.1	5.8	9.3
2007	51.0	12.6	38.5	36.6	32.7	4.0	12.3	4.0	8.4
2008	52.0	10.5	41.5	30.4	26.8	3.6	17.6	7.8	9.8
2009	59.4	18.3	41.1	23.9	19.5	4.4	16.7	8.3	8.4

资料来源：韩国输出入银行原始资料。

为了正确判断韩国对中国投资对贸易构造有怎样的影响，果然应当计算输出和输入的诱发性效果。计算的方法就像《海外直接投资经营分析》说的一样，不能只对最近5年报告了实际业绩的企业进行统计，而是应当使用2002年到2009年所有企业的数字。同样的结果在表9中也能看出，韩国对中国投资的贸易收支改善效果，在2004年指出重点以后，快速从155.9%降落，到了2008年已经成为负数。也就是说，从2008年以后开始，韩国对中国的投资诱发的进口比出口要多了。

表9　对中投资企业贸易收支改善效果分析

单位：百万美元

项　目	2002年	2003年	2004年	2005年	2006年	2007年	2008年	2009年
投资余额（A）	2244	2215	4727	6715	10191	15160	15127	16863
出口额（B）	2239	3880	11476	14047	16874	18161	19054	18867
入口额（C）	1375	2255	4106	4917	8507	10480	20641	25117
纯出口（B－C）	863	1626	7370	9130	8367	7681	－1588	－6250
出口诱发效果（%）（D＝B/A）	99.8	175.2	242.8	209.2	165.6	119.8	126.0	111.9
入口诱发效果（%）（E＝C/A）	61.3	101.8	86.9	73.2	83.5	69.1	136.5	148.9
贸易收支改善效果（%）（D－E）	38.5	73.4	155.9	136.0	82.1	50.7	－10.5	－37.1

资料来源：韩国输出入银行原始资料。

但是除去配件原材料来看的话，结果便不同了。从表10中贸易协会的合计来看，最近配件原材料的对中出口金额和比重反而增加了。1999年对中国出口数字为53%，而2010年为71%。这和在中韩国企业的需求减少一样，也可以用中国企业以及其他外资企业的需求减少来解释。

表10 韩国对中配件原材料出口现况

单位：百万美元

年份	对中出口总额	配件原材料总额	比重（%）
2001	18190	9632	53
2002	23754	12595	53
2003	35110	19526	56
2004	49763	29125	59
2005	61915	37571	61
2006	69459	42956	62
2007	81985	50393	61
2008	91389	55073	60
2009	86703	61342	71
2010	116838	83184	71
2011	134185	88155	66

资料来源：MCTNET，贸易协会。

四、中国产业构造的变化以及韩国的FDI

为了在中国产业构造的变化中理解韩国对中国的投资，制作了表11。中国的“生产量增加”是2010年和2009年各产业[①]附加价值生产量的平均值，减去2001年和2002年的平均值，从而得到的数值[②]。韩国各行业的FDI比重是各行业的FDI金额数值除以该行业的附加价值生产额得出的。行业排列是以生产量的增加从大到小排列的。

增加值最多的行业是制铁和铁加工行业。随着产业化和城市

① 只以韩国投资的实际产业为对象。

② 在该年度数值没有的情况下，以临近视角的数值为准。

化进程，钢铁产业可能成为需求最大的行业。接下来是房地产、运输机械、化工原料、有色金属等，第一产业、餐饮住宿、橡胶、皮革、医疗等相对并没有很大增加或是减少。大体上从2001年到2010年，中国的化学工业和房地产业比重有了很大提高，轻工业和第一产业的比重并没有很大提高。与此同时，服务产业中具有代表性的批发零售业比重也并没有增加。

在中国的产业结构影响下，韩国的大众投资具有以下几点特征。第一，韩国投资了外国企业几乎不容许的钢铁产业。2003年，韩国在钢铁业附加价值的投资为0.5%，这个比重渐渐降低。然而在其他国家，在钢铁产业中大众投资的情况是几乎没有的。第二，从2002年开始，韩国对汽车产业的投资大幅度增加，占有了中国国内产业生产的很大比率。第三，在IT和电子制造业中，韩国几乎一直占据着重要的位置。第四，纺织、医疗、皮革等轻工业的比重正在缓慢下降。第五，批发零售业和房地产业等服务行业的开发并没有很大的成效。

表11　中国生产比重增加的产业和韩国FDI比重的变化趋势

单位:%

行业	生产量增加	2001年	2003年	2005年	2007年	2009年	2010年
钢铁	1.6	0.087	0.530	0.111	0.036	0.016	0
房地产	1.2	0.113	0.115	0.087	0.168	0.090	0.028
运输机械	1.2	0.229	1.314	1.280	1.115	0.748	0.298
化学原料	1.2	0.724	0.706	0.694	0.146	0.266	0.205
电子机械	1.1	0.578	0.908	0.811	0.249	0.238	0.338
一般机械	1.1	0.410	2.173	1.177	0.393	0.124	0.166
非金属	0.8	0.538	0.974	0.684	0.241	0.101	0.146
IT制造	0.8	1.075	2.657	1.956	1.850	0.896	1.088
农产品加工	0.7	—	1.944	1.646	0.260	0.152	0.068

续表

行业	生产量增加	2001 年	2003 年	2005 年	2007 年	2009 年	2010 年
特殊机械	0. 6	0. 493	1. 953	1. 502	0. 394	0. 319	0. 367
金属	0. 4	0. 627	1. 966	1. 477	0. 374	0. 365	0. 245
纺织	0. 4	0. 488	1. 470	0. 696	0. 229	0. 097	0. 119
批发零售	0. 4	0. 013	0. 042	0. 053	0. 061	0. 084	0. 090
塑料	0. 3	0. 776	2. 786	1. 197	0. 260	0. 139	0. 093
服装	0. 2	1. 001	5. 075	3. 192	0. 959	0. 293	0. 215
皮革	0. 2	1. 110	3. 085	2. 085	0. 477	0. 097	0. 092
租赁	0. 1	—	—	0. 629	0. 422	0. 244	—
其他制造业	0. 1	—	2. 536	2. 820	1. 124	0. 383	0. 540
第一产业	-3. 9	0. 039	0. 087	0. 066	0. 017	0. 025	0. 033

注：1. 生产量增加 = （2010 年比重 + 2009 年比重）/2 - （2001 年比重 + 2002 年比重）/ 2。

2. FDI 比重 = 各行业 FDI/各行业附加价值。

资料来源：CEIC，《中国外商投资报告（2011）》。

综上所述，可以说 2000 年代韩国对中国 FDI 大体上符合中国的产业构造变化。但是，2011 年以后为了符合中国政府的促进内需政策，应当更加积极开展批发零售业等服务业。

五、未来投资展望

根据《Grand Survey》调查，表示未来要扩大在中国投资的韩国企业逐年减少（表 12）。“积极扩大”和“扩大一部分”的比重从 2006 年的 69. 7% 降到了 2010 年的 46. 5%，“保持现状”意向的比重相对有了增加。将减少对中国的投资或者撤销对中国投资的意向也罕见地出现了。2010 年有此意向的韩国企业为 2. 9%，这在最近 5 年间是最高的数字。这种投资意向的减少，在韩国实际对中国投资的减少中也体现出来。

表 12　在中韩国企业扩大投资意向的变化趋势

单位：%

<table>
<tr><th>投资意向</th><th>2006 年</th><th>2007 年</th><th>2008 年</th><th>2009 年</th><th>2010 年</th><th>2011 年</th></tr>
<tr><td>积极扩大</td><td>21.4</td><td>13.4</td><td>14.5</td><td rowspan="2">48.6</td><td rowspan="2">46.5</td><td rowspan="2">42.8</td></tr>
<tr><td>扩大一部分</td><td>48.3</td><td>46.0</td><td>32.1</td></tr>
<tr><td>保持现状</td><td>26.7</td><td>32.3</td><td>43.4</td><td>41.7</td><td>45.4</td><td>46.7</td></tr>
<tr><td>减小</td><td>2.0</td><td>7.5</td><td>9.3</td><td>6.1</td><td>5.2</td><td>3.4</td></tr>
<tr><td>撤销投资</td><td>1.6</td><td>0.8</td><td>0.7</td><td>0.3</td><td>2.9</td><td rowspan="2">1.5</td></tr>
<tr><td>转移到其他国家</td><td></td><td></td><td></td><td>0.9</td><td></td></tr>
<tr><td>无应答</td><td></td><td></td><td></td><td>2.3</td><td></td><td>5.5</td></tr>
</table>

资料来源：各年度《Grand Survey》。

另外，表 13 中，也包括了 2010 年《Grand Survey》数据中显示的各行业以及各地区未来投资意向。首先，在韩国企业投资历史悠久的地区以及已经有了很多开发的地区，比如东部地区（如大连、北京、上海、青岛等），有“减少”或“减少或转移”意向的企业是很多的。而在西部地区（如成都）以及中部地区（如武汉），并没有出现“减少”的意向，相反还呈现了更多积极扩大的意向。这也是考虑到中国政府将这些地区作为新兴开发地区，对这些地区提供很多支援，韩国企业也就由此对这些地区有更积极的投资意向。

另外从行业方面来说，由于可供比较的样本数量较少，纤维、服装、木材等低附加价值制造业自不必说，金属加工、电子附属品等和中国企业低价竞争激烈的行业也主要体现了减少投资或撤销投资的意向。目前依然表现了积极扩大投资意向的汽车行业中，依附着现代起亚成长率的相关企业的投资意向也是可以料想的。另外以服务业、金融保险业为首的企业也相对均衡地展现了扩大投资的意向，但由于样本数较少，确认是比较困难的。

表13 在中韩国企业投资扩大意向变化趋势

单位：%

分类		扩大	保持现状	缩小	撤销及转移
地区	广州 KBC	26.8	68.3	4.9	
	大连 KBC	31.6	55.3	10.5	2.6
	北京 KBC	60.8	33.3	4.2	1.7
	上海 KBC	60.2	35.9	2.3	1.6
	武汉 KBC	54.5	45.5		
	成都 KBC	85.7	14.3		
	青岛 KBC	32.6	54.1	6.7	6.7
行业	农业、林业及渔业	33.3	33.3		33.3
	矿业		100.0		
	制造业	42.2	48.6	5.8	3.5
	批发零售业	66.7	31.1	2.2	
	住宿饮食业	100.0			
	金融保险业	66.7	33.3		
	房地产及租赁业	60.0	20.0		20.0
	专门科学及技术服务业	50.0	50.0		
制造业分类	食物	40.0	60.0		
	饮料	50.0	50.0		
	纤维制品	12.5	62.5	6.3	18.8
	服装饰品及毛皮制品	12.5	58.3	25.0	4.2
	皮革、皮包及皮鞋	18.2	72.7	9.1	
	木材及木制品	25.0	50.0		25.0
	纸浆、纸及纸制品	33.3	66.7		
	印刷及记录媒体制品	40.0	60.0		
	化学物及化学制品	57.1	38.1	4.8	

续表

分类		扩大	保持现状	缩小	撤销及转移
制造业分类	医疗用品及医药品	50.0	25.0	25.0	
	橡胶制品及塑料制品	63.0	33.3	3.7	
	非金属矿物制品		100.0		
	第一金属	33.3	66.7		
	金属加工制品	43.3	46.7	6.7	3.3
	电子制品、电脑、影像、音响及通信装备	37.5	53.1	6.3	3.1
	医疗、精密制品、光学机器及时钟	44.4	44.4	11.1	
	电气装置	100.0			
	其他机器及装备	40.6	53.1	3.1	3.1
	汽车及拖车	73.7	21.1		5.3
	其他运送装备	40.0	60.0		
	家具	75.0	25.0		
	其他制品	44.4	47.2	2.8	5.6
全　　部		42.2	48.6	5.8	3.5

资料来源：《Grand Survey2010》原始数据。

（崔弼洙，韩国对外经济政策研究院中国组副研究委员）

中国对外投资概况及扩大吸引中国投资方案

郑道淑

一、中国对外投资概况

（一）中国对外投资概况

自从21世纪初全面实行“走出去”战略以来，在十多年的时间里，中国的对外投资呈现出高速增长趋势。2002年，在中国建立对外投资统计制度的当时，中国的对外投资规模仅为27亿美元。经过短短几年时间的发展，到2010年中国对外投资规模突破了688.1亿美元，增长25倍多，达到了有史以来最大的规模，更是超越了日本、英国等传统的对外投资大国。在2002～2008年的8年时间里，中国的对外投资年增长率达到了49.9%。

（二）中国扩大对外投资的背景

中国对外投资之所以出现高速增长，主要有以下几种国内外因素。第一，中国经济出现了跨越式增长。中国自1978年实行改革开放政策以来，在30多年的时间里实现了年均9.4%的高速增长。国内生产总值（GDP）从1978年的3624亿元增长到了2008年的300067亿元，在世界经济总量中所占的比重也从1978年的1%增长到了2008年的7.3%；对外贸易总值从1978年的

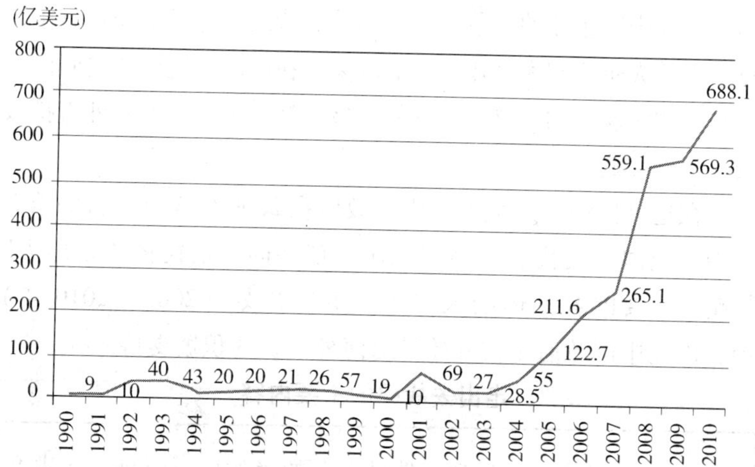

图 1　中国对外投资年度概况

资料来源：中国商务部网站（www. mofcom. gov. cn）。

206 亿美元增长到了 2008 年的 2. 5616 万亿美元，增长了近 124 倍。这种强有力的国内经济基础条件，对中国在以吸引外资政策为主的同时实行对外投资发挥了催化剂作用。

第二，贸易与国际收支顺差带来了外汇储备的高速增长。从国际来看，尤其是对中国保持着巨大贸易逆差的美国和欧洲，一直以来都强烈要求人民币升值。从国内来看，人民币供应的扩大一定程度上增加了国内宏观经济政策运行的不确定性，因此中国政府需要进一步积极实行对外投资政策。

第三，确保资源。在过去的 30 多年时间里，中国虽然通过经济的高速增长奠定了制造业强国地位，但是由于制造低附加值产品，面临着高能耗、电力与石油等能源不足的困境。为更好地促进未来产业的发展，中国积极投身于确保资源方面的并购（M&A）市场中。

第四，培养具有世界竞争力的全球大企业也是中国政府“走出去”政策的主要目标之一。为更好地应对世界经济的全球化环境、加强中国企业的竞争力，中国政府持续实行了培养具有国际竞争力的大企业和大企业集团的政策。在国内通过企业之间的兼并与收购实现结构调整；在国外积极支持中国企业的对外直接投资和海外并购。[①]

在这种国内外环境下，中国政府在2000年3月举行的第九届中国全国人民代表大会第三次会议期间，正式将“走出去”战略的主要内容具体纳入“十一五”规划（2005～2010年）中，由此中国政府正式开始了对海外投资的积极支持。

走出去战略的主要内容

——以比较优势产业为主，鼓励企业的境外加工贸易，促进产品原产地的多元化；
——通过并购海外企业、持有股份、上市、合作合资等方式，实现中国企业的全球化发展；
——根据发挥比较优势、互惠平等原则，扩大海外资源合作开发项目；
——通过奖励企业参与境外基础建设项目，提高企业的工程执行力，发展劳务合作项目；
——通过对外投资的促进与保障的制度化，建立对外投资规划、风险管理等海外国有资产监管系统。

资料来源：中国对外直接投资长期发展趋势，2008年9月。

（三）中国对外投资特点

1. 投资行业广泛

2002年末，从中国对外投资行业来看，对信息通信器材、电脑相关器材的投资额达到了110亿美元，占投资总额的1/3。

① Baek YeongHo, Seo SeokHeung，“中国企业走出去概况与评价”，中国学研究，第35集，2005。

其次依次为批发零售业和采矿业，分别为 66 亿美元和 60 亿美元，占投资总额的 20% 和 18%。

2010 年末，中国企业的对外直接投资行业比 2002 年变得更加广泛。2010 年末，对租赁及商务服务业的对外投资总额达到了 972.5 亿美元，占投资总额的 30.7%；其次是金融业，达到了 552.5 亿美元，占投资总额的 17.4%。由此可见，对服务业的对外投资有所增加。相反，与 2002 年相比，2010 年末信息传输与计算机相关产业的对外投资规模有所减少。2010 年末，上述产业的对外投资额为 84.1 亿美元，占对外投资总额的 2.7%，在中国对外投资中所占份额也从 2002 年的第一位下降到了 2010 年的第七位。

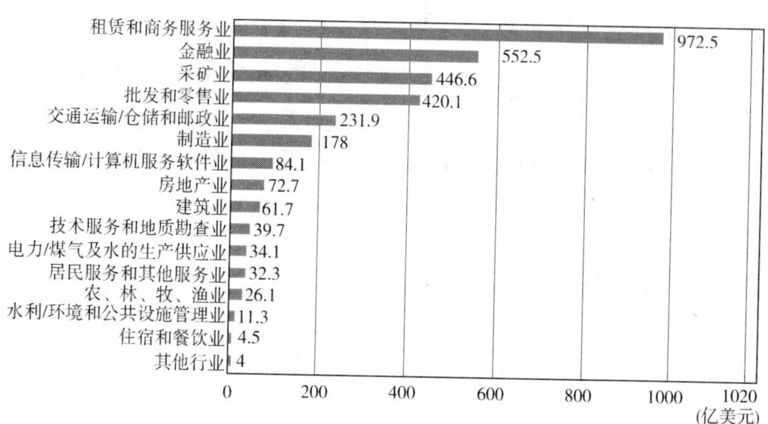

图 2　2010 年末中国对外直接投资存量行业分布

资料来源：2010 年度中国对外直接投资统计公报。

其中，金融业的对外投资有了最为明显的大幅增长。从中国对外投资中所占份额来看，金融业由 2006 年的第四位上升到了 2010 年的第二位，其中银行业占据了大部分金融业部门的对外投资。2010 年末，银行业对外投资额累计达到了 446.5 亿美元，占金融业对外投资总额的 80.8%。

2. 扩大投资对象国

中国的对外投资对象国从 2003 年的 139 个国家迅速增加到了 2010 年的 178 个国家。其中，大多数新增国家都集中在亚洲和南美地区。2010 年末，中国对亚洲国家和地区的投资额达到了 2281.4 亿美元，占对外投资总额的 71.9%；其次对南美国家和地区的对外投资额达到 438.8 亿美元，占对外投资总额的 13.8%。由此可见，中国对外投资额的 85.7% 集中在亚洲和南美地区。

在亚洲地区，香港地区占了中国对外投资总额的 62.8%。这说明中国的“点 - 线 - 面”对外开放政策同样适用于对外投资。其次，维尔京群岛和开曼群岛等国际避税区成为中国重要的投资地区。之所以将这两个避税地区作为重点投资对象，是因为通过该地区对中国大陆进行再投资，可以享受中国的外商投资优惠政策。[①] 另外，为确保资源，中国对澳大利亚、南美地区的对外投资也相当活跃。

表 1　2010 年末中国对外直接投资对象国（地区）（前十位）

序号	国家（地区）	投资额（亿美元）	比重（%）
1	香港	1990.6	62.8
2	维尔京群岛	232.4	7.3
3	开曼群岛	172.6	5.4
4	澳大利亚	78.7	2.5
5	新加坡	60.7	1.9
6	卢森堡	57.9	1.8
7	美国	48.7	1.5
8	南美	41.5	1.3
9	南非共和国	41.5	1.3
10	加拿大	20.0	0.6

资料来源：2010 年度中国对外直接投资统计公报。

---

① Park Wol Ra, Choi Ue Hyun，“中国企业的对外直接投资现状与启示点”，KIEP 研究资料，2011 年 11 月 22 日。

3. 浙江、广东、江苏等沿海经济发达地区的对外投资活动活跃

截至2010年末，从对外投资企业累计数量来看，中央企业和事业单位占16.2%、地方企业占83.8%。地方企业中，浙江、广东、江苏、山东、福建、上海、辽宁、天津、湖南、黑龙江等八个省、两个市的对外投资企业占对外投资企业总量的64.1%。其中，浙江省企业的对外投资活动最为活跃，占18.1%，其次依次为广东省和江苏省，分别占10.4%和8%。

4. 并购（M&A）投资增加

中国的并购投资正在持续增加。特别是在2008年国际金融危机之后，并购投资比重迅速上升。这主要是因为中国用接近3.2万亿庞大规模的外汇储备和升值的人民币购买了大量贬值的全球资产。根据世界四大会计事务所之一普华永道国际会计公司（PWC）发布的资料显示，2011年中国企业的海外并购数量与金额分别为207件和429亿美元，均突破了史上最高纪录。仅从数量上来看，就已经接近了中国对外投资数量的一半左右。之所以出现这种情况，主要是因为海外资源并购的大型化和并购行业有所扩大。特别是在2008年国际金融危机爆发之后，以中国海洋石油总公司（CNOOC）、中国石油天然气股份有限公司（Petro China）、中国石油化工集团公司（SINOPEC）三大国有企业为主的在海外资源领域的并购，呈现出了重组世界能源界的趋势。

表2　近几年中国的主要海外资源并购案例

年份	收购企业	对方企业（国家）	行业（投资内容）	规模（亿美元）
2008	中海油服	Awilco Offshore ASA（AWO）	油田勘探	25
2009	中国石化	Addax（瑞士）	石油	75.02
2009	中国铁建股份有限公司	Corriente Resources（加拿大）	矿产，持股67%	6.48

续表

年份	收购企业	对方企业（国家）	行业（投资内容）	规模（亿美元）
2010	中国石油天然气股份有限公司	Arrow（澳大利亚）	石油，持股50%	31
2010	华东有色地勘局（ECE）	Itaminas Comercio de Minerios（巴西）	矿产，持股100%	12.2
2010	中国石化	Syncrude（加拿大）	石油，持股9%	46.5
2010	中国石油天然气股份有限公司	壳牌（叙利亚）石油公司	石油，持股35%	16
2010	中国石化	雷普索尔（Repsol）巴西公司	石油，持股40%	71
2010	中国海洋石油	OPTI（加拿大）	石油	21
2011	中国石油天然气股份有限公司/荷兰皇家壳牌有限公司	Bow Energy（澳大利亚）	石油	5.4
2012	中国石化	美国西方石油公司阿根廷资产（美国）	石油，持股100%	24.5

资料来源：综合分析中国的新闻。

此外，以国际金融危机为起点，中国的海外并购不仅在资源领域取得了量的增长，得益于中国的产业结构调整和扩大内需政策，在获取海外技术、品牌、流通网络等方面也取得了质的发展。这是因为中国认识到很难继续用低附加值为主的经济维持高速增长，为保持经济持续高速增长，必须实现高附加值化。同时，在发生并购的国家和地区也出现了一些变化。2011 年，在北美地区的并购数量为57 起，成为并购案例最多的地区；在欧洲地区的并购数量也从 2010 年的 25 件增加到 2011 年的 44 起，增长了76%。这说明中国将海外并购的重点放在了通过收购美国、日本、欧洲等发达国家企业，获取高端技术、品牌等，并与中国的生产力结合起来，开拓海外市场方面。

（四）具有不同对外投资动机的中国企业对外投资案例

1. 确保资源

（1）中国石油化工集团公司（SINOPEC）收购瑞士 Addax 公司

2009 年 8 月 18 日，中国石化集团公司以 75.02 亿美元（约合人民币 495 亿元）收购了瑞士 Addax 石油公司，这被评价为中国在资源领域的海外并购中有史以来最大规模的一次并购。

中国石化集团公司是中国最大的石油炼制、化工方面的国有企业。1994 年成立的 Addax 石油公司在瑞士设有总部，并在多伦多与伦敦证券交易所上市。2008 年中国石化集团实现营业利润 37.62 亿美元、纯利润 7.84 亿美元。通过本次收购，中国石化集团建立了更加完善的资源保障体系，将进一步改变 80% 的加工原油需要靠进口的中国海外资源结构。特别是，通过 Addax 石油公司位于尼日利亚、加蓬、伊拉克、科威特等国家和地区的 25 个石油勘探开发区（勘探：15 个，开发：10 个/海上：17 个；陆上：8 个），每年可以稳定供应 1000 万吨以上的石油，这将使今后中国在海外市场更为容易地确保资源。此外，通过收购 Addax石油公司的管理机构和专业人才，在学习技术方面也取得了非常好的效果。

（2）中海油田服务股份有限公司收购挪威 Awilco Offshore ASA（AWO）

中海油田服务股份有限公司是一家国有企业，以中国近海市场为主，主要提供综合性油田开发与供应服务。为进一步提高油田勘探能力，中海油田服务股份有限公司于 2008 年 8 月 15 日以 25 亿美元收购了挪威的 AWO 公司。随着 2005 年石油价格暴涨，AWO 公司判断油田勘探服务和油田钻井建设领域将迎来繁荣期，收购了三家小规模石油勘探公司。中海油田服务股份有限公司通过收购挪威 AWO 公司，大幅提高了技术力，油田勘探能力也从世界第十二位一跃上升到了第八位。除了学到技术之外，AWO 公司在中国烟台建设的三座石油钻井是最新高额平台，对中国石油勘探具有非常高的经济价值。另外，通过此次收购，有望开拓过去几乎不可能的北欧与北海等地的新市场。

2. 学习技术

（1）北汽集团（BAIC）收购 SAAB 部分资产

2009 年 12 月，北汽集团（BAIC）与通用汽车（GM）瑞典分公司萨博公司（SAAB）签署了以 2 亿美元收购 SAAB 公司部分资产的协议。协议涉及 SAAB 的 9 - 3 系和 9 - 5 系两款车型的知识产权和生产设备，以及其发动机和变速系统。通过本次收购，北汽集团确保了高端汽车生产技术、知识产权、车辆模型等先进的汽车生产技术和高端汽车品牌。

目前北汽集团拥有三家乘用车工厂、两家常用工厂、一家发动机工厂。2010 年 2 月开始在北京建立发动机第二工厂，2011 年为自主汽车提供 10 万台发动机。2009 年销售规模比上年增加 124 万辆，同比增长 61%；2010 年比上年增加 150 万辆，同比增长 21%。

（2）吉利集团（Geely）收购沃尔沃（VOLVO）

吉利集团与美国福特汽车公司经过长达两年多时间的谈判，于 2010 年 8 月签署了以 18 亿美元收购沃尔沃的协议。这次收购不仅因为这是近几年对世界最大汽车公司的并购案，更是由于其收购主角是中国最有名的民营企业，吸引了全世界的广泛关注。

吉利集团保留了在瑞典的沃尔沃生产基地，另外在中国又重新成立了组装工厂。福特公司继续向吉利集团供应发动机等汽车零部件。吉利集团通过收购沃尔沃，确保了自主研发能力和销售网。

另外，福特公司继2009年6月向印度塔塔汽车公司出售捷豹和路虎之后，又向中国出售沃尔沃，从而确保了相当大的流动性，可以更好地集中精力实现“福特”的起死回生。

3. 加强品牌

（1）安踏收购意大利Belle公司的FILA品牌

在中国国内以代理销售意大利KAPPA品牌而著名的运动服装制造企业安踏公司于2009年以7800万美元收购了意大利百丽公司（Belle）的Full Prospect的85%股权和FILA Marketing的全部股权。Full Prospect拥有FILA在中国的商标权，并负责中国大陆、香港、澳门地区的市场开拓业务。通过本次收购，安踏公司获取了挺进高端运动鞋与服装市场的营销渠道，并通过FILA在香港和澳门地区的10个店面，大幅扩大了营销领域。

（2）海尔集团公司收购Fisher & Paykel股权

中国最大的白色家电企业海尔集团收购新西兰Fisher & Paykel的20%股权，成为其最大股东。经协议，双方决定除了持有股权之外，在技术、生产、销售等多方面进行合作。双方的协议中也包括双方两个公司的品牌在进入对方国家市场时进行合作的内容。

海尔集团收购股权的F&P是具有75年历史的新西兰传统的招牌式家电制造企业，在本国市场与世界品牌的激烈竞争下仍保持着白色家电领域的最高市场份额。但据悉，近几年由于新西兰本国货币的贬值，该企业面临着难以偿还海外负债的困境。海尔集团作为年销售额达到175亿美元的世界第四大家电企业，在品牌销售排序上占世界第二位，但其销售总额的70%以上都发生在中国国内。

4. 事业多元化

（1）株洲南车时代电气（以下时代电气）收购英国Dynex

公司

位于中国湖南省的时代电气公司于2006年12月正式挂牌交易，登陆香港主板，成为了中国轨道交通制造业发行H股的第一家企业。经过与英国Dynex公司的并购协商，时代电气收购了Dynex公司75%股权。在高性能半导体领域里，时代电气和Dynex公司的年销售额均在前十位。通过此次并购，时代电气大幅缩小了在IGCT、IGBT制造方面的研发与生产成本，并且比欧洲与亚洲其他国家和地区更加容易地确保了有效的全球营销战略。

（2）西飞集团收购奥地利FACC公司

2009年，中国西飞集团与奥地利FACC公司（未来先进复合材料股份公司）签署了收购股权协议。这是中国航空业史上的第一次并购，同时也是中国企业在中欧地区进行的最大规模的企业并购。此外，也是亚洲地区的航空制造企业收购欧美航空制造企业的首次并购案例。

本次并购由中国西飞集团和香港ATL投资基金共同组建的香港未来投资有限公司实施，收购了FACC公司的91.25%股权。其中，西飞集团占90%股份，香港ATL投资基金占10%。被收购企业FACC成立于1989年，主要从事航空复合材料与系统研发等。

作为20世纪90年代中国航空产业综合材料核心零部件的研究中心，中国西飞集团同时也是波音B747-8客机、空中客车A320客机复合材料的供应商。FACC拥有20多年从事复合材料的研发与生产经验，并且已经取得了国际上的声望和消费者的信任。本次并购，可以将西飞集团在客机结构设计方面的优势与FACC在复合材料领域中积累的经验和研发能力更好地结合起来，使西飞集团在经营上更好地享受量和质方面的协同效应。

二、韩国吸引中国投资概况及扩大方案

（一）韩国的外商直接投资概况

韩国的外商直接投资始于20世纪60年代的第一次经济发展5年计划，但是外商直接投资规模正式扩大却是在1997年外汇危机发生之后。1962～2011年，韩国累计吸引外商投资申报总额1868亿美元，其中在外汇危机之后的1998～2011年吸引外商投资申报额达1626亿美元，占1962年以来吸引外商投资总额的87%以上。在过去十多年里，韩国每年吸引了100亿美元左右的外商直接投资，2011年更是突破了136.7亿美元（申报额），创造了外汇危机之后的最高水平。外商投资者对韩国经济基础的信任以及绿色、新成长动力产业等积极的未来产业培育政策成为主要投资因素。

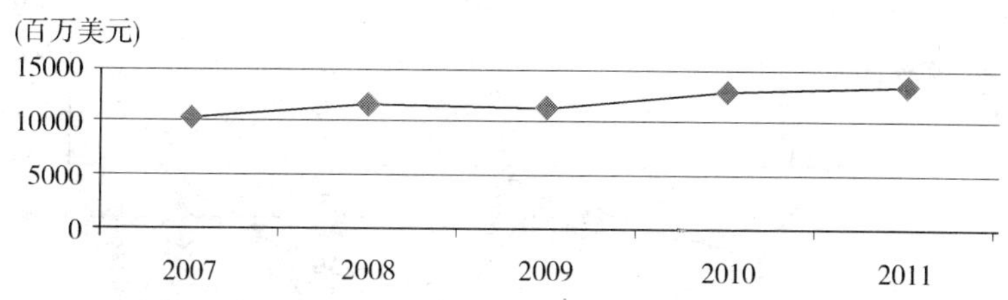

图3　近5年韩国的外商直接投资概况

资料来源：韩国知识经济部外商投资统计（www. mke. go. kr）。

（二）韩国吸引中国投资概况

1. 年度投资概况

1989年中国以一项280万美元的投资拉开了对韩国投资的序幕。到2011年投资数量和投资总额分别达到了405个和6.5亿美元。截至2011年末，中国对韩国的累计投资数量为7126个，累计投资总额达到30.85亿美元。其中以小额投资为主，平均投资额为43.3万美元。

从2000～2010年期间中国企业对韩国的投资情况来看，在2002年和2004年投资额均比上年有大幅增长。这是因为2002年京东方科技集团（BOE）出资1.5亿美元收购了韩国现代显示技术株式会社（HYDIS）的股份；上海汽车（SAIC）出资6000万美元收购了通用大宇汽车科技公司的股份。2004年虽然投资数量并没有大幅增加，但投资额却呈现了快速增长。主要是因为当年上海汽车出资5.6亿美元收购了双龙汽车；中国石油化工集团出资5.5亿美元收购了仁川炼油厂。2007年和2008年东泰华安国际投资（Dongtai Huaan Int'l Investment Ltd）公司投资了韩中未来城市开发股份公司，项目投资均达到了3亿美元。

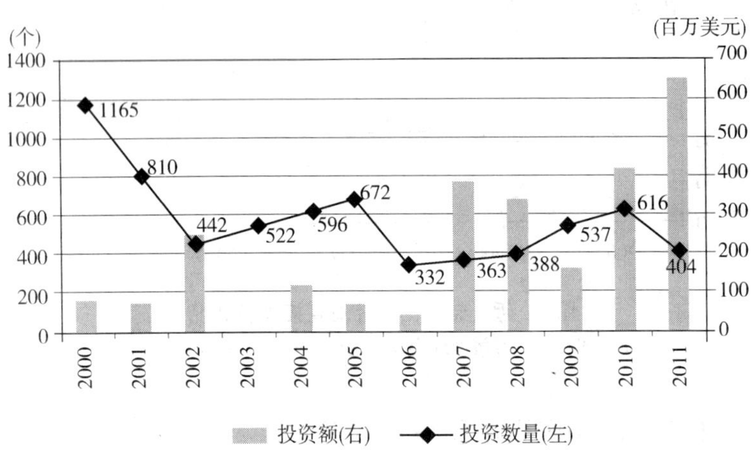

图4 中国对韩国的直接投资趋势

资料来源：KOTRA。

表3　韩国吸引中国投资概况　　　单位：千美元

年份	投资者	韩国企业	申报投资额	抵达投资额
2002	京东方（BOE）	韩国现代显示技术株式会社（HYDIS）	150000	150000
2002	上海汽车	通用大宇汽车科技公司	59702	31102
2002	SHEN XUIGEN	CheonSung（株）	5000	—
2002	京东方（BOE）	现代 LCD（株）	3810	—
2002	GAMANIA DIGITAL ENTERTANIMENT	Gamania（株）	860	860
2004	上海汽车	双龙汽车	564467	566980
2004	SINOCHEM	仁川炼油厂	552259	602896
2004	JOSS CAPITAL MANAGEMENT	KC Mobile（株）	2000	2000
2004	EMPERGING DISPLAY TECH	Nexdisplay（株）	2000	—
2004	BOSS COMMUNICATION INVESTMENT	KC Mobile（株）	2000	2000
2007	DONGTAI HUAAN	韩中未来城市开发	306000	123119
2007	上海汽车	双龙汽车	20490	20478
2007	ZHENG QINGLEI	JS 重工业（株）	5055	54
2007	上海汽车	上汽安吉汽车销售服务有限公司	3010	3010
2007	QUIAN AI ELECTRONICS	韩国全爱有限公司	3000	—
2008	DONGTAI HUNAN	韩中未来城市开发	300000	（撤销申报）

续表

年份	投资者	韩国企业	申报投资额	抵达投资额
2008	DALIAN HUAXING ENTERPRISE	平泽韩中科技谷	2437	2485
2008	SHIDAO NEWPORT AUTHORITY	石岛国际航运有限公司	1350	1350
2008	ALIEN TECHNOLOGY	ALIEN TECHNOLOGY	1065	1065
2008	G GAMANIA DIGITAL ENTERTAIMENT	Gamania（株）	1015	1000
2009	JIN LONGHAO（个人投资者）	Tae Gang 国际投资公司	98400	（撤销申报）
2009	JIN LONGHAO（个人投资者）	Jeong Do Industry（株）	7500	—
2009	WANG XIANZHI	王艳丽贸易投资有限公司	4478	—
2009	SHI JUNGSHU	Shinyang（株）	4000	50
2009	QINGDAO FAR EAST GEM & JEWELRY	KukDong I&D	3000	3000
2010	三一重工	独资投资	100000	—
2010	盛大网络	Tozsoft，Identity	195000	—
2010	天海	独资投资	40000	—
2010	奔马集团	济州游乐园	50000	—

注：1. 中国石化集团（SINOCHEM）对仁川炼油厂的投资案例，由于在签订协议前对价格条款没有共识，之后收回了抵达资金。

2. GIGA SOLAR（太阳能电池）的总部虽然在中国，但是通过在硅谷的美国法人进行了投资申报（2 亿美元）。

在发生中国对韩国的大型投资案例的 2002 年、2004 年、

2007年、2008年、2009年的年度前五位投资中除去中国石化集团对仁川炼油厂的投资及其他撤回申报的案例时，申报总额为11.52亿美元，其中抵达资金为9.07亿美元，抵达率为78.7%。2007~2009年期间，中国在韩国的FDI总额中所占比重有所下降，直到2010年才小幅提升。投资数量增长率比投资额增长率高出16.6个百分比，由此可以看出，2010年仍然以小额投资为主。

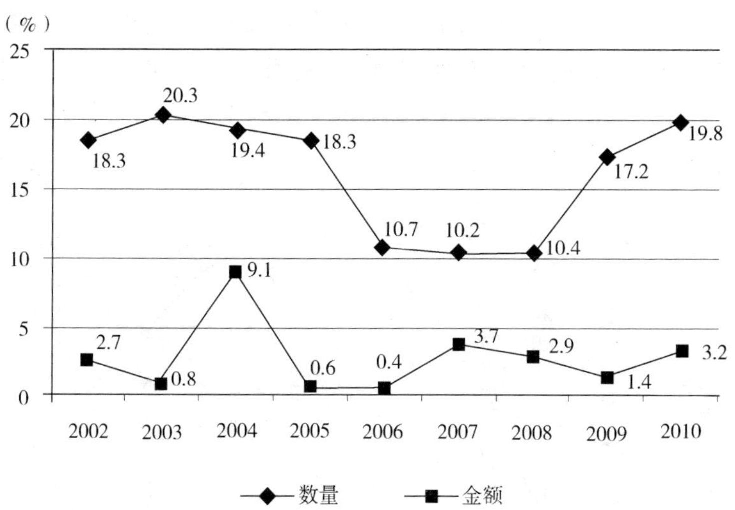

图5　中国在韩国外商投资中所占比重

资料来源：KOTRA Invest Korea，中国商务部网站。

2. 投资行业概况

2011年末，从中国对韩国的投资行业来看，制造业以773个、19.43亿美元占了全部的10.3%和52%；服务业以6608个、17.18亿美元占了全部的87.8%和50%。由此可见，虽然在投资额方面，制造业和服务业相差不多，但是在投资数量上，服务业占了87.8%，说明服务业以小额投资为主。

从行业平均投资额来看，制造业和服务业分别是250万美元和26万美元。其中，制造业以运输用机械、化工领域、电气电子等为主；服务业以商务服务业为主，占整个服务业的39.7%，其次依次为房地产租赁和批发零售业。

从近5年（2007～2011年）中国企业对韩国的投资行业来看，2007～2011年期间制造业和服务业在投资数量上均有持续上升趋势，但2011年均有所下降。在投资额上，制造业在2007～2010年期间快速增长，2010年下降30%左右；服务业在2007～2009年期间增减起伏较明显，2010年开始快速上升。特别是2011年投资额实现4.62亿美元，与前年同比增长3.5倍。

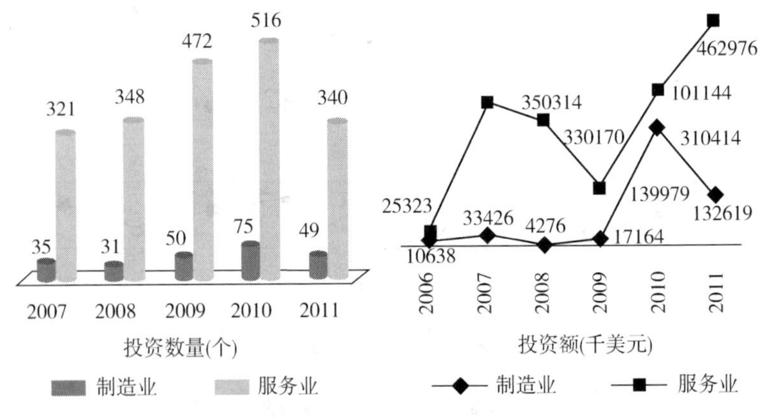

图6　制造业、服务业的投资概况

资料来源：KOTRA，Invest Korea。

（三）中国企业对韩国的投资案例分析

1. 通过收购企业对韩国进行投资

2004年，中国第二大游戏企业、最大游戏出版商盛大网络游戏公司以9170万美元收购了制作天空战记、X－Team、《彩虹岛Online》（Latale）等诸多游戏的韩国Actoz公司29%股权。继而又于 2007 年对 Actoz 公司的股权收购扩大至 50%。2010 年 9 月，又以 9500 万美元收购了制作“龙之谷”的韩国 EYEDENTITY GAMES 公司。

盛大网络游戏公司收购并投资计划中的游戏相关企业可大致分为如下两种：一种是掌握在线、移动、网页等多种游戏的中小型游戏制作公司，即，对韩国进行投资的目的之一是扩大自身游戏制作能力并扩大市场份额；另一种是掌握游戏资讯的平台，即，对韩国进行投资的主要目的之一是为了通过建立游戏平台建立多元化的游戏出口渠道。

从另一种角度来看，对于韩国国内游戏公司来说通过吸引中国最大游戏公司的资金，进一步加快了游戏的研发进程，并为进入具有高度增长潜力的中国市场提供了基础。同时，也可以提升游戏开发公司的企业价值。

2. Green Field 型投资

2010 年 2 月，HCT T&P（株）和江苏华程有限公司共同投资 2200 万美元，在韩国浦项地区零部件产业园成立了生产基地。过去 HCT T&P（株）公司只从中国进口产品然后在韩国国内外进行销售。但是通过本次吸引中国资本，实现了每吨 350 万韩元的高附加值产品高压管与无缝管的生产。

3. 韩国反向投资1号

2003 年在中国上海成立挖土机零部件工厂的第星油压公司，作为中小型企业，2010 年在中国创造了 6.8 亿元的销售额，并在 2011 年将销售额目标提升至上一年的 2 倍。目前，该公司向中国 99 家挖掘机生产商提供零部件。为生产挖掘机制成品，计划收购位于韩国仁川南东产业园的相关企业，并投资了约 400 万美元。本次收购案例是得到中国当局批准的制造业领域的首个反向投资，可以说将中国市场与韩国技术结合在一起，建立了跨越韩国与中国的商务模式。

三、吸引中国资本投资的低潮原因及扩大方案

（一）吸引中国资本投资低潮原因

如上所述，虽然中国的对外投资增长快速，但是对韩国的投资却还不足1%。这主要是因为中国资本的对外投资行业和韩国吸引投资的领域存在不谐调等诸多障碍。

首先，中国自2000年正式实施“走出去”战略开始，主要以开发海外资源、引进技术、确保海外知名品牌、开拓海外市场等方面的对外投资为主。但是，韩国在中国主要的对外投资领域资源与能源方面的投资去处较少，国内企业的品牌价值也并不比全球企业高，因此中国在获取先进企业的品牌、学习技术等方面的投资也较少。从中国企业的500强企业多于韩国企业就可以看出上述问题所在。

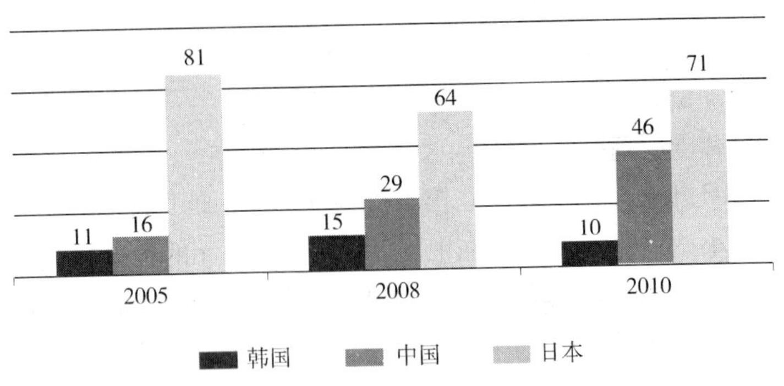

图7 Fortune Global 中日韩500强企业数量

第二，韩国缺乏多元化投资去处。韩国由于以吸引投资较容易的房地产销售为主，所以很难保证投资者的多元化投资

去处。

第三，中韩两国对中国资本存在错误认识。由于中韩两国媒体夸大描绘了中国上海汽车收购双龙汽车的失败案例和韩国行业工会强硬的对应手段，导致了韩国对中国资本盲目的不信任和中国投资者有意回避对韩国投资的现象。

表 4 中国对韩国投资的消极案例

投资者	韩国企业名称	申报额	备注
京东方	HYDIS（LCD）	1.5 亿美元（2002 年）	2006 年 9 月申请法定管理
上海汽车	双龙汽车	5.6 亿美元（2004 年）	2009 年 1 月申请法定管理
SINOCHEM	仁川炼油厂	5.5 亿美元（2004 年）	合同告吹，回收资金
DONGTAI HUAAN	韩中未来城市	3 亿美元（2008 年）	2007 年申报 3 亿美元，实际达到 1.2 亿美元

最后，韩国对中国的投资活动有所侧重，主要对韩国企业进入较多的北京、上海等东部沿海地区进行吸引投资活动，因此在吸引中国投资者上具有一定局限性。这也是吸引中国资本投资出现低潮的原因之一。

（二）扩大中国对韩国投资方案

1. 挖掘中国企业比较感兴趣的韩国商品

为引起中国企业的投资关注，并进行投资，必须先挖掘中国资本感兴趣的韩国商品。中国资本比较感兴趣的韩国商品是房地产、旅游休闲、IT 和风险投资、文化资讯等。

表5　中国资本感兴趣的韩国商品

领　域	主要吸引投资内容
房地产	将范围扩大到济州岛、仁川松岛、江原道等观光小区和商住两用小区、一般住宅、商务楼等
休闲旅游	通过增加中国旅游客，吸引中国资本投资国内酒店、旅店设施、度假村等
IT和风险投资	以技术能力强，却在吸引资本上具有困难的企业，特别是考虑进入中国市场的在线游戏、风险投资企业为目标企业的中国企业①
文化资讯	通过中国国内的韩流现象，吸引中国资本投资K－POP、电视剧、电影等韩国文化资讯企业和项目
公共设施	在韩国国内公共开发项目的构想阶段就允许中国资本参与进来，提出具体的投资比重与方法

2. 扩大吸引投资者和投资区域

通过扩大吸引中国的投资对象和投资区域，提高实质性的吸引投资成果。除了吸引国有企业投资之外，积极扩大吸引积累了大量资本的民间富豪的投资。另外，积极开展针对中国特定地区的吸引投资活动。中国由于各省市（地区）的经济规模和产业发展规划不同，与其制定千篇一律的吸引投资战略，不如针对中国各地区的经济情况、产业、对外投资政策方向，制定合适的吸引投资战略显得更为重要。根据中国CCPIT（中国国际贸易促进委员会）在2010年以中国的走出去企业为对象进行的问卷调查显示，不同地区的对外投资行业有所不同。

---

①　中国盛大网络游戏企业分别以9000万美元和1亿美元收购了韩国ACTOZ公司（2004年）和Eyedentity Games（在线游戏）。

表6　不同地区中国企业对外投资及意向

地　区	投资内容
长江三角洲（上海，江苏省，浙江省） 珠江三角洲（广东省，福建省）	制造业对外投资较多
环渤海地区，中部地区	服务业对外投资较多
西部地区	制造业和服务业方面的投资相差不多
东部沿海地区	对发达国家的对外投资较多
中部地区	对发展中国家的对外投资较多

资料来源：CCPIT，中国企业对外投资及意向调查报告（2010年，4月）。

3. 探索中韩投资合作模式

第一，中韩两国应该战略性地相互利用中国的资本和韩国的FTA基础和品牌影响力（Made In Korea），建立双赢的商务模式。特别是，中国企业可以通过将生产基地转移到韩国或进行新的投资，利用韩国与美国、欧盟之间的自贸区协议，享受关税优惠并有效地规避反补贴调查等贸易壁垒，这将会成为韩国吸引中国投资的绿灯。

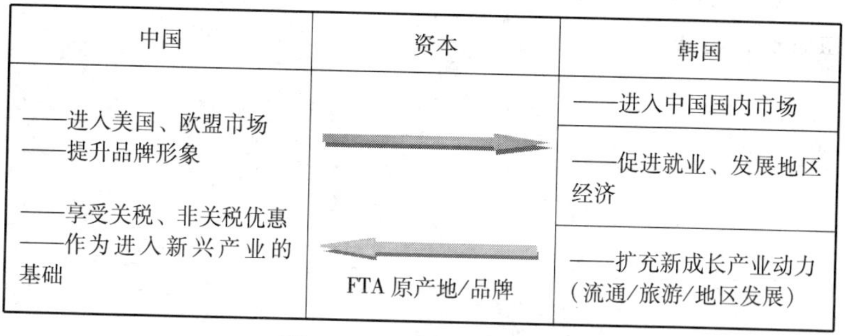

中国	资本	韩国
——进入美国、欧盟市场 ——提升品牌形象	→	——进入中国国内市场 ——促进就业、发展地区经济
——享受关税、非关税优惠 ——作为进入新兴产业的基础	← FTA原产地/品牌	——扩充新成长产业动力（流通/旅游/地区发展）

图8　中韩投资合作模式

第二，通过国内资产运用公司，为那些由于缺乏信息对直接投资并不积极的中国投资者提供间接投资方式。通过介绍韩国金融机构保留的并购案例、向中国企业提供韩国资本市场企业IPO

洽谈等方式多元化的吸引投资活动。

第三，扩大投资移民制度。目前，在江原道、济州岛实行的投资移民制度范围扩大到中国投资者比较感兴趣的仁川、全罗南道、全罗北道等地区。

4. 改善对中国资本的认识

通过官方或非官方渠道，组织两国投资者、企业之间的聚会，共享对两国经济的认识，引导合作意向。此外，通过普及中国企业的成功案例，改善其投资形象。之前，由于中国上海汽车对双龙汽车的收购和中国京东方对 HYDIS 收购的失败案例，韩国对中国资本的错误认识较多，中国投资者也认为韩国并非理想的投资对象国。为克服韩国国内反对中国资本的情绪和鼓励中国企业对韩国的投资，应该通过大力宣传中国企业对韩国投资的优秀成功案例，重点改善两国的认识。事实上，通过在中国全国范围内播放的 CCTV 大篇幅报道 2011 年 5 月 31 日举办的中国北京 IR 活动，提升了中国国内对韩国国家形象和中国企业对韩国投资的关注度。

（郑道淑，韩国贸易投资振兴公社［KOTRA］战略地区引资组科长，博士）

国际金融危机后中国利用韩资的新特点与发展趋势

吴晓华　杜　琼

一、国际金融危机后跨国直接投资的国际格局

国际金融危机对跨国直接投资造成严重冲击，2009 年达到谷底，之后缓慢回升，2010 年和 2011 年全球跨国直接投资分别增长 9.3% 和 17%，但仍低于 2007 年的历史高点。跨国直接投资调整呈现出以下主要特征：

（一）跨国直接投资总量波动较大，流入的区域分布格局没有显著变化

国际金融危机爆发以来，跨国直接投资总量在年度间波动较大，但区域分布格局未见显著变化。发达国家依然是跨国直接投资流入最多的地区，东亚、东南亚和南亚地区次之，跨国直接投资对初级产品出口国（包括石油、天然气输出国和矿产资源的主要输出国）的流入相对较少。2000 年以来，发达国家年度吸引外资在大约 4000 亿 ~13000 亿美元之间波动，东亚、东南亚和南亚国家在 1000 亿 ~3000 亿美元之间，而初级产品出口国大约在 200 亿 ~2300 亿美元间波动。

不同区域跨国直接投资流入受金融危机的影响程度有所不同。发达国家吸引外资受危机的冲击较大，从危机前 2007 年的

1.3 万亿美元降到 2009 年的 6028 亿美元，2011 年恢复至 7532 亿美元；东亚、东南亚和南亚国家的跨国直接投资流入量恢复较快，现已高于危机前水平；而主要初级产品出口国外资流入虽有所回升，2010 仍低于危机前水平。

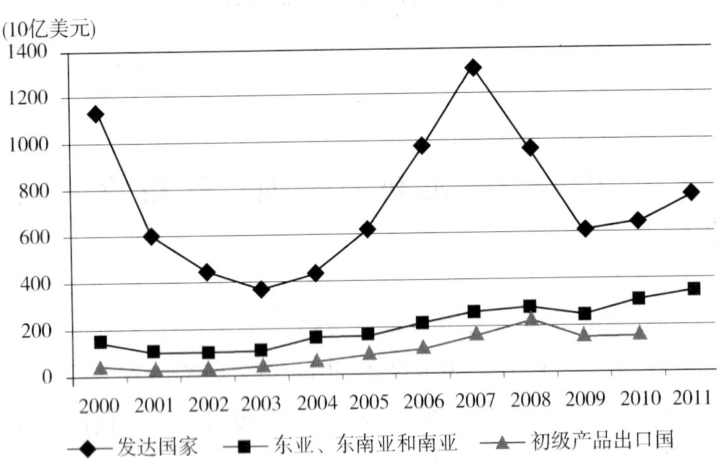

图 1 跨国直接投资流入区域分布格局及波动

资料来源：联合国贸易与发展会议（UNCTAD）数据库。

（二）跨国直接投资流入在发达国家和发展中国家的内部均出现一些变化

从发达国家内部来看，欧洲地区和美国的跨国资本流入受其经济复苏的不同态势影响，呈现出不同的特征。2004 年以来，发达国家的跨国直接投资流入量持续增长，2007 年达到峰值，受金融危机影响连续 3 年下降后，2011 年呈强劲反弹态势，增速达 18%。2011 年流入欧洲地区的外资增长 23%，美国的跨国直接投资流入量 2011 年出现下降，降幅达 8%。流入欧洲地区的外国直接投资强劲反弹，一方面是受公司重组、提高资产利用效率和降低成本等因素的驱动，另一方面，也有在欧元贬值情况下机会主义交易的因素，导致对欧元区国家的跨境并购增多，2011年对欧洲地区的跨境并购额增长 55%。

从发展中国家内部看，拉美地区资源型国家的跨国直接投资流入较为活跃，增幅超过东亚、东南亚和南亚地区。2011 年流入亚洲发展中经济体（不包括西亚国家）的外国直接投资较 2010 年增长 11%，而拉美和加勒比地区吸引的外国直接投资流入量增长 34.6%，达 2160 亿美元，进入该地区的外国直接投资主要流向巴西、哥伦比亚等国，这主要源于南美地区丰富的自然资源和不断扩大的消费市场。

（三）发展中国家和转型经济体的跨国直接投资流入连续两年高于发达国家

发展中经济体受内部需求增强、经济增长较快和南南投资上扬影响，2010 年外国直接投资流入量上升 12%，高于全球外国直接投资流入量 5% 的增速，达 5740 亿美元，占当年全球外国直接投资流入总量的 52%，首次超过发达国家。而

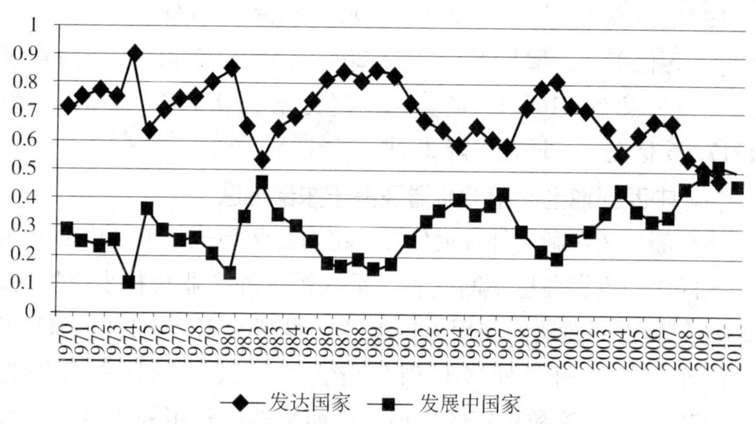

图 2　发达国家和发展中国家引进外资占比

资料来源：联合国贸易与发展会议（UNCTAD）数据库。

2010 年流入发达国家的外国直接投资下降了 7%；欧洲吸引的投资量下滑幅度最大。2011 年发展中经济体吸引外资继续占全球外国直接投资的一半以上，而流入发达经济体的外国直接投资虽因欧元区跨国并购增多而呈强劲反弹态势，较 2010 年增长 18%，但仍略低于发展中国家和新兴经济体的外资流入量。

二、国际金融危机后中国利用韩国 FDI 的主要特征

（一）国际金融危机后中国利用 FDI 的总体态势

1. 中国利用 FDI 虽有所波动，仍保持较高水平

国际金融危机前中国利用外商直接投资增长较快。受国际金融危机影响，2009 年中国利用外商直接投资略有下降，其后保持了增长态势，增速放缓，2012 年又有所下降。2009 年中国实际使用外资金额 900.33 亿美元，下降 2.56%；2010 年为 1057.35 亿美元，增长 17.44%；2011 年中国实际使用外商直接投资金额达到 1160.11 亿美元，同比增长 9.72%；2012 年为 1117.16 亿美元，同比下降 3.7%。

2. 中西部地区利用 FDI 增速高于东部地区

东部地区在利用外资上仍然占绝对优势地位，但是中部和西部地区伴随投资环境不断改善，承接国内外产业转移步伐加快，2008 年后中西部地区利用外资增速明显高于东部地区。2011 年中国东、中和西部地区利用外资占全国总额的比重分别为 83.27%、6.75%和 9.97%，但中、西部地区利用外资增幅比东部地区高 6.75 个和 20.73 个百分点，重庆、四川、河南等地区利用外资增势较为强劲。

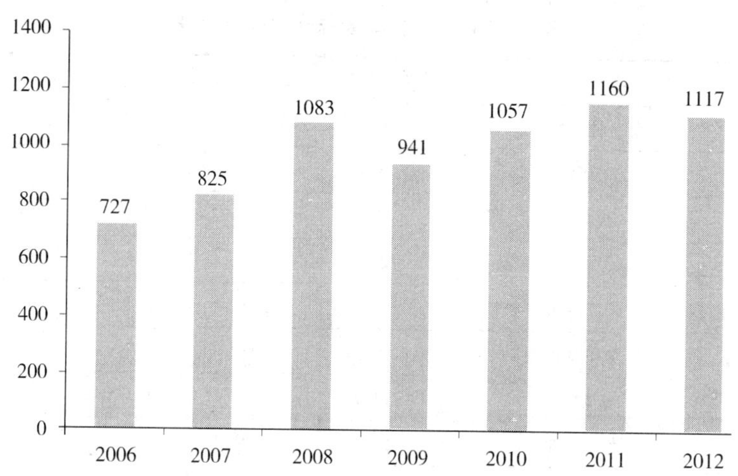

图 3　2006～2011 年中国利用外资情况

资料来源：商务部网站。

表 1　2010～2011 年中国东、中和西部地区实际利用外资增长率

单位:%

年份	东部	中部	西部
2008	14.03	18.99	73.87
2009	5.61	14.50	20.03
2010	15.80	28.20	28.60
2011	7.51	14.26	28.24

资料来源：香港环亚经济数据库（CEIC）中国数据库。

3. 服务业利用 FDI 占比重提高，2011年首超制造业

2008 年以来，服务业利用 FDI 占比逐渐提高，其中，房地产业和批发零售业、租赁和商务服务业利用 FDI 增加较为显著。2011 年服务业实际使用 FDI552.43 亿美元，增长 20.54%，占同期全国总量的47.62%，而制造业使用 FDI 为 521.01 亿美元，增长5.06%，占比 44.9%。

表 2　中国主要产业实际利用 FDI 占比　　单位:%

产　业	2008 年	2009 年	2010 年	2011 年
农、林、牧业	1.1	1.5	1.8	1.7
采矿业	0.5	0.5	0.6	0.5
制造业	46.1	49.7	46.9	44.9
交通运输、仓储和邮政业	2.6	2.7	2.1	2.8
信息传输、计算机服务和软件业	2.6	2.4	2.4	2.3
批发和零售业	4.1	5.7	6.2	7.3
金融业	14.7	4.8	1.1	1.6
房地产业	17.2	17.9	22.7	23.2
租赁和商务服务业	4.7	6.5	6.7	7.2

资料来源：2011 年中国统计年鉴。

4. 外商投资工业企业资产回报率稳步上升

由于我国经济快速发展，而且正处于工业化加速推进阶段，外商投资中国工业企业经营业绩较好。国际金融危机后，外商投资中国工业企业的资产回报率仍保持了稳定上升态势。外资工业企业总资产持续增加，从 2008 年的 11.2 万亿增加到 2010 年的 14.85 万亿，利润总额从 8242 亿元增加到 1.5 万亿元，资产回报率从 7.35% 上升至 10.11%。

表 3　外商投资工业企业资产回报率

年份	资产总计（亿元）	利润总额（亿元）	单位资产回报率（%）
2006	77109	5384.06	6.98
2007	96367	7527.38	7.81
2008	112145	8242.63	7.35
2009	124478	10107.05	8.12
2010	148552	15019.55	10.11

资料来源：2011 年中国统计年鉴。

（二）国际金融危机后中国利用韩国 FDI 的新特征

1. 中国利用韩资的总规模和相对地位均呈下降趋势

（1）中国利用韩资的总体规模出现下降。根据韩国进出口银行统计，2007 年韩国对华投资达到 55.03 亿美元的历史峰值，2008 年和 2009 年分别下降 30.37% 和 43.35%，2010 年韩国对华直接投资虽实现 66.8% 的强劲反弹，回升至 36.2 亿美元，但 2011 年再次出现 1.23% 的下降，为 35.76 亿美元，低于 2007 年的最高值。这与韩国对外直接投资的总体状况有所不同，韩国对外直接投资在 2009 年出现下降，2010 年和 2011 年相继增长，已超过危机前的水平。

（2）韩资在中国引进外资中的相对地位，以及韩国对华直接投资在韩国对外投资中的地位均有所下降。2004 年引进韩资占中国引进外资的比重达到 10.3%，之后持续下降。国际金融危机前，韩资占比为 4.4%，2011 年降到了 2.2% 的历史低值。同时，韩国对华投资在其对外直接投资中的占比也呈下降态势。2005 年韩国对华直接投资占其对外直接投资的比重接近 40%，之后持续下降，2009 年降仅 10%，2010 年和 2011 年虽略有回升，但仍低于 15%。不过，中国仅次于美国，仍是韩国第二大对外直接投资对象国。

2. 韩国对华直接投资仍以制造业为主，对专业服务、科学和技术活动领域的投资占比日益提升

目前，韩国对华直接投资仍以制造业为主。从 2011 年数据看，中国利用韩资中制造业占比 77.4%，高于中国整体利用外资中制造业 44.9% 的占比，也高于韩国对外直接投资中制造业占比 31.23% 的水平。韩国制造业投资主要分布在中国、印度尼西亚、爱尔兰等国家，韩国 2011 年对该三地投资占制造业对外投

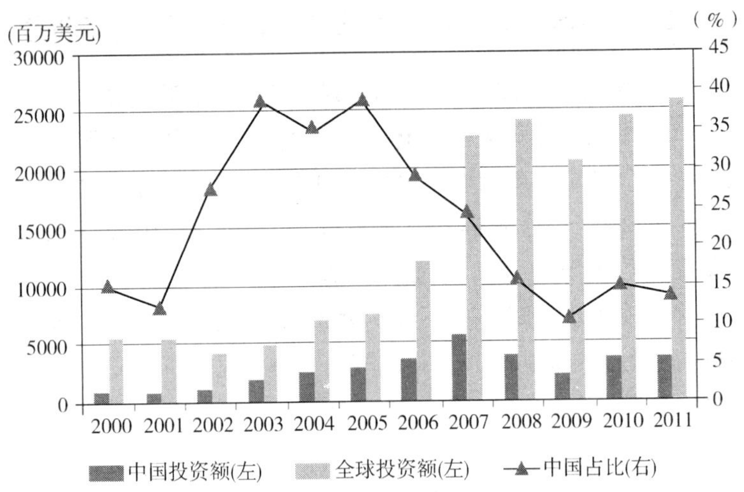

图4　韩国对全球投资总额及对华投资总额及占比

资料来源：韩国进出口银行。

资的51.7%，仅中国就占到37.2%。①

近几年来，韩国对华制造业领域投资趋于稳定，对专业服务、科学和技术领域的投资显著增加，2007年、2008年和2009年的占比尚在2%以下，2010年占比提高到3.54%，2011年大幅提升至8.89%，高于中国利用外资总量中专业服务、科学和技术领域2.19%的水平。

中国金融业领域中利用韩资呈大幅波动下降态势。韩国的金融保险业投资则主要偏向美国、新加坡、中国香港等国家和地区。2007年中国在国际金融危机后金融和保险业利用韩资在韩国对华直接投资总量中占比达16%，2008年下降为3.6%，2010年回升至9.6%，2011年又猛降到了1.6%的低点。

---

① 驻韩国使馆经商处：《2010年韩国对外投资实现恢复性增长》和《2011年韩国对外直接投资情况分析》。

表 4　韩国对华投资的行业结构　　　单位:%

行　业	2008 年	2009 年	2010 年	2011 年
采矿业	3.7	0.1	0.1	0.3
制造业	60.7	78.2	75.7	77.4
建筑	3.5	3.1	0.8	1.2
批发和零售业	13.9	7.2	6.0	6.0
交通	1.6	1.0	1.1	1.4
金融和保险	8.4	3.6	9.6	1.6
房地产、租赁	2.0	1.2	0.4	1.5
专业、科学和技术活动	1.5	1.4	3.5	8.9

资料来源：韩国进出口银行。

3. 中国利用韩资单个项目的平均规模增大

中国利用韩资单个项目的平均规模呈逐渐增大趋势，但仍低于中国利用外资单个项目的平均规模。由此可看出，韩国对华投资企业仍是劳动密集型，中小企业仍然居多。韩国对华投资企业规模的趋于增加，是韩国企业对华投资发展的结果，不是国际金融危机爆发后才出现的，但随着国际金融危机后国际经济环境以及中国投资环境的变化，“出口导向型”的韩资中小企业确实面临调整转型问题，而且由于中国国内市场潜力巨大，对韩资仍然具有较强的吸引力，韩资项目的平均投资规模将趋于增大。

表 5　中国利用韩资和利用外资的项目平均规模比较

年份	韩资			所有外资		
	实际利用金额（百万美元）	项目数（个）	平均规模	实际利用金额（百万美元）	项目数（个）	平均规模
2005	5168	6115	0.85	72406	44019	1.64
2006	3895	4262	0.91	72715	41485	1.75
2007	3678	3452	1.07	83521	37888	2.20

续表

年份	韩资			所有外资		
	实际利用金额（百万美元）	项目数（个）	平均规模	实际利用金额（百万美元）	项目数（个）	平均规模
2008	3135	2226	1.41	108312	27537	3.93
2009	2700	1669	1.62	94065	23442	4.01
2010	2692	1695	1.59	105735	27406	3.86
2011	2551	1375	1.86	116011	27712	4.19
2012	546	273	2.00	29480	5379	5.48

资料来源：香港环亚经济数据库（CEIC）中国数据库，2012年数据为截至2012年第一季度。

4. 区域布局：仍以东部地区为主，中西部吸引力加大

韩国对中国沿海三大经济圈的投资都在增长，以环渤海和长三角经济圈最为突出。主要原因是这两大地区投资环境良好，又与韩国地理位置临近，而且已经形成产业集群，产业配套能力强，仍是韩国对华投资较为集中的地区。

随着东部地区要素成本上升中西部地区投资环境不断改善，韩国企业投资逐渐向内地扩展，呈现出中西部地区利用外资增速相对较快的趋势，陕西关中和川渝地区尤为突出。自韩国三星电子存储芯片项目于2012年4月正式落户西安高新区后，大批配套企业如韩国 Lot Vacuum 公司、SIT 株式会社计划陆续入区；2012年5月国务院正式批复《成渝经济区区域规划》后，外资企业纷纷加大了对成渝经济区的投资力度，韩国 SK 集团计划未来3年内在成都建成中国西部总部基地，还将入驻重庆两江新区的中韩产业园。

5. 原材料与零部件配套、营销和研发的本地化趋势日益明显

韩资企业原材料与零部件的本土化更加明显。中国本土企业生产配套能力不断增强，包括制造工艺和研发能力，而这些企业又有

价格上的优势。韩方越来越多的选择本土企业提供原材料和零部件。但总体上看，目前本地企业为韩资企业配套的比例仍然偏低。

营销与研发本地化进展较大。基于“市场导向”战略，韩资大企业在营销本地化与研发本地化方面相对更为重视，积极扩大在中国的投资规模，加强制造业链条中的营销、物流、研发、售后服务等环节，使得整个投资项目系统化。进入中国的韩国大企业已不满足仅把他们在中国的企业经营成“制造工厂”，而要实现产销研发一条龙。他们以中国市场为主要目标，在中国建立自己的营销体系和研发中心，有选择地加大推进产品设计和研发本地化。

三、中国利用韩国 FDI 面临的新环境与发展趋势

虽然全球跨国直接投资的总体格局尚无显著变化，但出现局部调整。今后随着后危机阶段世界经济的大调整、大变革，大重组逐渐展开，东亚生产网络亟需通过结构优化升级在未来国际分工中形成新的比较优势，中国利用 FDI 的政策将更加突出有助于加快经济发展方式和经济结构战略性调整的要求。预计未来中国利用韩资规模将稳中趋升，韩国对中国直接投资将继续由“成本导向型”向“市场导向型”转变，投资结构将加快由劳动密集型向资本和技术密集型领域转变。

（一）当前中国利用韩国 FDI 面临的新环境

1. 世界经济复苏艰难进行，近期全球跨国直接投资可望恢复温和增长

根据当前世界经济艰难复苏的形势，联合国贸易与发展会议对全球跨国直接投资保持谨慎乐观，预计全球 FDI 将温和增长。但由于世界经济复苏的基础并不稳固，尤其是欧元区主权债务危

机尚未根本缓解，美国量化宽松货币政策的积极效果有限，但负面效果难以避免，近期内世界经济和金融市场稳定发展的不确定性仍然较大，可能对全球的FDI带来不利影响。世界在资金流动性充裕和传统制造业普遍产能过剩的情况下，能源资源领域将成为全球FDI流入的重点领域，跨国并购将更多取代绿地投资成为FDI的主要方式。

韩国对外直接投资格局也正呈现出调整态势。韩国由于积极参与在美国和澳大利亚开发矿产资源，韩国对外直接投资中采矿业投资占比明显上升，由2007年的9.08%升至2011年的28.96%；制造业投资保持平稳增长态势。受欧债危机影响，2011年金融保险业和房地产租赁业投资占比同比分别减少25.7%和53.7%。从对外投资的国别看，韩国对美国直接投资超过中国，对澳大利亚和加拿大的直接投资大幅增加。

2. 东亚生产网络必须调整转型升级

20世纪90年代以来，跨国直接投资发展迅速。尤其是进入21世纪后，在跨国直接投资的强劲推动下，全球生产网络进一步形成与发展，促成了当前的国际分工格局。该格局的主要特征是，欧美发达国家以现代服务业尤其是金融业和信息、生物、航天航空等前沿性高技术产业为主、东亚和东南亚地区以制造业为主，以OPEC国家为代表的石油、天然气和其他矿产资源主要出口国提供能源资源供给这样的三角形分工结构。中国经过30多年的改革开放，已经广泛深入地参与到国际生产分工体系中，逐渐成为东亚生产网络的主力、世界主要的制成品出口国，并跃冲为世界第二大经济体。在此过程中，以外商直接投资为主要形式的国际产业转移发挥了决定性的作用，尤其来自香港地区、台湾地区、日本和韩国的直接投资发挥了主导作用。韩国通过对华直接投资实现产业转移，将劳动密集型产业与相对低端的技术密集型产业的加工组装环节转移到中国，在华韩资企业形成以劳动密集型的轻纺产品和加工组装型的家电及电子通信产品为主的结构。

国际金融危机不仅对全球经济形成严重的短期冲击，其深远影响更非同寻常。在后危机阶段，全球经济大调整、再平衡过程中，东亚生产网络面临严峻的挑战。东亚生产网络的最终消费端——以美国为代表的发达国家，面临经济再平衡的压力，主要目标是缩减贸易逆差和财政赤字、“金融去杠杆化”、促进经济增长并扩大就业，进而提出“再工业化”和扩大出口的政策，这对东亚生产网络已经并将造成重大的影响，“东亚模式”及其在国际分工体系中的地位和功能的调整、转型和升级势在必行。在此背景下，中国引进 FDI 包括韩国企业以美国为主要出口市场的对华直接投资将面临深度调整。

3. 中国利用 FDI 的政策更加突出加快产业结构转变

中国经济经过 30 多年高速发展，已到了加快转变经济发展方式的攻坚阶段。“十二五”规划要求，要确保科学发展取得新的显著进步，确保转变经济发展方式取得实质性进展，而经济结构战略性调整是加快转变经济发展方式的主攻方向。因此，利用外资质量，更加注重优化结构和提高质量，成为中国全面提高开放型经济水平的迫切要求。中国的《外商投资产业指导目录（2011 年修订）》进一步扩大了开放度，也更加明确了转变经济发展方式对优化利用外资结构、提高质量的要求。新《目录》总条目 473 条，其中鼓励类 354 条、限制类 80 条、禁止类 39 条，分别比原来增加 3 条、减少 7 条、减少 1 条。同时，取消了部分领域对外资的股比限制，鼓励类和限制类中有股比要求的条目比原来减少 11 条。随着新修订的外商投资产业指导目录的实施，中国将引导外资更多投向现代先进制造、高新技术、节能环保、新能源和现代服务业等领域，鼓励投向中西部地区。该政策的实施，为韩国扩大对华直接投资提供了新的机遇，也确定了新的选择标准。

（二）现阶段中国利用韩资的发展趋势

中国利用韩资经历近20年的发展，已形成了一定的规模和基础。未来韩国对中国投资面临新的机遇，韩资企业如积极主动在配合中国“转方式、调结构”中寻求投资机会，扩展投资领域和空间，预计未来韩资进入中国市场规模将稳中趋升，韩国对中国直接投资的取向将有所转变，结构也将不断提升。

1. 总量将稳中趋升

从国际方面看，在20世纪90年代末经受了亚洲金融危机的严峻考验后，韩国经济经过结构调整和改革显著增强了国际竞争力和抗风险能力。此次国际金融危机的冲击，虽然对韩国经济和出口造成一定不利影响，但与亚洲金融危机很不相同的是，韩国经济自身尤其是其支柱企业和跨国企业以及财政、金融、外汇储备等方面的情况，总体上是比较健康的，并未出现像当年大宇破产、银行系统和金融市场面临崩溃、韩元急剧贬值那样的严重事件。当前韩国对外投资能力较强，对华直接投资预计在今后一段时间保持稳定上升趋势。从中国方面看，中国利用韩国FDI仍将有广阔的空间。一是中国工业化和城市化仍将继续加快推进，巨大的国内市场潜力将进一步释放出来，为韩国企业的投资带来新机遇；二是中国鼓励利用外资的总体方针保持稳定，相关法律法规更加完善，为韩资进入提供了有效保障；三是目前正在推进的中韩自贸区谈判，也将为中韩两国相互的FDI发挥有力的促进作用。

2. 投资取向将继续由“成本导向型”向“市场导向型”转变

从投资动因看，韩国在华投资早期的主要目的是寻求中国廉价的劳动力，在中国建立加工基地，而产品以返销国内和第三方国家为主。中国是世界上最大的发展中国家，劳动力资源丰富，工资水平很低，又在地理上与韩国邻近，语言沟通存在着诸多便利。因此，中国成为韩国理想的“海外加工基地”，韩国企业在中国生产的产品 80% 都是出口到中国以外的市场。

近几年来，随着中国经济的快速发展，扩大“内需”战略的实施，韩国为开拓潜力巨大的中国市场而启动的对华投资项目明显增加。国际金融危机后韩国企业尤其是大型企业在华投资在由“成本导向型”转变为“市场导向型”，进入中国市场、扩大在华市场份额，并利用中国在基础设施、产业配套能力、成本相对低廉的高中端人力资源等方面的综合优势，以保持和提升韩国产品品牌的竞争力，日益成为在华韩资大企业投资的主要动机。

3. 投资结构由劳动密集型向资本和技术密集型转变

一是中国的劳动力和土地等要素成本在长期内都将呈现上升趋势。随着国民收入的提高以及劳动力结构的改变，一般劳动力成本优势必然逐渐减弱，但劳动力的素质不断提高。中国已建成世界上最大规模、结构完善、水平较高的国民教育体系，高等教育步入大众化阶段，劳动要素的低成本优势将有低端劳动力逐步转向中高端劳动力。二是中国本土企业配套能力增强，尤其零部件制造和研发设计的配套能力日益增强，现代产业体系日益完善，有利于承接资本和技术密集型的国际产业转移。三是中国将保持外资政策的稳定性和连续性，实施更加积极主动的开放战略，利用外资将更加注重优化结构和提高质量。上述因素都将促进中国利用韩国 FDI 的结构由劳动密集型向资本和技术密集型转变。

四、今后中国进一步利用韩国 FDI 的重点领域和地区

（一）重点行业

1. 中国制造业转型升级将为韩国扩大对华直接投资提供机遇

目前韩资进入中国形成了以劳动密集型制造业为主的格局，

今后未来随着中国产业转型战略的进一步实施，将为韩国扩大对中国投资提供新的机遇。中国将在改造提升传统制造业的同时，培育发展战略性新兴产业，引导外资更多地投向高新技术、先进制造和节能环保等领域。韩资企业应正确把握中国制造业调整升级的方向和重点，可根据中国2011年修订的《外商投资产业指导目录》，积极主动调整在华投资战略，发挥韩国企业的相对优势，扩大和深化同中国企业分工与合作的利益交汇点，实现双方互利共赢、共同发展。

2. 服务业领域可望成为韩国对华投资的新热点

2011年中国服务业利用外资的占比已经超过制造业，随着中国服务业开放程度的进一步扩大，韩国对中国服务业投资大有可为。一是由于韩国在航运、仓储、海事服务、保险、旅游、文化创意等服务行业具有一定的优势，这些领域均有希望成为今后韩国对华投资的热点；二是随着中国对高技术服务业开放的重视以及鼓励外资企业在华设立研发中心，跨国公司在中国进行研发投资的力度不断加大，专业服务、科学和技术的韩国对华投资已呈现出快速增加态势；三是中国的国内市场规模大，成长性高，韩国在医疗保健、文化娱乐、健身美容等生活性服务业对中国的投资将趋于扩大；批发零售业今后可能成为中国利用外资包括韩资快速增长的热点行业之一。

3. 能源和节能环保等重点领域合作将成为加强中韩合作的新领域

联合开发第三国能源资源，可成为中国和韩国加强投资合作的新领域之一。世界范围跨国直接投资在资源能源领域非常活跃，而韩国近几年也加大了对能源丰富的国家如加拿大和澳大利亚等国能源采掘业领域的投资，中国对外直接投资日益重视对能源资源矿产领域的开发和投资。因此，中韩可探讨和扩大在国际能源资源开发和加工领域的互利合作。同时，在开发可再生能源和节能环保等领域，中韩投资合作也大有可为。

4. 中国资本市场的进一步开放有利于深化韩国对华投资

随着中国金融开放步伐的加快，资本市场包括证券市场和期货市场的扩大开放成为必然趋势。中国证监会、中国人民银行及国家外汇管理局于2012年决定新增合格境外机构投资者（QFII）投资额度500亿美元，总投资额度达到800亿美元，增加人民币合格境外机构投资者（RQFII）投资额度500亿元人民币。中国还在探讨加快期货市场改革创新，推动期货市场对外开放的法规政策取得突破，并加强对境外投资者的市场参与路径以及市场对外开放中的交易客户管理等的研究，这意味着为韩国深化对华投资提供了更多的机遇。

（二）重点地区

1. 环渤海地区对韩资企业的吸引力将进一步增强

中国环渤海地区与韩国隔海相望，无论从区位优势，还是产业基础以及文化交流等方面，与韩国合作有着得天独厚的优势。因此，韩资在中国形成了主要集中于环渤海地区、尤以山东省最为集中的区域格局。今后，随着建立中日韩自贸区的步伐将趋于加快，《山东半岛蓝色经济区发展规划》作为我国第一个以海洋经济为主题的区域发展战略将进一步实施，以及温家宝总理关于利用中国山东毗邻日韩的区位优势、建设中日韩地方经济合作示范区和建立三国产业合作基地的倡议也将逐渐付诸实践，加之，中日韩循环经济示范基地的工作不断推进，可预计环渤海地区对对韩资企业的吸引力将进一步增强。中国环渤海地区利用韩资与山东蓝色经济区、循环经济及绿色增长相融合，更有特色，更具发展潜力。

2. 关中、成渝等中西部地区可能成为韩资企业投资的重点区域

随着中国东部地区劳动力等要素成本较快上升，要素成本仍

然低廉的中西部地区日益受到外资包括韩资的青睐。如，自韩国三星电子存储芯片项目于2012年4月份正式落户西安高新区后，大批配套企业如韩国 Lot Vacuum 公司、SIT 株式会社计划陆续入区。2012年5月国务院正式批复《成渝经济区区域规划》后，外资企业纷纷加大了对成渝地区的投资力度。韩国 SK 集团计划将在未来3年内在成都建成中国西部总部基地，同时还将入驻重庆两江新区的中韩产业园。随着中国西部大开发和中部崛起战略的进一步实施，以及商务部对《中西部地区外商投资优势产业目录》的修订，韩国企业在中西部地区获得许多新的投资机会，河南中原城市群、陕西关中、成渝等地区可能成为韩企投资的重点区域。

（吴晓华，国家发改委宏观经济研究院科研管理部主任、研究员；杜琼，国家发改委对外经济研究所助理研究员）

参考文献：

1.《外商投资产业指导目录（2011年修订）》. 中华人民共和国发展和改革委员会、中华人民共和国商务部第12号令，2011年12月.

2.《关于促进战略性新兴产业国际化发展的指导意见》. 商产发，2011年第310号.

3.《国务院关于进一步做好利用外资工作的若干意见》. 国务院，2010年4月.

4.《中西部地区外商投资优势产业目录（2008年修订）》. 中华人民共和国发展和改革委员会，中华人民共和国商务部第4号令，2008年12月.

5. 陈锦铭，李俊，张华. 青岛韩资企业撤资问题探析[J]. 国际经济合作，2008（5）.

6. 金容善．加入世贸组织之后中国外资政策的变化与韩国企业的对华投资［J］．国际贸易问题，2008（3）．

7. 金志衡．韩资企业的中国投资动机变化及其启示［J］．生产力研究，2010（1）．

8. 宋龙镐．金融危机以后的韩国对华直接投资［J］．东北亚论坛，2001（11）．

9. 聂名华．当代国际直接投资新格局及变动趋势［J］．投资研究，2009（12）．

10. 沈贵龙．后危机时期的中国 FDI［J］．上海经济研究，2010（8）．

11.《国务院关于加快培育和发展战略性新兴产业的决定》，国发〔2010〕32 号．

12. 联合国贸易与发展会议（UNCTAD）．World Investment Report 2010：Investing in a Low－Carbon Economy. 2011.

13. 联合国贸易与发展会议（UNCTAD）．Global Investment Trends Monitor. January 2012.

14. Jeffrey H. Lowe. Direct Investment for 2007－2010. September 2011.

中国对韩投资的现状、特点及未来发展建议

林勇明

一、从中国对外投资总体情况看中国对韩投资

1. 中国对外投资总体情况

中国企业对外投资经历了三个发展阶段：1990~1999年的起步阶段、2000~2003年的稳步发展阶段，2003年以来的快速增长阶段。2003~2008年这6年，中国企业的海外投资每年递增超过70%。由此，中国对外投资占全球对外投资总额的比重由2003年的1.7%，提升到2010的超过5%。

《2010年度中国对外直接投资统计公报》显示，截至2010年底，中国对外直接投资累计净额达3172.1亿美元，位居全球第17位。中国在全球178个国家（地区）共有1.6万家境外企业，投资国别覆盖率达到72.7%。从区域分布看，亚洲、拉丁美洲是中国对外投资存量最为集中的地区，分别占总存量的71.9%、13.8%；而对发达国家（地区）的投资存量目前仅占中国对外投资存量总额的9.4%。从所有制结构看，国有企业对外投资占到了投资存量总额的66.2%，非国有投资所占份额为33.8%。从行业分布看，中国对外直接投资几乎覆盖了所有行业类别，但绝大部分投资（88.3%）流向了商务服务、金融、批发和零售、采矿、交通运输和制造六大行业。从投资方式看，并

购比重超四成，当期利润再投资比重上升。2010 年，中国企业以并购方式实现直接投资 297 亿美元，同比增长 54.7%，占流量总额的 43.2%；并购领域涉及采矿、制造、电力生产和供应、专业技术服务和金融等行业。

2. 中国对韩国投资的情况

中国对韩国直接投资开始于 20 世纪 90 年代后期，初期主要以投资贸易、服务类企业为主；2002 年后以涉足韩国制造业为标志，中国企业对韩直接投资逐步呈现多元趋势。据统计，截至 2008 年年底，在韩国投资的中国企业累计已达 445 个，是 1998 年的约 3.8 倍，高于同期在韩国投资外国企业数量的增加幅度（2.2 倍）。从投资规模看，2008 年，中国对韩国直接投资总额为 0.96 亿美元，2009 年为 2.6 亿美元，2010 年为 1.2 亿美元。

3. 简要结论

相比于中国对外投资在过去十年快速增长的总体趋势，中国企业对韩投资虽在近年内也出现了相应快的增长，但数量规模仍较小，在中国对外投资总量中所占的份额不大，对韩投资在中国对外投资的国家和地区中排名第 14 位，中国对韩投资的现状与两国经贸关系的密切程度和韩国相对于中国经济的区位优势不相称，预示着中国未来对韩投资将具有很大的增长空间。

表 1 2009 年中国对外投资的国家和地区排名

排名	国家（地区）	金额（百万美元）	百分比（%）
1	香港	35601	63
2	开曼群岛	5366	9.5
3	澳大利亚	2436	4.3
4	卢森堡	2270	4
5	维尔京群岛	1612	2.9
6	新加坡	1414	2.5

续表

排名	国家（地区）	金额（百万美元）	百分比（%）
7	美国	909	1.6
8	加拿大	613	1.1
9	澳门	456	0.81
10	缅甸	377	0.67
11	俄罗斯	348	0.62
12	土耳其	293	0.52
13	蒙古	277	0.49
14	韩国	265	0.47
15	阿尔及利亚	229	0.41
16	刚果民主共和国	227	0.40
17	印度尼西亚	226	0.40
18	柬埔寨	216	0.38
19	老挝	203	0.36

资料来源：《2009年中国对外直接投资统计年鉴》（2010年9月）。

二、中国政府对企业投资韩国的指导政策

中华人民共和国商业部就中国企业对外投资多次发布指导方针。2004年7月发布的《对外投资国别产业导向目录》中，包括了对韩投资产业导向的内容。目录中提到具有投资前景的韩国产业主要包括：制造业中的汽车制造业、化工业、材料制造业、计算机、其他电子及通信设备制造业，以及服务业中的贸易、零售业、研发、建筑业等（表2）。

2010年9月出台对韩投资指导，主要内容是：①指明韩国具有比较优势和具有专业化优势的行业，包括：汽车行业、造船业、电子业、钢铁行业、机械制造业和石油化工业等。②强调投资决策需要在充分了解韩国的投资法、工会、税收体系、文化和

合作将带来的收益之后进行。③告知工会在韩国起着非常重要的作用，韩国的工会对公司有关工资、福利和其他工作情况等的决定产生重要影响。④韩国是一个有着强烈自豪感的国家，因此，要想在韩国商业上获得成功，应把眼光放到那些韩国人还没有取得成功的行业。①

表 2　2004 年目录中提到的适宜中国企业投资的韩国产业

产业类别	具体产业
制造业	汽车制造业
	化工业，材料制造业
	计算机，其他电子及通信设备制造业
服务业	贸易、零售业
	研发
	建筑业
	交通运输业

资料来源：李大植. 中国对韩投资的现状与模式，2011-9-17，百度文库。

三、中国对韩投资的发展现状

截至 2010 年，中国企业对韩累计投资约 12 亿美元，在中国对外投资的国家中排名第 15 位（2009 年数据，排名 14 位）。中国企业对韩投资单笔数额普遍较小，多数为中小企业；而大额实业类投资多为国有大企业所为，且大都采取并购韩国企业的方式。

1. 中国对韩投资以“小资本投入、服务业投资”为主

从中国企业对韩投资的规模来看，截至 2008 年年底，累计

① 李大植. 中国对韩投资的现状与模式，2011-9-17，百度文库。

值不到100万美元的投资项目最多，达5955件，占全体投资的99.6%，占总投资金额的16.1%。而1亿美元以上的投资只有5件，但占总投资金额的比重则达到74.5%。按截至2008年年底的累计值来看，中国企业对韩投资的平均单项投资规模为420万美元，为同期韩国引进国外投资平均投资规模的1/10。就项目数量来看，中国企业对韩国投资占外国投资项目总数的9.9%，紧接日本，居第二位，但由于中国企业投资项目的规模小，投资总额尚不足韩国吸引外资的1%。

中国对韩投资之所以"项目数量多、投资总额小"，是因为中国对韩国投资领域主要集中在服务业，例如商贸运输及餐饮业，而且投资主体和投资对象主要是中小企业。在2002~2006年期间，除了2002年和2004年外，中国对韩国投资中，服务业投资都高于制造业投资（表3）。目前中国对韩投资很大一部分是由中小企业或个体工商业者主导的低附加值产业小型项目投资，由大企业主导的高附加值、资本密集型产业的投资项目相对较少。

表3　中国对韩投资的产业结构（2002~2006年）

单位：百万美元（%）

产业	2002年	2003年	2004年	2005年	2006年
农牧渔	0.38 (0.2)	2.99 (6.0)	0.14 (0.0)	0.3 (0.4)	1.61 (4.1)
制造业	218.55 (87.6)	6.23 (12.4)	1129.06 (96.9)	28.293 (41.4)	12.40 (31.3)
服务业	29.49 (11.8)	40.71 (81.1)	35.18 (3.0)	39.57 (57.8)	25.27 (63.8)
电气水公用	0.96 (0.4)	0.28 (0.6)	0.38 (3.0)	0.25 (0.4)	0.31
总计	249.38 (100.0)	50.21 (100.0)	1164.76 (100.0)	68.61 (100.0)	39.60 (100.0)

资料来源：韩国工商与能源部（Ministry of Commerce, Industry, and Energy, Republic of Korea）。

2. 贸易、制造、运输配送与房地产为中国企业投资韩国的四大主要行业

到2010年12月，在韩国投资服务业的中国公司有262家，占中国对韩投资公司总数的61.3%，其中138家为贸易公司。另外，有60家制造业公司，大部分分布在电子业、包装业、汽车业和其他中间产品制造业，投资零售业和房地产业的公司分别为13家和7家（图1）。

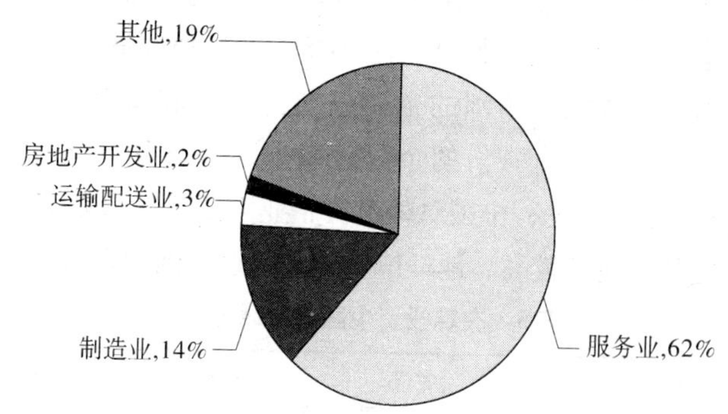

图1　中国投资韩国企业的行业分布情况

资料来源：李大植．中国对韩投资的现状与模式，2011－9－17，百度文库。

3. 大型企业投资主要集中于制造业

从大型企业的投资情况看，已在商业部登记的对韩投资国有大型企业，主要集中于IT/电子零部件、钢铁、机械制造、新能源开发、化工、汽车、运输配送、房地产开发等行业领域。

表4　投资韩国的中国大型企业及其行业分布

产　　业	企业名称
IT/电子零部件业	软通动力、京东方科技集团、舜宇
钢铁业	江苏华程
机械制造业	三一重工
新能源开发业	中国光伏集团、巨力新能源

续表

产　业	企业名称
化工业	青岛金王
汽车业	华晨汽车
运输配送业	中外运集、威东航运、大龙海运、华东海运
房地产开发业	东泰华安、大连华兴

资料来源：李大植．中国对韩投资的现状与模式，2011－9－17，百度文库。

4. 多数中国企业投资来自于环渤海和长三角地区

在中国对韩投资企业中，有60.8%来自环渤海地区，而来自长江三角洲和珠江三角洲的企业分别占27%和2.3%。其中，山东、浙江和江苏三个省份的企业对韩投资分别占36.8%、14.9%和9.1%。由此可见，中国对韩投资企业大部分来自东部沿海经济发展程度和外向度较高、地理位置较为接近韩国的区域。

表5　在韩投资中国的来源地分布

地区	省份	企业数目	比例（%）
环渤海经济区	小计	261	60.8
	京津冀	49	11.4
	北京	22	5.1
	天津	13	3.0
	河北	14	3.3
	东北地区	54	12.6
	辽宁	26	6.1
	吉林	21	4.9
	黑龙江	7	1.6
	山东	158	36.8
长江三角洲地区	小计	116	27.0
	上海	13	3.0
	浙江	64	14.9
	江苏	39	9.1
珠江三角洲地区	小计	10	2.3
	广东	10	2.3
其他地区		42	9.8
总计		429	100.0

资料来源：中国商务部（2010年12月）。

5. 从投资方式看，企业大宗收购、兼并或参股类投资呈增长态势

近年来，中国企业在对韩投资中，大宗收购、兼并或参股类投资呈增长态势。中国企业大宗收购项目对象主要为中间产品和元器件生产企业，如上海汽车工业集团公司收购韩国双龙汽车会社 48.92% 股份，投资 5.6 亿美元；上海汽车工业集团参股 GM 通用大宇股份（10% 的股份）投资 5970 万美元；京东方科技集团股份有限公司收购韩国原现代电子的 TFT—LCD 业务，投资 3.8 亿美元（其中 2.3 亿美元来自国外融资）。

6. 从投资动因上来划分，投资韩国的中国企业主要有利用自由贸易协定、谋求技术与谋求市场这三大类

（1）出于利用自由贸易协定的目的。这类企业对韩投资主要是想利用 FTA 来减少关税，降低出口费用，打破贸易壁垒。例如，2009 年有一家制造太阳能电池及组件的中国公司在韩国投资设厂。

（2）出于获取韩国先进技术和管理经验的目的。这类企业目前的投资大都通过兼并和收购方式进行，投资的产业主要是手机、半导体、网络游戏、LCD、PDP、汽车等。这一类投资的代表性案例有：京东方购买 Hydis、SAIC 购买 SYMC、上海盛大并购 Actoz Soft 等。

（3）出于开拓韩国市场的目的。这类企业投资主要是想在韩国发展那些中国具有成本优势的产品，例如：加工出售水产品、出售小型家电等；或是针对某些中国已拥有技术且韩国已不再生产的细分产品，例如：建筑机械中的起重机，运输机械中的厢式货车，钢铁业中的不锈钢等。

四、中国企业投资韩国的有利因素

韩国吸纳中国企业投资的有利因素主要有：

（1）相对中国，韩国的工业产品质量、技术、工艺水平和人力资源素质较高，在手机、半导体、汽车、网络游戏等领域，韩国企业已拥有某些世界领先的技术。

（2）韩国签署的多个自由贸易协定可为中国企业投资韩国提供开拓海外市场的便利。由于韩国跟世界差不多100多个国家签订了投资保障协定或者包括投资保障协定在内的自贸区协定，利用韩国这种和美国、欧盟以及其他国家之间的自贸区协定，中国企业的产品比较容易出口到美国、欧盟等海外市场。

（3）两国技术水平大体相当的新兴产业（如航空产业和风电、太阳能等新能源产业），以及市场需求稳定增长的酒店、旅游、餐饮等服务行业，中国对韩投资具有良好的前景。

五、中国对韩投资所面临的主要困难

（1）韩国的要素成本较高，社会因素影响较大。由于韩国劳动力成本是中国的5~6倍，加之工会力量强大，易于产生劳资纠纷，中国企业投资项目的本地化难度与经营风险较大。韩国较高的地价也使投资和经营的成本增加。

（2）中国企业对韩国的并购投资缺乏有影响力的成功案例。由于海外投资经验、国际化发展经验不足等原因，中国企业在韩国的并购投资存在着投资赢利率低、与韩国企业合作期不长等问题。

（3）韩国对外资进入金融、航空、海运、医药、建筑等行业设置的门槛较高。例如，韩国规定工程承包商必须在当地有业绩方可进入韩国市场。中国企业在海外承包工程具有较强的实力，也具有一定的投资能力，但因为韩国的这一规定，目前在韩国工程承包市场上尚没有一家中国企业，也就堵住了中国企业投资进入韩国建筑业的路子。

（4）韩国对本土企业和产品的保护意识很强。例如，2004年至2006年间，北京同仁堂产的牛黄清心丸在韩国原本口碑很好，也通过了韩国的药品检验，其结果均合格。但受韩国媒体相关报道、炒作的影响，消费者对所有中国产的牛黄清心丸都有了戒备或不信任的心理，同仁堂的产品销量由此“一泻千里”，更难以去韩国投资生产中药产品。

（5）韩国政府对技术外流的警惕和对外国企业投资的技术壁垒。技术保护与技术壁垒对于以谋求技术为投资动因的中国企业来说，自然会影响其投资或再投资的积极性。在韩国的高科技企业招标方面，不少中国公司（例如华为）都遇到过贸易保护和技术壁垒的情况。

（6）中国企业自身的不足。上述困难属于中国企业面临的外部因素挑战。而从中国企业自身的情况看，也普遍存在着缺乏跨国经营经验、对新市场法规和风险的了解不够以及国际化经营专业人才稀缺等问题。

六、促进中国对韩投资的建议

未来促进中国对韩投资健康发展，需要中韩两国政府、企业和民间共同做出努力。

（1）从中国方面来讲，促进海外投资有助于深化中国经济融入经济全球化进程，充分利用、有效整合国内、国际两个市场、两种资源，培育和提升国际竞争力。中国政府应更加积极地研究对韩投资的总体战略，给予企业更科学、更适用的规划指导，加强相关服务信息平台的建设，并降低中小企业赴海外投资的门槛，尽量简化审批程序。

（2）吸引更多的中国企业投资，对韩国经济也有着深远的战略意义。中韩企业优势互补、双向投资，不仅有助于双方开拓广阔的全球市场，也有利于韩国企业更好地进入不断增长、潜力巨大的中国市场。为促进中国对韩投资，韩国政府需要采取恰当的公共关系策略，化解韩国民众对中国资本流入的疑虑；应简化相关手续，使中国企业投资韩国更加便利化；还可在某些领域率先降低或拆除投资壁垒，与中国共同创造条件，培育几个具有广泛示范效应的中国企业投资韩国实现双赢的“成功范例”，从而增强中韩双方对中国企业投资进入韩国的意愿和信心。

（3）就中国企业而言，海外投资要获得成功，需实现国际化（形成遵循国际市场惯例的跨国经营能力）与本地化（形成契合对象国特定市场环境的经营模式）的“两个转型”。在投资韩国市场时，需充分了解构成其投资环境的各种有利因素和约束条件，找准市场定位，恰当选择能够实现优势互补、互利双赢的投资方式和经营模式。企业成功的海外投资，是企业发展方式的深刻转型，因此企业决策层应有“再次创业”的战略意识，要充分意识到在中国市场的成功并不意味着在韩国市场也能成功，不能将企业在中国的经营模式、管理方式、企业文化简单移植到韩国，而应把推进企业国际化经营与注重企业本地化结合起来——逐步融入韩国的商业生态环境。要逐步培养出一支熟悉国际商业惯例、国际市场和韩国国情、韩国市场的人才队伍；着力提升企业在韩国的公众形象，致力企业品牌建设，热心承担社会责任，形成良好的口碑效应。在市场开拓上，应高瞻远瞩，既着眼韩国市场，也瞄准更广大的国际市场，不刻意追求短期、单边赢利，而要有长远、总量的战略，以求在“互利双赢”的基础上实现持续发展。此外，中方企业还应探索多种新的投资方式和适度多元化的投资经营策略。

总而言之，中国对韩投资仍有很大的发展空间。今后，随着中国经济实力和企业国际化经营能力进一步增强，在中韩政府与民间的共同努力下，预计未来中国对韩投资将呈现更加多元、更有活力的增长态势。

（林勇明，国家发改委投资研究所副研究员）

参考文献：

1. 许兴镐．中国企业对韩国直接投资的现况与特征，百度文库．

2. 李大植．中国对韩投资的现状及模式，百度文库．

3. 投资韩国　中国公司遭遇跨国“尴尬”．中国贸易报，2011－05－26.

4. 韩国知识经济部网站．

5. 韩国工商与能源部网站．

6. 岳世光．我国企业对韩国直接投资的现状分析．郑州航空工业管理学院学报（社会科学版），2008（5）．

7. 2009 年中国对外直接投资统计年鉴．2010. 9.

8. 中国企业海外并购成功与失败案例大汇总，百度文库．

9. 卢进勇．入世与中国利用外资和海外投资［M］．北京：对外经济贸易大学出版社，2001.

10. 2009 年中国企业对外投资现状及意向调查报告．

11. SUNG－HOON LIM. How Chinese Foreign Direct Investment Can Achieve Success in Korea：M&A Deals in the Automotive and Semiconductor Industries，Issues & Studies，2008. 9.

韩中各地区新兴产业发展计划与启示

卢琇妍

一、序论

世界各国为了摆脱低增长的困境，在经济危机后经济重组过程中更上一层楼，集中力量培育新兴产业作为新的增长动力。美国2000年发布了NNI（National Nano Initiative），积极培育纳米、生物、信息、能源、环境、航天技术等广泛意义上的纳米技术。日本2005年公布了七大新兴产业创造战略，包括燃料电池、信息家电、机器人、文化产业（contents）、健康福利、环境能源、商务支持等。EU2008年发布了LMI（Lead Market Initiative），正在培育e－Health、生物产品、资源再利用、建设、protective textiles、可再生能源六大部门。

在亚洲经济扮演着主要角色的韩国和中国也不例外。韩国2008年公布了《新增长动力的前景和发展战略》，制定了能源环境、输送系统、新型信息技术（New IT）、整合性新兴产业、生物、知识服务六大部门22个新增长动力。紧接着，韩国政府2009年发布绿色技术产业、高端整合产业、高附加值服务业三大类17个新增长动力。中国在主要国家当中起步最晚，2010年公布了战略性新兴产业发展计划，将节能环保、新一代信息技术、生物、高端装备制造、新能源、新材料、新能源汽车等产业作为未来增长动力积极培育。

之前关于韩中新增长动力的探讨主要围绕着两国新增长动力

产业的共同点和两国合作方案这两个话题。然而，作为世界大国，中国大陆有31个不同特点的省市区，我们分析中国的战略性新兴产业发展计划和现状时不能光从单个国家的角度看问题。因此我们从国家和地方两个层面将韩中两国新兴产业的发展计划进行分析，最后从中找出一些启示。

二、韩国和中国的新兴产业发展计划

（一）韩国

韩国政府早在2009年1月就提出了17个作为未来10年后能够成为韩国经济支柱的增长动力产业（见表1）。17个新增长动力产业由绿色技术、高端整合、高附加值服务三大方面组成。前任政府时期曾由前产业资源部和信息通信部主导提出了十大新一代增长动力，主要局限在制造业和信息技术。相比之下，现任政府提出的新增长动力包含了新能源和可再生能源、低碳能源、高端绿色城市等支持低碳绿色增长的绿色技术部门和全球医疗保健、全球教育服务等高附加值服务业。为了促进新增长动力产业发展，韩国政府在2009年5月召开的VIP财政战略会议上通过了《新增长动力综合推进计划》，决定到2013年共有24.5万亿韩元的财政支出投入到17个新增长动力产业。具体为，14.1万亿韩元投入R&D课题上，另外10.4万亿韩元投入财政事业、改善制度、营造市场等非R&D课题上。据韩国政府的预测，如果新增长动力培育成功，到2018年该产业的附加值将达到694万亿韩元，出口额9200亿美元，并在10年间创造352万个工作岗位。

表1 韩国的新增长动力产业

部门	新增长动力	具体产业
绿色技术产业	新能源和可再生能源	太阳能、风电、燃料电池
	低碳能源	碳捕获和储存、核电
	高端水处理	智能上水道、环境友好性可替代水源
	LED 应用	TV、汽车用 LED 灯
	绿色输送系统	电动车等新能源汽车、WISE SHIP
	高端绿色城市	U－City、ITS、GIS 等
高端整合产业	广播通信整合产业	3DTV、IPTV 新一代整合网络
	IT 整合系统	智能汽车、系统半导体、新一代显示器等
	机器人应用	产业用机器人、智能机器人、服务型机器人
	新材料、纳米整合	十大核心材料、纳米整合材料
	生物制药（资源）、医疗机器	生物医药、器官、生物化学、医疗机器
	高附加值食品产业	功能性食品、康乐传统食品等
高附加值服务业	全球医疗保健	u－health、吸引国外病人等
	全球教育系统	e－learning 基础设施、吸引外国人教育等
	绿色金融	绿色企业贷款、绿色产业基金、基础设施基金等
	文化内容软件	游戏、虚拟内容、SW 等
	MICE 观光	会议、奖励旅游、展览、国际活动等

资料来源：韩国知识经济部，新成长动力综合推进计划（2009.5.26）。

（二）中国

中国政府2010年10月发表了《国务院关于加快培育和发展

战略性新兴产业的决定》，确定了培育和发展七大战略性新兴产业。中国政府所说的战略性新兴产业是指“以重大技术突破和重大发展需求为基础，对经济社会全局和长远发展具有重大引领带动作用，知识技术密集、物质资源消耗少、成长潜力大、综合效益好的产业”，类似于韩国的新增长动力产业。中国政府培育的七大战略性新兴产业有：节能环保、新一代信息技术、生物、高端装备制造、新能源、新材料和新能源汽车有关产业（表2）。

表2　中国“十二五”规划时期的战略性新兴产业

战略性新兴产业	具体产业
节能环保产业	节能环保产业重点发展高效节能、先进环保、资源循环利用关键技术装备、产品和服务
新一代信息技术产业	新一代信息技术产业重点发展新一代移动通信、下一代互联网、三网融合、物联网、云计算、集成电路、新型显示、高端软件、高端服务器和信息服务
生物产业	生物医药、生物医学工程产品、生物农业、生物制造
高端装备制造产业	航空装备、卫星及应用、轨道交通装备、智能制造装备
新能源产业	新能源产业重点发展新一代核能、太阳能热利用和光伏光热发电、风电技术装备、智能电网、生物质能
新材料产业	新型功能材料、先进结构材料、高性能纤维及其复合材料、共性基础材料
新能源汽车产业	插电式混合动力汽车、纯电动汽车和燃料电池汽车技术

资料来源：《中华人民共和国国民经济和社会发展第十二个五年规划纲要》。

中国政府把战略性新兴产业的发展目标定为，到2015年达到GDP的8%，到2020年达到GDP的15%。① 为了达到此发展

① 2010年战略性新兴产业占GDP的4%左右。

目标，在2011～2015年间战略性新兴产业要年均实现24.1%的增长，2016～2020年要实现年均21.3%的增长，因此需要庞大的投入。

同时中国政府在“十二五”规划中也包括了培育发展战略性新兴产业，明确了“十二五”规划时期会继续重点培育战略性新兴产业的意向。[①] 为此，中国政府还会加强政策支持和引导。具体而言，设立战略性新兴产业发展专项资金和产业投资基金，扩大政府新兴产业创业投资规模，发挥多层次资本市场融资功能，带动社会资金投向处于创业早中期的创新型企业。综合运用风险补偿等财政优惠政策，鼓励金融机构加大信贷支持力度。完善鼓励创新、引导投资和消费的税收支持政策。加快建立有利于战略性新兴产业发展的行业标准和重要产品技术标准体系。支持新产品应用的配套基础设施建设，为培育和拓展市场需求创造良好环境。

2012年5月30日，中国国务院通过了《“十二五”国家战略性新兴产业发展规划》，在提出“十二五”规划时期七大战略性新兴产业的重点发展方向和主要任务的同时，还提出了20项重大工程。另外还强调，推动战略性新兴产业健康发展，要充分发挥市场配置资源的基础性作用，注重优化政策环境，激发市场主体积极性。加强自主创新，增强自主发展能力。加强国际交流合作，走开放式创新和国际化发展道路。

（三）韩中比较

韩国政府以实现低碳绿色增长为目标早在2008年开始强调了发展新增长动力产业。2008年李明博就任总统以来，新任政府发现韩国由于长期没找到能替代现成支柱产业的新兴产业，导

---

① 《中华人民共和国国民经济和社会发展第十二个五年规划纲要》。

致15年间滞留在世界第12名的位子，因此需要找出能够引领经济增长的新动力。随着国内外环境的变化，中国政府也发觉过去以低成本比较优势为主的资源依赖型、环境破坏型经济增长方式不能再引领经济增长，因此发布了战略性新兴产业，以强调绿色增长。

表3显示韩国三大类、17个新增长动力产业和中国七大战略性新兴产业间重复的产业。从表中看出，绿色技术方面有五个产业重复，高端整合方面有五个产业重复，证明两国推进的新增长动力产业非常有相似之处。这意味着两国在该产业成为竞争对手的同时，还可以成为合作互补的伙伴。还有一点值得一提，中国的战略性新型产业主要集中在高端制造业，韩国还把高附加值服务业定为重点产业，积极培育发展医疗健康、教育、金融、软件、旅游等产业。这说明，除了极少数制造业以外，两国之间的技术差距日益缩小，因此韩国将来可以把服务业定为自己的强项，比中国先行一步。

表3 韩中新增长动力产业间的重复产业

部门	新增长动力产业
绿色技术产业	新能源和可再生能源、低碳能源、高端水处理、LED利用、绿色输送系统
高端整合产业	广播通信整合产业、IT整合系统、新材料、纳米整合、生物制药（资源）

三、韩中各地区的新兴产业发展计划

（一）韩国

韩国在国家层次培育发展17个新增长动力产业的同时，在地方层次也培育新增长动力产业。地方政府层次的新增长动力产业大致有地区战略产业和广域主导产业。广域主导产业主要根据研究与发展由广域主导产业支援团进行培育。相反，地区战略产业由技术园区和部分地区的地区特色中心进行培育。各市和道指定2~4个地区战略产业，但该地区战略产业发展事业将要在2012年结束。

随着研发资源、研发人力资源、研发机构等加强地区创新能力的各种资源越来越集中到以首尔市为中心的首都圈，韩国政府为了把创新资源均衡分配到全国，2004年建立了《国家均衡发展五年计划》，引进了地区战略产业发展事业，以在各地区打好产业基础，同时发展当地经济，根据各地经济特点选择战略产业，为该战略产业的基础设施和服务提供各种扶持。该事业的共同特点是：全国16个行政单位（市道）一律选择4个战略产业，在该战略产业范围内扶持地区振兴事业、建立技术园区、地区创新中心、研发事业等。因此，各地选择地区战略产业是执行地区战略产业发展事业的最核心内容。

表4显示16个行政单位的四大地区战略产业。由表中看出，16个地区的选择以制造业为主，特别是电子、机械、生物产业等比较集中，地区间的差异不太明显。比如，很多地方政府选择生物产业作为地区战略产业，这是因为地方政府要想发展高端知识为基础的制造业，短时间内不能保障有成果，但相反，生物产业跟当地特产有紧密关系，即使当地制造业基础薄弱，也可以试着培育。①

表4　16个行政单位的地区战略产业

地　区	战略产业
首尔	数码内容、信息通信、金融及企业支持服务、生物
釜山	港口物流、机械配件材料、观光展览、影像·IT
大邱	纤维、机电一体化、电子信息机器、生物

① 国会预算政策处（2009），地域战略产业培训事业评估：P. 35。

续表

地　区	战略产业
仁川	物流、汽车、机械金属、信息通信
大田	信息通信、生物、高端配件材料、机电一体化
光州	光产业、信息家电、汽车·高端配件材料、设计·文化
蔚山	汽车、造船海洋、精细化学、环保产业
京畿	信息通信、生命产业、文化内容、国际物流业
江原	生物、医疗仪器、新材料·防灾、观光文化
忠北	生物、半导体、移动通信、下一代园区
忠南	电子信息仪器、汽车及零部件、高端文化、农畜产生物
全北	汽车零部件及机械、生物、放射线正和技术及可替代能源、传统文化·影像·观光
全南	生物、新材料·造船、物流、文化观光
庆北	电子信息仪器、新材料及零部件、生物·中医、文化观光
庆南	以知识基础的机械、机器人、智能住宅、生物
济州	观光、保健美容、环境友好型农业生命、数码内容

资料来源：国会预算政策处（2009）．地域战略产业培育事业评估：p. 31。

随着世界经济的全球化和区域化，韩国政府从 2008 年开始把全国 16 个行政单位分成 5 +2 广域经济圈培育广域主导产业。图 1 为知识经济部 2012 年发布的广域主导战略产业，它是把过去广域经济圈主导产业和地区战略产业整合的。根据图 1，未来增长动力产业，忠清圈选为生物医药和新一代能源；湖南圈选为新能源和可再生能源及养生（life care）；大庆圈选为绿色能源和 IT 整合；东南圈选为能源发电站和绿色化工材料；江原圈选为功能性新材料；济州圈选为风电服务。

另外，代表性主导产业，忠清圈选为 NEW IT 和整合机械零部件；湖南圈选为光整合和环境友好型输送机械；大庆圈选为高端机械零部件和高端整合材料；东南圈选为输送机械和造船海洋；江原圈选为生物医疗和保健；济州圈选为新一代食品。

韩国政府为了调整广域经济圈主导产业的冲突尽了一切努

力。例如，三个区域都把太阳能产业选为未来增长动力产业，但具体把零部件部门分配给忠清圈，把材料部门分配给湖南圈，把设备部门分配给大庆圈。再如医疗仪器，大庆圈选为治疗及保健用仪器，江原圈专门为电子医疗仪器。汽车零部件也如此，虽然都是环境友好型汽车及零部件产业，但湖南圈具体选为柴油车电气零部件和底盘等，东南圈选为发动机驱动零部件和安全配件等。另外，大庆圈的智能汽车零部件是指智能传感器模块、提高电力效率的模块等，又跟湖南圈、东南圈不同。至于纳米整合材料产业，忠清圈选为以化工材料为基础，大庆圈选为以陶瓷和金属为基础。

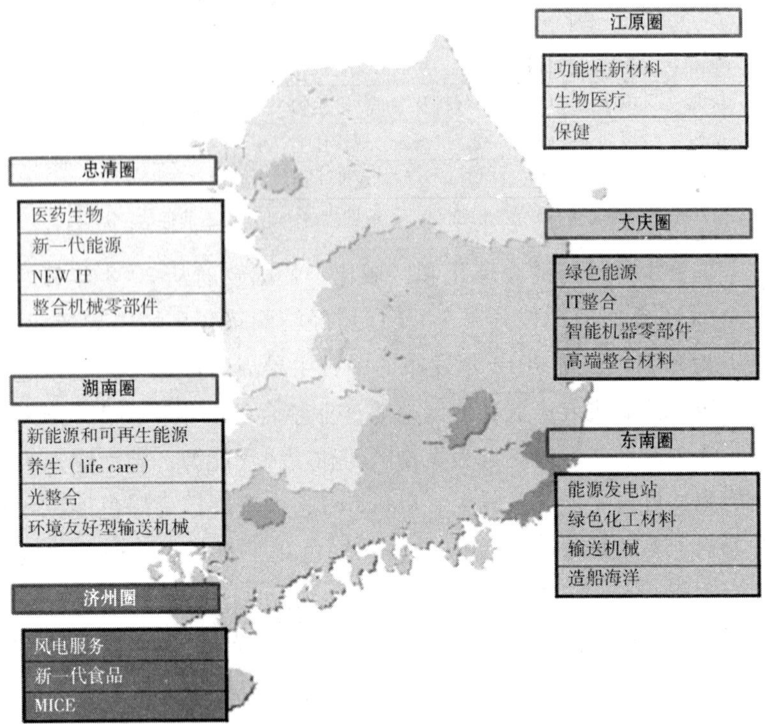

图1　广域经济圈的主导战略产业

资料来源：《产业日报》(2012.2.26)，韩国知识经济部，确立先进战略产业。

（二）中国

众所周知，中国大陆由31个省级行政单位组成，各地区的经济社会发展速度不同，因此我们研究中国时，还需要地方层次的观察和分析。根据31个省市2011年发布的“十二五”规划的内容，30个省市（西藏自治区除外）计划在“十二五”时期培育发展的战略性新兴产业少则4个，多则7个。特别是生物、新能源和新材料产业，除了西藏自治区（生物、新能源、新材料）、山西省（生物）、贵州省（新能源、新材料）以外，29个省市都计划将其定为战略性新兴产业积极培育，地区间战略性新兴产业重复现象比较严重。

表5　中国31个省区市“十二五”规划发布的战略性新兴产业

区域	省市	新一代IT技术	生物	高端装备制造	新能源	新材料	新能源汽车	节能环保
华北地区	北京	○	○	○	○	○	○	○
	天津	○	○	○	○	○	×	×
	河北	○	○	○	○	○	×	○
	山东	○	○	○	○	○	×	○
东北地区	辽宁	○	○	×	○	○	×	○
	吉林	○	○	○	○	○	○	○
	黑龙江	×	○	○	○	○	×	×
华东地区	上海	○	○	○	○	○	○	○
	江苏	○	○	○	○	○	×	○
	浙江	○	○	○	○	○	○	○
华南地区	福建	○	○	○	○	○	×	○
	广东	○	○	○	○	○	○	○
	海南	○	○	×	○	○	×	×

续表

区域	省市	新一代IT技术	生物	高端装备制造	新能源	新材料	新能源汽车	节能环保
中部地区	安徽	○	○	○	○	○	○	○
	江西	×	○	○	○	○	○	×
	河南	×	○	×	○	○	○	○
	湖南	○	○	○	○	○	×	○
	湖北	○	○	○	○	○	○	○
	山西	×	×	○	○	○	○	○
西部地区	重庆	○	○	○	○	○	○	○
	内蒙古	○	○	×	○	○	×	○
	四川	○	○	○	○	○	×	○
	陕西	○	○	○	○	○	○	○
	广西	○	○	○	○	○	○	○
	青海	×	○	○	○	○	×	×
	云南	×	○	○	○	○	○	○
	贵州	×	○	○	×	×	○	○
	西藏	×	×	×	×	×	×	×
	宁夏	○	○	○	○	○	×	○
	甘肃	○	○	○	○	○	×	×
	新疆	○	○	○	○	○	○	○

注：○表示列入规划，×表示未列入。

资料来源：中国31个省区市“十二五”规划。

另外，在“十二五”规划时期战略性新兴产业发展计划中，中国政府还强调了加强科技能力，由此可见，科技是战略性新兴产业发展的核心资源。因此，各省市能否发展战略性新兴产业和该地区所拥有的科技能力有密切关系。图2为各省市

2010 年 R&D 经费支出规模和 2009 年 R&D 人力资源规模。至于 2010 年 R&D 经费支出，江苏省为 857 亿元排在第一名，北京市（822 亿元）和广东省（809 亿元）依次排在第二名和第三名，但第四名山东省的 R&D 经费支出只有 672 亿元，远远不如第三名广东省的 809 亿元。至于 2009 年 R&D 人力资源规模，广东省约为 28.4 万名，排在第一位；江苏省为 27.3 万名（第二位）；北京市约为 19.2 万名（第三位）。由此可见，R&D 支出和人力资源都集中在北京市、江苏省以及广东省等部分省市。

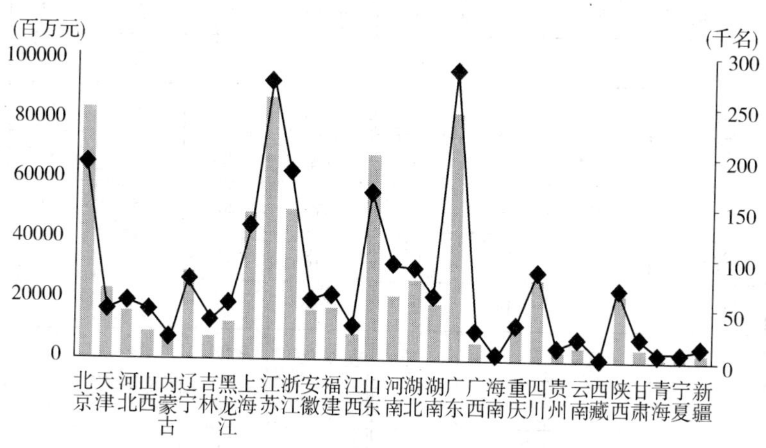

图 2　各地区 R&D 经费支出和人力规模

资料来源：CEIC（检索日：2012. 5. 30）。

《中国区域创新能力报告 2011》将区域创新能力从知识创造、知识获取、企业创新、创新环境、创新绩效五方面进行评估，给 31 个省市排名。根据此评估，前七位地区有江苏省、广东省、北京市、上海市、浙江省、山东省和天津市，连续 3 年没有变化（见表 6）。

表6 2011年各地区创新能力排名变化

地区	2011年排名	2010年排名	变化	地区	2011年排名	2010年排名	变化
江苏	1	1	0	河南	17	15	-2
广东	2	2	0	江西	18	22	4
北京	3	3	0	河北	19	18	-1
上海	4	4	0	黑龙江	20	19	-1
浙江	5	5	0	内蒙古	21	26	5
山东	6	6	0	广西	22	20	-2
天津	7	7	0	山西	23	17	-6
辽宁	8	12	4	贵州	24	29	5
四川	9	9	0	甘肃	25	28	3
重庆	10	10	0	云南	26	25	-1
湖南	11	11	0	海南	27	23	-4
陕西	12	14	2	新疆	28	30	2
湖北	13	8	-5	宁夏	29	24	-5
福建	14	16	2	青海	30	31	1
安徽	15	13	-2	西藏	31	30	-1
吉林	16	21	5				

资料来源：科技日报（2011.12.21），《中国区域创新能力报告2011》出炉。

基于以上R&D能力和创新能力，中国科技资源和能力最为集中的地区是北京市、山东省、江苏省、上海市、浙江省和广东省六个地区。由这六个省市组成的第一类地区的R&D经费支出在2010年全中国R&D经费支出中占58.6%，在2009年全中国R&D人力资源中占53.7%，换言之，该六省市占全中国R&D资源的一半以上，在中国R&D发展上起着非常重要的作用。第二类地区包括辽宁省、天津市、河南省、湖北省、陕西省和四川省，此六省市也相对集中分布了科技资源。

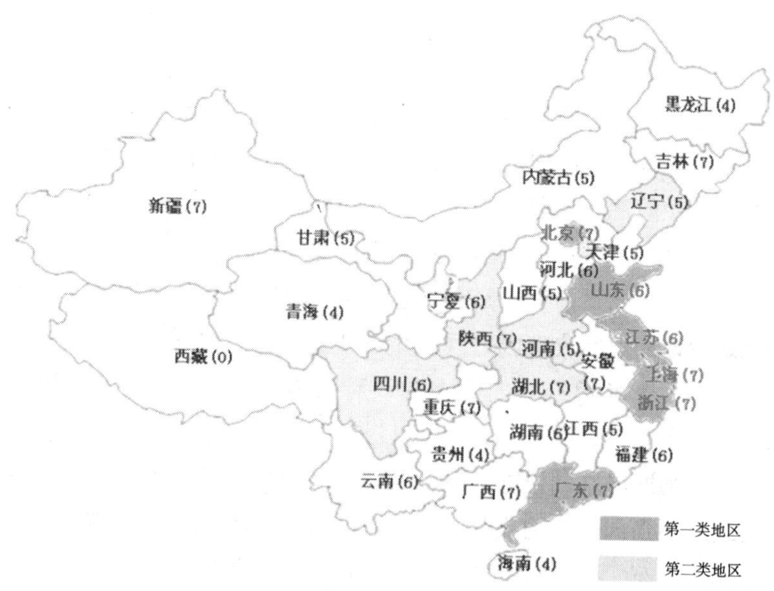

图3　中国大陆31省区市战略性新兴产业目标和科技发展现状

图3显示31个省区市在“十二五”规划时期计划培育发展的战略性新兴产业的数量。第一类地区和第二类地区表示科技资源和能力相对集中的地方，该地方因为科技基础较为雄厚，培育战略性新兴产业的可行性比其他地方要高。图中显示，第一类地区大部分计划培育发展6~7个战略性新兴产业。第二类地区包括四川省、陕西省、湖北省等最近经济快速增长的省市，被中国政府称为新的经济增长轴，这些地区也计划培育发展5~7个战略性新兴产业。科技资源相对缺乏的云南省、吉林省、广西自治区以及新疆自治区等地也计划培育发展7个战略性新兴产业，这些地区除非发布更详细的执行方案，否则到2015年难以实现发展目标。

四、启示

韩国为了制止地方政府之间的恶性竞争，在制定广域经济圈主导战略产业的过程当中不断与各个广域经济圈地方政府进行洽谈。韩国政府完成图1所显示的广域经济圈主导战略产业分布图之前，在能源、机械、汽车、医药生物方面地区之间难免有重复，但最终经过多次协商圆满避开重复现象。

但是中国目前为止只有国家层面的战略性新兴产业培育发展计划，该如何解决地区之间发生的重复竞争问题尚未充分探讨。实际上，在2012年3月发布的政府工作报告中，中国政府强调要制止太阳能、风电等产业盲目扩张，同时发展新一代信息技术，加强网络基础设施建设，推动三网融合取得实质性进展。中国政府还强调要大力发展高端装备制造、节能环保、生物医药、新能源汽车、新材料等产业。[①] 中国中央政府今后考虑到各地区的产业机构和发展计划，有望提出各地区重点培育的战略性新兴产业调整方案。因此，韩中两国探索地区间合作时，有必要从地区层面深层次分析该地区的新增长动力产业计划和发展现状。

本文第二部分已证明，韩中两国的新兴产业当中有不少行业在重复，特别是高端制造业。其中两国最近积极投资的五个新增长动力产业，即太阳能、风电、IT整合、生物制药、绿色输送系统（电动车），明显看出韩国主要大企业把资源集中投入到该五个行业。[②] 中国依托中央政府的积极扶持政策和广大内需市场的优势能够发挥规模经济效应，但韩国在这些方面并没有明显的竞争优势。因此我们在绿色技术、整合产业等新兴制造业方面和

---

① 中国国务院.2012年政府工作报告，2012.3.5。

② 全国经济人联合会（2011）. 中日韩新成长动力产业比较，P.1。

中国加强技术合作的同时，应更注重高附加值服务业的共同发展。特别是随着今后中国经济持续发展和居民收入持续增加，以东部沿海地区为中心会出现高端服务业市场。韩国和中国在经济增长的经历和文化等各方面有相同之处，并且韩国在服务业方面拥有丰富的经验，因此韩国的经验比西方国家的经验更容易被中国吸收。

（卢琇妍，韩国对外经济政策研究院中国区域市场研究组副研究委员）

参考文献：

1. KIEP 北京代表处（2011），“十二五”规划期间中国各省市战略新兴产业培育方案，韩国对外经济政策研究院.

2. KOICHI（2011），通过“十二五”规划看中国地方政府的新兴战略产业，KOTRA.

3. 国会预算政策处（2009），地域战略产业培育事业评估.

4. 产业日报（2012. 2. 26），知识经济部，确立先进战略产业.

5. Jang Sheok In（2010），韩国的新成长动力发展战略和中韩合作方向与课题.

6. 全国经济人联合会（2011），中日韩新成长动力产业比较.

7. 知识经济部（2009. 5. 26），新成长动力综合推进计划.

8. 江西省人民政府（2011. 3. 29），江西省国民经济和社会发展第十二个五年规划纲要.

9. 科技日报（2011. 12. 21），《中国区域创新能力报告2011》出炉.

10. 广东省人民政府（2011. 4. 19），广东省国民经济和社会发展第十二个五年规划纲要.

11. 广西日报（2011. 5. 18），广西壮族自治区国民经济和社会发展第十二个五年规划纲要.

12. 贵州日报（2011. 1. 29），贵州省国民经济和社会发展第十二个五年规划纲要.

13. 吉林省人民政府（2011. 5. 18），吉林省国民经济和社会发展第十二个五年规划纲要.

14. 内蒙古自治区人民政府（2011. 1. 28），内蒙古自治区国民经济和社会发展第十二个五年规划纲要.

15. 宁夏回族自治区（2011. 1. 25），宁夏回族自治区国民经济和社会发展第十二个五年规划纲要.

16. 大众网（2011. 1. 19），解读《甘肃省国民经济和社会发展第十二个五年规划纲要》.

17. 福建省人民政府（2011. 1. 25），福建省国民经济和社会发展第十二个五年规划纲要.

18. 北京市改革和发展委员会，北京市国民经济和社会发展第十二个五年规划纲要（检索日：2012. 5. 31）.

19. 四川日报（2011. 1. 28），四川省国民经济和社会发展第十二个五年规划纲要.

20. 山东省人民政府（2011. 4. 1），山东省国民经济和社会发展第十二个五年规划纲要.

21. 山西社会主义学院，山西省国民经济和社会发展第十二个五年规划纲要（检索日：2012. 5. 30）.

22. 西藏自治区人民政府（2011. 1. 16），西藏自治区国民经济和社会发展第十二个五年规划纲要.

23. 陕西省人民政府（2011. 1. 22），陕西省国民经济和社会发展第十二个五年规划纲要.

24. 新疆维吾尔自治区人民政府（2011. 5. 3），新疆维吾尔自治区国民经济和社会发展第十二个五年规划纲要.

25. 新华网（2011.3.17），中华人民共和国国民经济和社会发展第十二个五年规划纲要.

26. 新华日报（2011.3.22），江苏省国民经济和社会发展第十二个五年规划纲要.

27. 安徽省人民政府（2011.3.7），安徽省国民经济和社会发展第十二个五年规划纲要.

28. 辽宁省人民政府（2011.4.1），辽宁省国民经济和社会发展第十二个五年规划纲要.

29. 云南省人民政府（2011.6.2），云南省国民经济和社会发展第十二个五年规划纲要.

30. 浙江省人民政府（2011.1.25），浙江省国民经济和社会发展第十二个五年规划纲要.

31. 重庆市人民政府（2011.1.24），重庆市国民经济和社会发展第十二个五年规划纲要.

32. 天津网（2011.1.24），关于天津市国民经济和社会发展第十二个五年规划纲要的报告.

33. 青海省人民政府（2011.2.14），青海省国民经济和社会发展第十二个五年规划纲要.

34. 河南省人民政府（2011.4.20），河南省国民经济和社会发展第十二个五年规划纲要.

35. 河北省人民政府（2011.1.24），河北省国民经济和社会发展第十二个五年规划纲要.

36. 海南省人民政府（2011.3.3），海南省国民经济和社会发展第十二个五年规划纲要.

37. 解放日报（2011.1.24），上海市国民经济和社会发展第十二个五年规划纲要.

38. 湖南频道（2011.5.5），湖南省国民经济和社会发展第十二个五年规划纲要.

39. 湖北省人民政府（2011.2.27），湖北省国民经济和社会发展第十二个五年规划纲要.

40. 黑龙江省人民政府（2011.1.27），黑龙江省国民经济和社会发展第十二个五年规划纲要.

41. CEIC（检索日：2012.5.30）.

中韩绿色新兴产业合作发展的前景与对策研究

姜　江

绿色新兴产业是对那些环境友好、处于发展初期、未来发展前景广、知识密集度高、附加价值大并有利于促进其他行业部门节能减排、可持续发展的各类产业的统称。近年来，伴随全球资源环境问题进一步突显，主要发达国家纷纷加大投入力度，颁布专项战略行动计划，积极培育发展节能环保、新能源、生物、新一代信息技术等新兴产业。世界范围内绿色新兴产业呈现蓬勃发展的态势，同时，表现出国际化、知识化、集聚化以及创新带动和需求拉动并存、市场和政府均高度重视等特点。在这种背景下，中国、韩国有必要把握全球绿色新兴产业发展的新趋势新特征，以合作促发展，通过优势互补实现互惠互利，在新一轮全球科技经济竞争中共同构筑新优势。

一、中韩合作发展绿色新兴产业具有广阔的前景

（一）绿色新兴产业具有广阔的发展前景

绿色新兴产业代表科技产业未来发展方向，符合当代知识经济、循环经济、低碳经济发展潮流，对各国和全球经济具有显著的引领带动作用。2008 年底金融危机之后，很多国家都把培育发展绿色新兴产业作为实现本国经济振兴、抢占新一轮科技经济

竞争制高点的重要抓手。绿色新兴产业普遍具有强大的发展潜力。例如，节能环保、新材料、智能制造等由于其具有较长的产业链、关联度高、涉及领域广，近年来在很多国家和地区都显示出强劲的发展势头。以下一代信息网络、移动通信、集成电路、云计算、物联网为代表的新一代信息技术产业，生物医药、生物育种等生物产业，光伏、风电等新能源产业，近年来全球产值都持续保持二位数以上的增长速度。

（二）国际化是绿色新兴产业发展的重要路径

区别于传统产业从国内到国际的一般发展路径，绿色新兴产业在发展初期就显现出国际化的趋势和特征。究其原因，一是由于节能环保、新能源、生物等绿色新兴产业以解决全社会面临的能源资源、人类生命健康等问题为目标，直接关系人类社会的可持续发展，针对的都是全球性课题。二是由于世界经济正处于一个大调整、大变革、大重组的关键时期，各国都面临培育新经济增长点的紧迫任务，迫切需要通过利用国内外相关要素资源加快培育发展绿色新兴产业实现新一轮的经济增长。三是由于绿色新兴产业具有高知识密集和资金密集的特征，发展前期所需投入和面临的风险较大，开发和回报周期较长，因此，跨国联合开发、共享研究成果并积极推动研究成果在全球市场的应用，更有利于突破技术资金障碍和分担风险，实现绿色新兴产业的快速健康发展。一些国家已在绿色新兴产业领域的国际合作方面开展了有益的探索。中德自签署生物技术合作框架协议以来，通过技术共享、人才交流、企业合作、市场开放等方式，有力地促进了双方生物技术产业的共同发展。

（三）中韩高度重视培育发展绿色新兴产业

中国政府为推进经济发展方式转变和经济结构调整，做出了加快培育发展战略性新兴产业的重大部署。先于2010年10月发布了《国务院关于加快培育和发展战略性新兴产业的决定》（以下简称《决定》），明确了中国未来5～10年绿色新兴产业的重点发展方向和主要任务；后又围绕“7大领域24个重点方向”（表1）颁布了资金扶持、鼓励民营企业发展、鼓励产业国际化等若干具体措施；有关战略性新兴产业“十二五”时期乃至更长一段时间的规划也将于近期出台，进一步明确重点领域的发展方向和路线图，并部署十几项产业重大创新和应用示范工程。韩国政府也提出了绿色增长战略，发布了《绿色增展国家战略及五年计划》、《新增长动力规划及发展战略》、《绿色能源技术开发战略路线图》等。明确了重点发展能源与环境，新一代运输装备，新兴信息技术产业、生物产业、产业融合、知识服务等6大产业及太阳能电池、海洋生物燃料、绿色汽车等22个重点方向；并通过加大投入、拓宽投资渠道、加强节能减排监管等举措确保战略实施到位。

表1　中国战略性新兴产业重点培育的“7大领域24个重点方向”

重点领域	重点方向
节能环保	高效节能、先进环保、资源循环利用
新一代信息技术	下一代信息网络、电子核心基础产业、高端软件和新兴信息服务
生物	生物医药、生物医学工程、生物农业、生物制造
高端装备制造	航空装备、轨道交通装备、卫星及应用、海洋工程装备、智能制造装备
新能源	新一代核能、风能、太阳能、生物质能
新材料	新型功能材料、先进结构材料、高性能复合材料
新能源汽车	插电式混合动力汽车、纯电动汽车

资料来源：国务院2010年32号文《关于加快培育和发展战略性新兴产业的决定》。

表2　韩国绿色新兴领域重点发展的“6大领域22个新增长动力”

六大领域	22个新增长动力
能源、环境	无污染煤炭能源、海洋生物燃料、太阳能电池、二氧化碳的回收和资源化、燃料电池发电系统、核电站
运输系统	Green Car，船舶、海洋系统
新一代信息技术	半导体、显示器、下一代无线通信、LED照明、RFID/USN
产业融合	机器人、新材料与纳米融合、与IT融合的系统、广播与通信融合的媒体
生物	生物制药及医疗设备
知识服务	软件、设计、健康、文化内容

资料来源：韩国企业白皮书发刊纪念研讨会会议资料。

（四）中韩合作发展绿色新兴产业有利于取长补短互惠互利

中韩合作发展绿色新兴产业具有良好的基础和条件。一是中韩发展绿色新兴产业各有优势和特点，具有较强的互补性和广阔的合作空间。中国经过多年快速发展，在节能环保、信息、新能源、新材料、生物等产业已形成了比较完整的产业产品门类和较强的配套能力，同时，在资本投入、国内市场、人力资本总量、基础设施建设以及政策连续性稳定性等方面都有比较明显的优势。韩国拥有现代、三星、LG等国际知名的大企业，在汽车、信息等领域处于全球产业分工格局中比较高端的位置，发展绿色新兴产业较好的技术和人才基础。二是中韩建交以来经济科技合作交流日益频繁，合作发展绿色新兴产业具备良好的双边关系环境。随着中国的比较优势从低成本要素向创新要素不断转变，双方在绿色新兴领域的合作将面临更多新机遇和有利条件。三是在经济全球化和区域一体化向纵深发展的大背景下，中韩合作快速发展绿色新兴产业，有利于更好的发挥中韩两国在推进东北亚经济一体化中的先导作用，并进一步提升两国在全球经济中的地位和影响力。

二、中国绿色新兴产业发展现状和国际合作政策

（一）中国绿色新兴产业发展的现状

（1）部分产业已具较大规模。电子信息产业已成为中国第一大支柱产业。2011 年，中国电子信息产业实现销售收入 9.3 万亿元，增幅超过 20%。规模以上电子信息制造业行业收入、利润占全国工业比重分别达到 8.9% 和 6.1%，从业人员 940 万人，比 2010 年新增 60 万人，占城镇新增就业人口的 4.9%。2010 年，中国生物产业产值达到 16000 亿元，全国生物技术从业人员超过 200 万人。可再生能源发展迅猛。2011 年全国风电装机容量累计达到 6200 万千瓦，成为全球第一风电装机大国。中国光伏装机容量从 2010 年的 0.6GW 上升到了 2011 年的 2.2GW，增幅达 367%。在全球光伏市场低迷、欧债危机和美国“双反”的不利国际环境下，2011 年中国光伏组件产量达到 11GW，依然占据了全球近 50% 的市场份额。2010 年中国太阳能电池产量达到 10GW，占世界产量的 45%，连续四年太阳能电池产量居全球第一。2010 年中国新材料产业规模超过 6500 亿元，自 2005 年以来年均增长约 20%，其中，稀土功能材料、先进储能材料、光伏材料、有机硅、超硬材料、特种不锈钢、玻璃纤维及其复合材料等产能居世界前列。

（2）具备了一定的技术基础。在信息网络领域，具有自主知识产权的 TD－SCDMA 标准初步实现商业化应用，基于 IPV6

的下一代互联网试验取得重大进展。在风力发电装备制造领域，已经形成在陆上和近海建设大规模风电场的工程技术能力，初步具备了风电机组设计能力，多兆瓦级（大于2MW）风电机组研制工作取得突破，叶片、齿轮箱、发电机等关键零部件基本实现国产化。在光伏发电领域，多晶硅在合成、还原、尾气回收、氢化等技术环节均取得了较大进展，初步解决了千吨级生产线技术支撑的问题，部分生产装备实现国产化。在新能源汽车领域，自主研制出容量6Ah－100Ah的镍氢和锂离子动力电池系列产品，能量密度和功率密度接近国际水平，是世界上少数几个掌握车用百千瓦级燃料电池发动机研发、制造以及测试技术的国家之一。

（3）初步形成了一批高速成长企业和产业集聚区。在信息网络、医疗器械等新兴领域，涌现出华为、中兴、阿里巴巴、腾讯、东软、迈瑞等为代表的创新型骨干企业。在新能源领域，形成了无锡尚德、保定英利、华锐风电等龙头企业。同时，新兴产业呈现集聚发展态势，以北京中关村、武汉东湖高新区，上海、深圳、西安综合高技术产业基地等为代表，在中国的东、中、西部地区形成了一批快速发展的绿色新兴产业集聚区。

（4）各地高度重视绿色新兴产业发展。主要做法包括：一是加强组织领导，制定规划。如广东、浙江、深圳已成立了由主要省市领导担任组长的促进战略性新兴产业发展领导小组；江西、江苏、湖北、河南等发布实施了新兴产业重点领域的发展规划，辽宁出台了新兴产业指导目录。二是加大财政投入，支持新兴产业发展。如深圳将连续7年、每年安排15亿元，支持生物、新能源、互联网三大新兴产业的发展；山东将在3年内安排12亿元专项资金，重点支持新能源产业加快发展。三是组织实施重大市场培育和产业工程，打造优势特色产业链条。如北京提出实施12个重点工程，推进3G及新一代移动通信产业演进、纯电动汽车示范应用、新能源推广应用等；重庆提出实施提升创新基础能力、培育特色优势产业链、龙头企业培育壮大等7个重大工程。四是积极发展创业投资，引导社会资金投入。如湖南、上海、北京等7省市推动设立了创业投资基金。五是加快招商引资引智步伐。如辽宁实施“双百工程”，鼓励企业收购100个国外科技型企业和引进100个海外研发团队。

（5）中国具备培育发展绿色新兴产业的巨大潜力和诸多优势。一是具备市场优势。今后一段时期，随着我国工业化、城镇化快速发展，资源环境瓶颈约束日益强化，城乡居民消费结构升级，绿色新兴产业国内市场需求将快速增长，潜力巨大。二是具有人力资本积累的优势。中国科技人员总量已居世界第一，每年有数百万大学生毕业，教育和科技投入将持续保持快速增长。随着科技、教育改革发展不断深化，中国人力资本积累不仅表现为数量规模的迅速扩大，也必将出现质量水平的跃升。三是中国十分明确地将科教兴国和可持续发展作为两大基本国策，将科学发展观作为统领全局的基本指导方针，大力发展绿色新兴产业已成为国家发展战略和规划的重要内容。

（二）中国绿色新兴产业发展的主要制约因素

（1）现行体制机制尚不适应绿色新兴产业发展的要求。主要表现在如下几个方面：一是企业尚未真正成为技术创新的主体，大多数企业研发投入过少，仍未摆脱主要依赖压低要素成本进行价格竞争的传统发展模式，尚未真正转移到主要依靠创新要素驱动发展的轨道上来。二是产学研用结合的机制不健全，科技与经济脱节的问题仍比较突出，技术创新成果难以迅速有效实现产业化，知识产权管理不到位，不利于充分调动创新创业积极性。三是符合绿色新兴产业特点和要求的资本市场不完善，如天使投资、创业风险投资、场外交易等不发达，碳排放交易市场刚开始试点，融资体系不健全。四是部分领域管理体制改革滞后，如资源要素和资源性产品价格形成机制改革，电力体制、石油、电信等垄断性行业改革，食品、医药监管体制改革，金融体制改革等，都是制约相关行绿色新兴产业发展的重要因素。

（2）核心关键技术不掌握，自主创新能力不强。目前中国有些绿色新兴产业产能规模上虽然已经跻身世界前列，但若干核心关键技术和装备仍然主要依赖进口。如：目前中国风电装机容量位居全球第二位，但尚未建立自主的风况分析、预测及风电场设计系统，主流机型以引进国外技术为主，轴承、变流器、变桨器、控制器、叶片设计基本依赖国外。中国太阳能电池产量占世界的三分之二，但太阳能电池生产专用设备和材料基本依靠进口。光伏建筑一体化技术处于起步阶段，整体设计水平、与建筑结合的紧密度、技术标准和项目管理方面与国外存在较大差距。中国纯电动汽车、弱混合（BSG）和轻度混合（ISG）动力汽车的技术水平与发达国家接近，但在整车电子及控制技术、振动和噪声（NHV）技术，以及车身轻量化、造型设计、空气动力学等方面与国外相比仍有较大差距。近年来中国生物医药产业快速发展，规模跻身世界前列，但缺乏具有自主知识产权的原创药。

（3）各地方产业选择趋同，统筹协调难度较大。在中国，地方政府是推动经济发展不可忽视的重要力量。目前，各地方对培育、发展绿色新兴产业的积极性都很高，但在重点产业选择上重合度很高，盲目重复建设问题比较突出，导致同质化低水平恶性竞争，乃致某些新兴产业如风电设备、太阳能光伏组件制造出现阶段性的产能过剩。虽然中央政府制定了全国的绿色新兴产业发展规划，但如何在充分发挥市场配置资源基础性作用上有效统筹协调全国各地产业结构转型升级，仍需通过体制机制创新才能真正解决。

（三）中国推动绿色新兴产业发展国际合作的主要举措

根据绿色新兴产业的特点和发展规律，中国政府主要从以下几个方面着力推进绿色新兴产业的国际合作。

（1）针对我国部分领域研发技术实力不足等问题，鼓励产学研积极开展多层次多领域的跨国合作研发和国际科技合作交流。具体措施包括：鼓励境外企业和科研机构在中国设立研发机构；支持符合条件的外商投资企业与内资企业、研究机构合作申请国家科研项目；支持中国企业和研发机构积极开展全球研发服务外包，在境外开展联合研发和设立研发机构，在国外申请专利；鼓励中国企业和研发机构参与国际标准的制定，鼓励外商投资企业参与中国技术示范应用项目，共同形成国际标准。

（2）以多种渠道和方式充分利用国际投融资的资金资源，借鉴其运营模式。一是结合外商投资产业指导目录的不断修订完善，引导外资投向绿色新兴产业；二是积极鼓励外商在中国设立创业投资企业，充分借鉴其营运模式；三是支持有条件的本土企业开展境外投资，在境外以发行股票和债券等多种方式融资；四是扩大企业境外投资自主权，改进审批程序，加大对企业境外投资的政策支持力度；五是积极探索在海外建设科技和产业园区，为本土企业落户海外创造更便利的条件。

（3）大力支持绿色新兴产业领域的企业开展跨国经营。具体措施包括：完善出口信贷、保险等政策，结合对外援助等积极支持绿色新兴产业领域的重点产品、技术和服务开拓国际市场，鼓励自主知识产权技术标准在海外推广应用；支持企业通过境外注册商标、境外收购等方式，培育国际化品牌；加强企业和产品国际认证合作等。

此外，为落实《决定》提高绿色新兴产业国际化水平的有关内容，有关部门后期出台的《关于促进战略性新兴产业国际化发展的指导意见》（商产发［2011］310号），从以下方面进一步完善了推动绿色新兴产业的国际合作举措，包括：明确绿色新兴产业国际合作的重点领域、积极利用全球创新资源、开拓和利用国际市场、创新利用外资方式、推进国际合作建设创新基地、建立健全国际合作的有关政策体系以及规范国内市场秩序、提高服务水平等。

三、推进中韩绿色新兴产业重点领域国际合作的路径探讨

（一）节能环保产业

节能环保产业是一个典型的政策引导型产业。“十一五”以来，中国政府大力推进节能减排，发展循环经济，加速“两型”社会建设，节能环保产业发展明显加快，目前已初具规模。但与发达国家相比，创新能力不强、龙头企业缺乏、市场不规范、政策监管体制不健全、服务体系不完善等问题仍然比较突出。

韩国政府高度重视节能环保产业，视其为新经济增长动力，并将节能环保产业的发展作为本国实施低碳绿色增长战略的重要内容。不仅通过税收优惠、直接投入等方式鼓励企业配置节能设施、设备，为低收入群体提供用于更换节能产品的补贴；还通过能源利用效率标示制度强制政府部门、国有企业等使用节能产品；此外，还以多种形式开展节能宣传教育。[①]

可见，中韩都十分重视培育发展节能环保产业，双方具有较

① 韩国节能环保产业现状及其发展规划，www.4uauto.com/html/2012/fagui_0117/732.html。

好的合作条件和可开拓空间。可能的合作模式和路径有：建立中韩节能环保产业示范基地，鼓励双方节能环保技术、设备和服务优先在基地示范应用；双方对本国节能环保企业实施“走出去”战略给予支持，积极开展对外工程承包和劳务输出；为符合条件的企业到双方区域为本国投资和技术援助项目提供配套的环境技术服务；加强中韩节能环保领域的在技术研发、人才培养、服务创新等方面的交流和合作。

（二）新一代信息技术产业

信息技术正在并将继续深刻改变人类的生产和生活方式，新一代信息技术依然是产业结构优化升级最核心的技术。目前中国新一代信息技术产业在某些方面已形成一定的比较优势。信息网络基础设施建设成效显著，网民数量规模巨大，部分技术和产品接近或达到国外先进水平。但是，核心关键技术仍有待突破、新兴业态发展的体制机制尚不健全。

韩国具备发展新一代信息技术产业的较好产业基础，拥有三星、SK 电讯、韩国电信等国际知名企业，在商业模式创新方面积累了较丰富的经验，集成电路、第三代移动通信、移动互联网等领域的发展在全球处于比较先进的行列。此外，在 U－Korea 总体框架部署下，《物联网基础设施构建基本规划》[①]、《云计算全面振兴计划》[②] 全面实施，使得韩国物联网、云计算等新一代信息技术产业正迅速应用于社会经济生活的各个领域。

总体来看，在新一代信息技术产业中国的主要优势是市场和网络基础设施，韩国主要有时是技术和灵活的商业模式，中韩合

---

① 倪炜瑜，物联网各国政策综述——韩国篇，www. istis. sh. cn/list/list. aspx? id =7197。

② 中国贸促会电子信息行业分会编译，政府开创国内需求，韩国全面振兴云计算，it. sohu. com/20110916/n319602897. shtml。

作发展新一代信息技术产业的互补性十分显著。推进双方国际合作的主要路径是：积极开展下一代信息网络、物联网等领域的中韩科技合作与交流，鼓励韩国企业、研发机构来华落户，开发适合中国市场的产品和服务；鼓励中韩合作建立具有通用性的新一代信息技术标准；支持韩国信息企业在中国建立三网融合研发机构和高性能集成电路企业；促进通信终端、增值服务、数字内容等领域相互开放。

（三）高端装备产业

高端装备制造业包括航空、航天、轨道交通、海洋工程装备、智能制造装备等。高端装备不仅要有极高的技术性能，其制造过程和运行使用也必须满足严格的节能、环保标准。中国装备制造业已经形成门类齐全、规模巨大的产业体系，为高端装备的发展奠定了坚实的基础。但核心关键技术对外依存度高，缺乏具有自主知识产权和自主品牌的产品，基础元器件零部件发展滞后、配套服务体系发展缓慢等问题仍然突出，严重制约高端制造业健康发展。

高端装备制造产业中，韩国的优势主要在海洋工程装备领域，三星重工、大宇造船、现代重工等龙头企业在亚洲钻井船市场上占有重要地位，市场占有率高达90%以上。[①] 此外，韩国在电子设备、半导体、精密机械等领域已具有较强的技术积累和产业基础，为发展智能制造装备产业提供了较好的支撑条件。

中韩高端装备制造产业合作可选择的路径：充分利用双方的技术、人才、资金等创新资源，探索多种形式的研发合作模式，大力提升两国产业整体创新能力。如支持中国民用飞机（包括干

---

① 专家建议将海洋油气装备业列入新兴产业战略，《经济参考报》2010年3月9日。

线飞机、支线飞机、通用飞机)、先进轨道交通装备制造产业在韩国设厂，从事零部件生产和组装。① 鼓励韩国海洋工程装备、智能制造企业、研发机构来中国建厂和设立研发中心，开发适合中国市场的各类产品和服务模式。

(四) 生物产业

生命科学和生物技术将对改变传统发展模式、构建资源可再生和环境友好型产业体系、促进人类健康和可持续发展产生革命性影响。中国在生命科学和生物技术领域具有良好的基础和巨大市场空间，经过多年发展，产业规模持续扩大，新产品新技术研发取得积极进展，企业实力逐步增强。与此同时，也存在研发投入不足、国际竞争力不强、医药出口产品附加值低等问题。

韩国政府历来十分重视生物技术产业的发展，目前生物产业年产值已进入全球前 15 位，在发酵技术、干细胞技术、体细胞克隆牛、艾滋病 DNA 疫苗开发、抗除草剂作物等领域均达到世界先进水平。生物医药产业是韩国生物技术产业的主导产业，市场规模占一半以上，已拥有一批自主知识产权的生物药物。② 生物制造产业具有较强的国际竞争力，仅氨基酸产品就占全球市场的 20% 。③ 韩国扶持生物产业的主要经验是：集中力量于特色优势领域，重视以需求为导向、以产业化为目标，注重产学研结合并利用国内外资源共同促进产业发展等。

中韩生物产业合作的可行路径有：在生物医药领域，合作建

---

① 韩国航天航空产业现状及其发展政策措施，2010 年驻亚洲国家经商处（室）调研汇编，商务部网站。

② 张音等，亚洲生物医药产业的特点及我国可借鉴的经验，《中国医药技术经济与管理》2007 年 8 月第 1 卷第 4 期。

③ 尹军祥等，韩国分三步推动生物技术产业化，《科学时报》2010 年 8 月 30 日 B4 版。

设中韩生物产业基地，完善有利于双方联合研发、科技人员密切交流的运行机制；鼓励中韩企业联合承接欧美医药研发、生产外包等产业转移。在生物制造领域，开展多种形式的研发合作交流，鼓励韩国龙头企业来华建立研究中心和企业，支持技术领先的产品进入中国市场。在生物育种、生物能源等领域，支持企业优势互补联合发展，共同培育大型跨国经营集团，鼓励双方有条件的企业互相入境开展对外投资和合作。

（五）新能源产业

新能源技术发展和产业化是满足不断增长的能源需求、实现能源清洁化低碳化的根本出路。近10年来，中国新能源产业迅速发展，但新能源总体开发利用规模对改善能源结构的贡献仍比较低，作为一个新兴产业，还普遍存在着开发利用成本高、技术创新能力不强、产业体系薄弱等问题。

韩国十分重视新能源技术开发和产业发展，确立了以太阳能和风能为核心、以太阳能电池、风能、氢燃料电池和煤气化联合循环发电为优先领域的新能源发展架构，并采取加大资金投入、完善知识产权制度、鼓励大企业集团进军新能源领域、支持核电等优势领域实施出口战略等多项措施，促进新能源产业发展。[①]

鉴于中韩双方都面临紧迫的资源能源制约，而中国在太阳能、风能设备的生产和应用规模上占绝对优势，核电也已形成较强的技术和产业基础，韩国民用核能技术处于国际领先水平，双方合作的主要路径可选择：联合开发新一代核电技术的研发及关键设备、部件的制造，提高核电安全双边合作水平；加强风电、太阳能产业的合作与交流，支持中国新型太阳能热产品进入韩国

① 曹晓蕾，韩国新能源领域知识产权和产业发展研究，《东北亚论坛》2011年第3期。

市场，支持中国企业赴韩承建新能源工程项目；鼓励双方有生物质能研发优势的企业和机构以技术合作、投资参股等方式，共同促进商业模式创新。

（六）新材料产业

新材料是绿色新兴产业发展的重要物质基础。中国拥有一批较高水平的材料研究院所和企业，新材料产业规模不断扩大，超硬材料、人工晶体、超大规模集成电路关键材料等生产技术已达到或接近国际先进水平。但是，核心技术和关键装备受制于人、企业创新能力弱、产业组织结构小散乱等问题仍没有得到解决。

韩国将新材料产业与汽车、造船、钢铁、化学、机械、航空等产业并列为本国的支柱产业，金融危机之后，更将新材料及纳米融合领域纳入新增长动力计划的重点方向，计划到 2015 年成为全球纳米融合产业前三甲，2018 年跻身全球四大材料强国之列。据韩国配件材料产业振兴院统计，韩材料配件产业综合技术水平相当于美国的 87.3%，核心材料技术水平相当于美国的 60%，总体与发达国家的技术差距在 4 ~7 年左右。① 此外，韩国也面临核心配件材料（包括液晶材料、三醋酸纤维膜、偏光板等）严重依赖日本、产品结构单一（以通用材料为主）、缺乏龙头企业、难以突破国际标准及认证等准入壁垒等问题和制约。

中韩新材料产业合作发展具有比较好的条件和契机：一方面，中国是韩国材料配件产业的最大出口市场和第二大进口来源地；另一方面，韩国在半导体、液晶显示器、数码技术、纳米材料等领域居于世界领先地位，与中国形成技术优势互补。因此，中韩新材料领域的合作可从以下几方面推进：最大限度利用两国

① 韩国新材料产业现状及其发展政策措施，2010 年驻亚洲国家经商处（室）调研汇编，商务部网站。

科研资源，提高研发效率，加强双方在尖端材料、轻金属材料、稀土材料、能源相关材料等的应用和产业化合作研究；进一步发挥中韩新材料联合研究室等现有合作平台的协调组织功能，推动联合研究、人员交流、召开研讨会和专题技术会议；优化进出口商品结构，完善进出口管理措施，加大对新材料产品和技术进口的支持力度，鼓励高附加值新材料产品开拓对方市场和相互入境投资；鼓励新材料企业实施跨境兼并重组，培育国际化经营的龙头企业。

（七）新能源汽车产业

新能源汽车是全球汽车产业转型升级的方向。中国开发新能源汽车经过20余年的努力，技术从无到有，自主创新取得重要进展，关键零部件配套体系基本形成，产业链条布局逐步展开。但总体上看，目前产业仍处于发展初期，产品价格偏高、性能不稳定、市场配套设施不完善等问题仍然是制约产业化的瓶颈。

韩国汽车制造业基础雄厚，具备发展新能源汽车产业的较好技术积累和配套体系。韩国新能源汽车产业重点发展的产品包括混合动力汽车、氢燃料电池汽车和纯电动汽车等，政府从法律保障、资金投入、税收优惠等多方面入手，大力扶持新能源汽车的技术开发和产业化。现代起亚集团加快油电混合动力汽车产品的发展，与下游生产变速器、马达、蓄电池等核心零部件的7家汽车零部件厂商建立了合作关系。有关统计显示，2010年韩国新型油电混合动力车生产规模已达3万辆，到2018年将达50万辆。此外，韩国还建立了以现代汽车公司为中心的氢燃料电池汽车研发中心，共有120多家企业联合参与，预计到2030年产量将达到100万辆。

中韩新能源汽车产业合作的主要路径是：推动双方建立产学研和上下游企业共同参与的产业战略联盟，利用联盟提供的平台，加强技术交流、合作，互相借鉴新的商业模式；推动双方传统汽车制造企业向新能源汽车领域发展，培育本土新能源汽车龙头企业和跨国公司；鼓励中韩合作参与新能源汽车产业的国际标准制定，联合申请专利；鼓励韩国新能源汽车产业联盟来华共同参与充电桩等配套服务设施建设，加大对新能源汽车产品应用推广的宣传。

四、结论和建议

（一）结论

中韩在绿色新兴产业领域具有广阔的合作前景，但在不同领域由于双方优势、特色和基础不同，合作的路径和方式也应因事制宜。

在新一代信息技术、新能源汽车等领域，韩国的主要优势体现在技术、产业基础和配套条件以及灵活的商业模式，中国的主要优势体现在市场、人力资本积累和良好的政策环境。双方互补性非常明显，适合开展深层次、常态化、宽领域、多环节、可持续的合作交流。在合作过程中，韩方更适宜针对中国市场通过与中国企业、研究机构联合进行研发和产业化，共建产学研战略联盟，共享研发成果，与中方合作参与国际技术标准制定，积极争取将本国优势产品或与中方联合开发的产品纳入中方政府采购目录。中方要利用合作平台积极引进消化吸收韩方的先进技术成果，借鉴韩方的新型商业模式，利用市场规模和人力资本积累优势吸引韩国企业和投资参与中国绿色新兴产业发展。

在节能环保、生物医药、高端装备、新能源、新材料等领域，中韩双方也各自拥有一批龙头企业和优势产品，但在不同程度上都面临部分核心技术、关键部件和产品依赖美欧日、在全球产业分工格局中处于偏低端地位等问题。因此，中韩可考虑结合全球上述新兴产业发展的趋势和特征，发挥各自的优势，共同探索一些有特色和针对性的合作机制、模式和项目，以联合体的方式优势互补，共同承接最发达国家产业转移，共同参与国际市场竞争和技术专利标准制定。

（二）几点建议

绿色新兴产业的培育及发展壮大需要诸多支撑条件和良好的市场、政策环境。鉴于前述分析，中韩应积极推动双边国际合作，通过双方产学研共同参与，增强创新能力，通过合作营造良好的产业发展环境，在更大范围、更高层次上利用全球创新资源，不断拓展两国国内市场和全球市场，努力提升两国绿色新兴产业总体发展水平。为此，提出几点具体建议：

（1）充分利用双方创新资源。修订双方技术和产品引进目录，支持绿色新兴产业先进技术设备、关键零部件进入对方市场。支持中韩企业联合研发共性关键技术、开发新产品以及科技成果产业化。在产业基础较好、技术优势明显的领域，积极探索在对方境内推广使用本国标准的新途径。支持中韩企业采用国际标准，取得相关认证，推动签署政府间产品标准和认证认可结果的相互认可协议。支持双方企业在对方国家申请专利、注册商标，联合申请国际专利。加大双方高端人才引进合作交流力度，畅通吸纳高端领军人才的绿色通道。

（2）开拓双边及国际市场。研究推动双边产业合作规划，制定有针对性的贸易投资指南。借鉴高技术战略双边合作机制，建立绿色新兴产业专项合作协议，有效运用对外投资、对外援助、对外工程承包等多种方式，提升双多边合作的质量和水平。制订绿色新兴产业进出口产品目录，对列入目录且符合条件的产品在通关、检验检疫等方面给予支持。在生物医药、新材料、新能源、节能环保等绿色新兴产业相关的领域以中韩联合体的形式积极承接服务外包，发挥服务贸易高附加值优势，提高货物贸易技术含量和附加值，延长货物贸易价值链。

（3）创新利用外资方式。积极探索双方联合设立创业投资公司，支持本土企业到对方境内上市融资。支持中韩企业联合申请新技术、新产品研发和重大工程项目，鼓励符合条件的中韩企业在对方投资建厂；鼓励中韩合作建设产业示范园区。鼓励双方符合条件的企业通过并购、合资、合作、参股等多种方式在对方设立研发中心，重点扶持风能、太阳能、新型平板显示和高性能集成电路、新能源汽车、生物育种等行业的中韩研究机构、生产企业建立战略合作关系。支持符合条件的企业采取自建或与渠道商合作等方式在对方境内建立营销中心、维修服务网点等。支持双方企业通过境外注册商标、境外收购等方式，培育国际化品牌。

（4）推进创新基地建设。引导现有产业园区、科学城、创新基地等载体结合各自优势和产业基础，加大对绿色新兴产业的投入和支持力度，鼓励中韩若干具备行业领军优势的龙头企业入基地发展，进一步发挥创新基地对中韩绿色新兴产业国际合作的引领示范作用。推动绿色新兴产业创新基地与国外研发机构和相关高技术产业园区建立战略伙伴关系。促进基地内共性、关键技术联合研发，加快创业孵化器、检验检测、信息服务、人才培训等公共服务平台建设，建设以创新基地为载体的国际化发展促进体系。

（5）加大政策扶持和引导。结合绿色新兴产业发展特点，积极落实促进国际合作的各项财税支持政策。利用出口信贷和出口信用保险，积极支持中韩绿色新兴产业的重点产品、技术和服务互相开拓市场以及联合开拓国际市场。落实海关企业分类管理措施，大力推进分类通关改革，鼓励绿色新兴产业重点培育企业申请成为海关高资信管理企业，享受相关通关便利措施。支持国内企业做好反倾销、反补贴、保障措施应对工作，指导企业积极利用世界贸易组织通报咨询机制等方式应对国外各种非关税壁垒，协助企业加强多双边磋商，减少国际贸易摩擦。完善以政府为主导，企业、行业中介组织、研究机构和驻外经商机构共同参与的海外知识产权保护服务网络，通过培训、信息支持和服务、宣传等手段，提高企业的知识产权保护意识和海外维权能力。

（6）完善市场监管制度。借鉴国际经验，推行能源合同管理、专业化环保服务等。完善生物医药行业准入管理、药品注册管理、药品集中采购制度；完善新能源产品价格形成机制；完善生物育种行业准入管理及转基因农产品管理制度，完善并严格执行节能环保法规标准。积极推进诚信体系建设，加大对失信行为的惩戒力度，提高绿色新兴产业产品的质量水平和国际信誉。

（姜江，国家发改委产业经济与技术经济研究所结构室副主任、副研究员）

参考文献：

1. 国务院关于加快培育和发展战略性新兴产业的决定．国发〔2010〕32号．

2. 关于促进战略性新兴产业国际化发展的指导意见．商产发〔2011〕310号．

3. 韩国知识经济部，www1. mke. gov. kr/language/chn/policy/Ipolicies_ 05. jsp.

4. 王昌林，姜江．国际金融危机背景下世界产业发展的新动向和趋势［J］．中国产业，2010（2）．

5. 王昌林．“十二五”时期培育发展战略性新兴产业的主要任务［J］．中国经贸导刊，2011（13）．

6. 战略性新兴产业研究思路部际协调小组调研材料汇编．我国战略性新兴产业的现状及问题．

7. 姜江．全球战略性新兴产业发展的动态与趋势［J］．中国经贸导刊，2011（13）．

8. 王昌林．中国产业发展报告2010年——培育战略性新兴产业的对策研究［M］．北京：经济管理出版社，2011.2.

9. 韩国节能环保产业现状及其发展规划，www.4uauto.com/html/2012/fagui_0117/732.html.

10. 倪炜瑜．物联网各国政策综述——韩国篇．www.istis.sh.cn/list/list.aspx？id＝7197.

11. 中国贸促会电子信息行业分会编译．政府开创国内需求，韩国全面振兴云计算．it.sohu.com/20110916/n319602897.shtml.

12. 专家建议将海洋油气装备业列入新兴产业战略［N］．经济参考报，2010.3.9.

13. 韩国航天航空产业现状及其发展政策措施．2010年驻亚洲国家经商处（室）调研汇编．商务部网站．

14. 张音．亚洲生物医药产业的特点及我国可借鉴的经验［J］．中国医药技术经济与管理．2007.8.Vol.1（4）．

15. 尹军祥．韩国分三步推动生物技术产业化［N］．科学时报，2010.8.30.B4.

16. 曹晓蕾．韩国新能源领域知识产权和产业发展研究［J］．东北亚论坛，2011（3）．

17. 韩国新材料产业现状及其发展政策措施，2010年驻亚洲国家经商处（室）调研汇编．商务部网站．

人民币国际化与中韩两国金融合作[①]

朴馥永　朴永俊

一、绪论

一般而言，人民币国际化意味着非居住者之间的人民币交易、人民币金融财产的境外发行以及人民币作为对外贸易结算货币的使用比重日益增大。这种人民币的国际化现象主要是在亚洲外汇危机以后，包括中国边境在内的周边国家为中心逐渐形成的。当时人民币主要作为贸易结算工具，逐渐扩大了其使用范围。

过去，在推进人民币国际化过程中，中国主要采取了在实际贸易中扩大人民币结算的方式，并没有真正解除对外汇市场或资本市场的限制。这主要是因为担心如果在人民币国际化的初级阶段就快速解除对外汇及资本市场的限制，会发生投机资本扰乱金融市场的风险。但是，近几年也实施了一些放宽外汇市场和资本市场限制的开放性政策，人民币的功能也越来越变得多元化。

中长期来看，中国正在通过扩大人民币在亚洲地区的使用，逐渐扩大国际地位。中国的人民币国际化在地理范围上的扩大，可分为如下三个阶段：第一，包括港澳台在内的中华圈地区；第二，东盟地区；第三，逐步在全世界范围内推进人民币的国际化。也就是说，人民币国际化的主要构想是首先通过扩大大陆与中华圈地区之间的贸易和结算货币功能，形成周边化→再通过在

① 本文截取了朴馥永等（2011）著作中的一部分内容整理得出。

东南亚地区加强地区货币的作用，实现地区化→最后通过确保人民币具有美元、欧元的储备货币地位，在全世界范围推进国际化。此外，近几年两岸关系的迅速发展进一步加快了大中华经济圈（The Greater China）的形成，这将会为今后人民币成功走向国际化提供重要基础。

二、人民币国际化过程

随着经济的高速增长，中国正在通过实行长期战略，努力将本国货币人民币打造为诸如美元、欧元之类的国际货币。特别是，在国际金融危机爆发之后，中国加速了这一战略的推进过程。从人民币的功能上来看，中国主要通过人民币的贸易结算货币、投资货币、储备货币等不同阶段，推进人民币的国际化。

（一）贸易结算货币功能

中国为加强人民币作为贸易结算货币的功能，在促进人民币贸易结算方面实行了多种放宽限制的措施。自 2003 年开始，中国主要围绕边境贸易，签订了诸多人民币贸易结算协议，并开始了中国大陆与港澳地区企业之间的人民币贸易结算。之后，自 2009 年 6 月起，中国政府以上海和广东地区的企业为对象，通过外籍银行，启动了与港澳地区境外企业之间的人民币结算系统。并于 2010 年 6 月将这一对象扩大到了国内 20 家企业。特别是在 2010 年取消了对境外人民币贸易结算地区的限制，允许外国企业开立人民币结算账户。

2010 年第二季度，人民币贸易结算规模环比增长了两倍以上，达到了 487 亿元（约 72 亿美元）；2011 年上半年，人民币贸易结算额就已经接近了 2010 年全年总额 706 亿元的规模。除此之外，2010 年 11 月，中俄对在年贸易额超过 500 亿美元的中俄贸易中用人民币代替美元作为结算货币的想法达成了共识。近几年，随着人民币在东南亚地区的使用范围逐渐扩大，人民币不仅用作贸易结算工具，还被用作贸易货币。2011 年第一季度，人民币结算在中国的贸易总额中所占比例达到了 7%，总额约达到 3603 亿元，比上年增长了 20 倍左右。

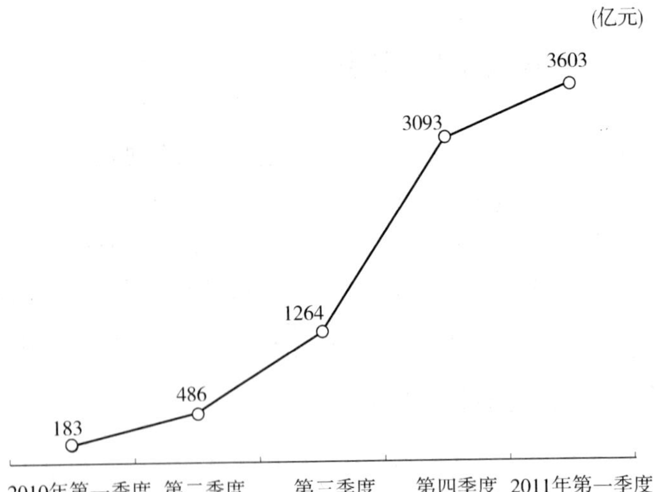

图 1　中国人民币贸易结算变化

资料来源：韩国银行，WSJ。

（二）投资货币功能

中国为增强人民币作为金融资产方面的投资货币功能，不仅在境外金融市场发行人民币债券，同时也构建了国际金融中心。虽然，近几年以香港和新加坡为中心，努力扩大境外人民币债券市场，但是外国人的股票市场投资却仍然受到诸多限制。2007 年起，人民币债券登录香港，并于 2010 年开始允许在香港销售人民币基金和保险。这种“点心债券”从 2007 年末 100 亿元左右的规模迅速增加到了 2010 年末的 410 亿元左右。据了解，近几年为更好地促进人民币在海外的发展，中国政府计划将新加坡发展成为第二人民币离岸中心。

中国在允许银行之间进行人民币债券投资的同时，开放了债券市场。与此同时，为了更好地发展债券市场，从2004年起，中国金融当局也逐渐放宽了限制。先后分别实行了允许国际开发机构在中国境内发行人民币债券、允许保险公司进行境外证券投资等多种资本自由化政策。2004年汇丰银行（HSBC）上海支行成为首个办理在中国境内发行的中国国债业务的外籍银行。之后，更于2007年，放宽了对获得中国人民银行和国家发展改革委员会批准的境内金融机构赴香港发行人民币债券方面的限制。

此外，中国人民银行为扩大境外投资者的投资，于2008年8月允许外籍银行及外国中央银行运用人民币投资银行间债券市场。至此，在香港、澳门负责人民币结算业务的外籍银行、与中国签订货币互换协议的境外中央银行以及境内20家地方企业和签订人民币国际结算协议的外籍银行等都可参与银行间人民币债券市场。截至2011年6月，属于中国中央政府、银行、企业等的主要债券发行主体的银行间债券市场发行规模达到了14.3万亿元（约2.1万亿美元），占整个中国债券市场规模的97%。近几年，中国在香港发行了60亿元规模的人民币国债，并允许银行发行人民币金融债。这些都被认为是中国在提高人民币兑换性方面所做的努力。

（三）储备货币功能

中国为实现人民币具有国际储备资产（reserve assets）的储备货币功能这一国际化最终目标，不断地扩大货币互换协议签订范围。作为保持世界第一大规模的外汇储备大国，中国与那些有可能经历流动性不足等困难的国家签订了人民币互换协议。从表1中可以看出，自2008年开始，中国陆续与韩国、马来西亚、印度尼西亚等11个国家和地区签订了货币互换协议。此外，在2011年4月举行的金砖国家领导人会晤（BRICS：巴西、俄罗斯、印度、中国、南非共和国）中，对在金砖国家之间的金融交易中用本国货币代替现有储备货币美元，达成了共识。这一举动被认为是中国计划逐渐将人民币打造为继美元、欧元之后的世界第三大国际货币，而非马上代替美元地位。

表1　人民币货币互换协议签订情况

货币互换对象国（地区）	互换规模	签订协议时间
韩国	1800亿元	2008年12月12日
香港	2000亿元	2008年12月19日
马来西亚	800亿元	2009年2月8日
白俄罗斯	200亿元	2009年3月11日
印度尼西亚	1000亿元	2009年3月23日
阿根廷	700亿元	2009年3月30日
冰岛	35亿元	2010年6月10日
新加坡	1500亿元	2010年7月23日
新西兰	250亿元	2011年4月19日
乌兹别克斯坦	7亿元	2011年4月19日
哈萨克斯坦	75亿元	2011年6月13日

注：2011年10月，中韩两国达成协议，将货币互换规模扩大到了3600亿元。同时，2011年香港与中国内地续签货币互换协议时，将互换规模扩大到了4000亿元。

资料来源：综合整理相关资料得出。

三、人民币对周边国家货币的影响分析

（一）2005年中国汇率制度改革带来的影响

一国货币如果要发挥储备货币的功能，在满足上述多种先决

条件之外，外汇市场体制与汇率制度同样也是非常重要的因素。人民币升值不仅与缓解国际贸易不平衡、稳定中国国内物价息息相关，更与人民币的国际化有着密切联系。中国在1994年实行单一管理浮动汇率制改革之后，1996年12月，接受了IMF协定第八条款的义务。虽然，在之后的1997年，由于亚洲外汇危机，汇率改革一度基本停滞，但资本项目却阶段性地逐步向着自由化发展。

中国的主要汇率政策变化具体如下：自2005年7月起，采取以一篮子货币为参考的有管理的浮动汇率制度以来，截至2008年6月人民币对美元汇率上升了21%。但在之后便把人民币兑换美元汇率比价一直维持在了6.83，有管理的浮动汇率制度实际上已经变得有名无实。2005年中国当局并没有大幅调低美元的权重，人民币对美元汇率连续一年以上并没有出现大幅浮动。但是，随着逐渐调高欧元等强势货币在货币篮子中的权重以及这些货币一直维持强势，从2007年起，人民币呈现出了较为明显的升值趋势。在国际金融危机爆发之前的2008年7月，为稳定出口、满足中国出口企业的要求，中国政府又再一次固定了人民币对美元的汇率。之后，迫于来自发达国家和G20体制的压力，2010年6月中国政府宣布扩大人民币弹性，并恢复有管理的浮动汇率制度。

作为人民币国际化的一个重要环节，中国政府于2005年7月采取了以一篮子货币为参考的有管理的浮动汇率制度。为此，将在本章节中通过分析人民币与东亚主要货币之间的时变（time-varying）相关关系，进一步观察2005年人民币汇率改革前后人民币与东亚主要货币之间的关系。

根据Forbes and Rigibon（2002），一般来说相关关系在说明变量之间的转移效果（transfer effect）时，会发生偏差（bias）。在金融市场分析中，为克服这一缺点，Engle（2002）提出了动态条件相关关系 GARCH 模型（DCC－GARCH，Dynamic Conditional Correlation－GARCH）。在实证分析中使用的多变量 GARCH 模型说明了时间序列模型的异方差性和条件方差的时变相关关系（time－varying correlation）。也就是说，通过分析随着时间的推移发生变化的时变相关关系的发展动态，观察时间序列模型变量之间的联动（co－movement）关系。在该实证分析中采用了中国人民币、韩国韩元、日本日元、新加坡元、马来西亚林吉特、印度尼西亚卢比、泰国泰铢。分析中使用的时间序列资料是 Bloomberg 发表的每日资料，样本期间采取了 1999 年 1 月 1 日至 2011 年 6 月 30 日。

DCC－GARCH 模型如下分三个阶段。首先，将 r_t 设置为 $n \times 1$ 平均为 0、具有时变协方差（time－varying covariance）的变量：

$$r_t \mid \Omega_{t-1} \sim N(0, D_t R_t D_t), D_t = \text{diag}\{\sqrt{h}\}$$

其中，R_t 是依赖于时间的相关关系矩阵；D_t 是由单一变量 GARCH 模型中取得的标准偏差构成的对角矩阵。也就是说，在第一阶段中，推断单一变量 GARCH 模型的每个变量；在第二阶段中由转换的收益率取得常数项；在最后阶段中，推断对条件相关关系发生变化的系数。

DCC－GARCH 模型由以下方程式构成：

$$D_t^2 = \text{diag}\{\omega_i\} + \text{diag}\{\kappa_i\} \circ r_{t-1} r'_{t-1} + \text{diag}\{\lambda_i\} \circ D_{t-1}^2$$

$$\varepsilon_t = D_t^{-1} r_t$$

$$Q_t = S \circ (\iota\iota' - A - B) + A \circ \varepsilon_{t-1} \varepsilon'^{t-1} + B \circ Q_{t-1}$$

$$R_t = \text{diag}\{Q_t\}^{-1} Q_t \text{diag}\{Q_t\}^{-1}$$

$$S = E[\varepsilon_t \varepsilon_t]$$

其中，S 是对变量 r_t 残差的非条件相关关系矩阵。协方差矩阵 Q 中，ι 是由 1 构成的向量；A 和 B 是相对称的正方矩阵；$\circ$ 表示

Hadamard 乘积；λ 表示随着时间的推移对 D_{t-1}^2 的减少发挥作用的比重；κ 是与时间差资产收益率乘积相关的参数。

图 2 ~ 图 7 显示了人民币汇率制度改革前后，人民币与东亚主要货币之间的时变相关关系。其中最为突出的是，在 2005 年中国的汇率制度改革之前，人民币与主要货币之间的相关关系在 0 附近发生变化，或呈现出负相关关系；然而在汇率制度改革以后，正相关关系或联动性变化关系较明显。特别是，可以发现在汇率制度改革之后，马来西亚林吉特与韩元的相关关系大幅上升。在国际金融危机爆发之后的 2008 年末，虽然韩元暂时出现了负相关关系，但是近几年相关关系又出现了增大的趋势。

（二）人民币对周边国家货币的影响

从中国与东亚国家之间的经济关系上来看，中国的汇率制度改革必定会对东亚的主要货币带来一定影响。因此，本文将利用下面的回归方程式，分析人民币汇率变化给东亚主要货币带来的影响。为此，根据 Frankel & Wei（1994）模型，使用瑞士法郎对主要国家货币的汇率，用最小二乘法得出了下面的回归方程式。样本期间是 1999 年 1 月 1 日至 2011 年 6 月 30 日，分析中所用的每日资料来自韩国银行的经济统计系统（ECOS）。

$$\Delta R_{\text{Asian currency/Swiss Franc}} = \alpha + \beta_1 \Delta R_{\text{USD/Swiss Franc}} = \beta_2 \Delta R_{\text{Yen/Suiss Franc}} + \beta_3 \Delta R_{\text{Euro/Swiss Franc}} + \beta_4 \Delta R_{\text{Yuan/Swiss Franc}}$$

与 Frankel & Wei（1994）采用的方法不同的是，本文从人民币价值浮动中除去了美元浮动份额。也就是说，在分析盯住美元的人民币价值浮动对其他货币纯影响的同时，为规避多重共线性问题，本文进行了两个阶段的推断。首先，在第一阶段中，为除去人民币汇率浮动中美元价值的浮动，设置以上方程式；然后，在第二阶段中，将此残差用作人民币价值的纯浮动值。

首先，对人民币汇率制度改革之前的小样本进行了推断，结果如表2所示。马来西亚林吉特在1%的显著性水平中，对美元有着1的值。从这一情况可以得出，林吉特紧紧盯住了美元。美元对东亚地区其他货币也有着相当大的影响力，对韩元和印度尼西亚卢比推断系数的值也有着0.9409和0.9754这样较高的显著性水平。相反，日元对其他货币的影响却显示出了相反的结果。特别是，日元对马来西亚林吉特几乎毫无影响力。

表2　人民币对东亚地区货币的影响（人民币汇率制度改革之前）

币种	常数项	美元	日元	欧元	人民币
韩元	0.0001 (0.79)	0.9409*** (48.14)	0.0681*** (4.46)	0.0669* (1.72)	-3.0286 (-1.37)
印度尼西亚卢比	0.0011** (2.46)	0.9754*** (18.95)	0.1522*** (3.78)	0.2269** (2.21)	-14.6450** (-2.52)
马来西亚林吉特	1.26E-06** (2.16)	1.0000*** (15577.46)	-2.75E-05 (-0.55)	-7.96E-05 (-0.62)	-0.0178** (-2.46)
新加坡元	-1.01E-06 (-0.01)	0.7233*** (63.72)	0.1976*** (22.26)	0.0593*** (2.62)	0.2017 (0.16)
泰铢	0.0001 (0.69)	0.8061*** (46.73)	0.1697*** (12.58)	0.0382 (1.11)	-0.4411 (-0.23)

注：（　）里的值表示t值，*，**，***分别表示10%，5%，1%的显著性水平。

其次，本文也得出了人民币汇率制度改革之后的推断结果，（参考表3）。结果显示，在2005年以后，美元仍然对东亚主要货币有着重要影响，日元几乎没有任何影响力。对日元的研究结果与Shirono（2009）的研究结果相一致。Shirono（2009）表示，如果在东亚地区进行货币一体化，与中国合作推进所带来的平均福利会远远超过美国或日本。也就是说，在形成东亚共同货币方面，日本将无法起到支配作用。尤其值得关注的是，在2005年中国汇率制度改革之后人民币的影响力出现了。与表2相比较，人民币对东亚主要货币的影响力有了大幅提高。此外，也可以发现，人民币汇率制度改革前后出现的人民币系数推断值与在前面所分析的时变相关关系的结果一脉相通。特别是，在所有分析货币中，人民币对韩元的影响力最大。分析结果显示，排除美元浮动因素之后，当人民币价值发生 1% 的浮动时，韩元也会随之发生 0.75% 的浮动。

表 3　人民对东亚地区货币的影响（人民币汇率制度改革之后）

币种	常数项	美元	日元	欧元	人民币
韩元	9.65E-05 (0.45)	0.9491*** (23.43)	-0.0449 (-1.31)	0.0861 (1.60)	0.7497*** (3.87)
印度尼西亚卢比	-2.52E-05 (-0.17)	0.9667*** (35.87)	-0.0620*** (-2.72)	0.0345 (0.96)	0.5659*** (4.40)
马来西亚林吉特	-8.43E-05 (-0.90)	0.9407*** (53.84)	-0.0624*** (-4.22)	0.0703*** (3.03)	0.5942*** (7.12)
新加坡元	-0.0001** (-2.03)	0.6998*** (57.68)	-0.0412*** (-4.02)	0.3466*** (21.51)	0.4855*** (8.38)
泰铢	-0.0001 (-1.20)	0.9059*** (38.99)	-0.0031 (-0.16)	0.1295*** (4.20)	0.5376*** (4.84)

注：（　）里的值表示 t 值，*，**，*** 分别表示 10%，5%，1% 的显著性水平。

四、中国金融的国际化展望

相对于实体经济部门，中国的金融部门显然还不够完善。但是，进入 21 世纪以来，金融市场规模出现了高速增长。如果说，对金融的需求归根结底是由实体经济部门创造的，那么说实体经济部门的成长引导了金融部门的成长也是再自然不过的事情。从金融资产在 GDP 中所占的比重（比较金融部门与实体经济部门发展水平的指标）来看，2009 年中国达到了美国的 70% 左右。即便考虑这是在金融危机爆发之后美国股价暴跌时期出现的数据，从量的方面来看，也不难看出中国的金融发展水平不再低下。

从中国金融各部门来看，间接金融，即银行业占了超过 75% 的压倒性份额。资本市场的发展却呈现出基本停滞的状态。总体来看，股票市价总值在 GDP 中所占的比重超过了德国，接近于日本、法国等国家。被认为是银行部门最大问题的不良债券和财务健全性问题，也在 21 世纪初，由于政府的资金支持已得到了相当大的改善。尽管出现了这种量的增长和指标的改善情况，由于政府对金融机构的国有化、对利息的控制等过分的干预以及由此造成的金融机构过低的竞争力、资本市场和投资银行业不发达等诸多因素仍然制约着中国金融部门的成长。因此，尽管中国的金融市场规模不断扩大、中国国内大型银行的资产规模跻身世界前十位，但是中国金融机构的微观竞争力仍然难以与发达国家相抗衡，还处于较低的水平。除此之外，近几年，在国际金融危机爆发以后，中国采取的大规模经济刺激政策、物价上涨、房地产价格暴涨等一系列问题再一次威胁到了中国的金融部门。

正是这种竞争力不足与政府对金融部门过分的干预，造成了中国难以扩大汇率弹性、实现资本自由化的情况。理论上来看，金融自由化应该依次通过国内金融改革（利率市场化、银行民营化等）→扩大汇率浮动性→实现资本项目自由化→货币国际化等过程（Prasad 2007 等）。据了解，中国的最终目标是将人民币打造为国际货币。在国际金融危机爆发以后，随着世界各地对国际货币体制的质疑越来越多，中国的人民币国际化政策目标也变得更加坚定，并进一步促进了人民币的国际化进程。但是，目前人民币国际化面临着一定局限性。因为要实现人民币国际化，不仅要逐渐扩大人民币的贸易结算范围，还必须要将人民币用作投资货币。只有满足货币国际化的这一前提条件，才能实现人民币的储备货币功能。就算将人民币用作贸易结算货币，发行人民币债券，如果持有人民币的非居住者无法自由地在中国进行投资，即，如果对资本流动仍然有诸多限制，那么人民币国际化将很难得到进一步发展。正是由于这些问题，中国国内也有人指出如此过度加快的人民币国际化进程具有不妥之处以及人民币国际化存在局限性的问题（Zhang，2011）。为实现资本项目自由化，需要再次扩大汇率弹性。在政府为维持特定的汇率水平进行干预的情况下，进行资本项目自由化，很有可能会遭遇投资者的投机攻击。因此，大多数学者都呼吁在进行资本项目自由化之前，应该先实行浮动汇率制。这也是进入20世纪90年代之后，在新兴经济体中出现的一个共同点。本文第四章的模拟实验也显示了中国如果在资本项目自由化情况下继续维持固定汇率制度，将很有可能遭受外部冲击。

考虑到上述几个问题，中国迟早都要加大汇率弹性。也就是说，如果认识到在现阶段很难再进一步推进人民币的国际化进程，便会以满足其前提条件为重中之重。此外，考虑到来自美国等外部的人民币升值压力和国内通货膨胀压力等，实行增大人民币浮动性方面的措施将会给中国带来多方面的好处。由于目前中国还比较担心短期资本流动对国内经济的扰乱等问题，可能仍然严禁短期资本或衍生产品交易等，但还是有可能放宽对证券投资组合（portfolio）的限制。为实现完全的资本项目自由化，需要满足进行国内金融改革这一先行条件。由于这方面的准备还有诸多不足之处，人民币的资本项目兑换将很难在短期内实现。

这样一来，中国很有可能不完全按照国内金融改革（利息市场化、银行民营化等）→扩大汇率浮动性→实现资本项目自由化→

货币国际化的顺序来逐步推进人民币国际化。而是将人民币国际化作为最终目标，同时推进国内金融改革、扩大汇率浮动性、资本项目自由化。

五、中韩两国的金融合作方案

（一）资本市场的开放

为了从过去以贸易为主的中韩两国经济合作转变为未来以金融为主的合作模式，中韩两国金融部门应该建立互补体系。为此，中韩两国需要推进金融业监管方面的合作、促进两国银行业之间活跃的交流和相关领域人力资源的开发、两国金融业方面的业务合作与资本市场的开放等。中韩两国的金融公司为确保金融产业的增长动力、加强竞争力等，应该积极探索如何更好地进入对方国家。韩国的金融公司应该努力进入中国市场，并积极吸引中国国内资金。为更好地进入中国市场，可以积极探索成立合作公司等有效方法。此外，建立健全网络，推进当地化发展；长期培养与中国相关的金融专家，并以此作为两国金融合作的基础。

如上所述，进入韩国金融市场的中国货币（China Money）余额呈现出了大幅增长趋势。考虑到韩国股票市场过分依赖发达国家资金的情况，流入韩国国内股票市场的中国资金有望对刺激韩国股市反弹、应对外商投资者的多变性等有所帮助。目前在韩国，美国等欧美发达国家资金所占比重已达到70%左右，中国资金流入的增加将有效缓解由美国等发达国家的经济与政策变化带来的资金流出入风险。

此外，也有人提出应该推进两国在债券市场方面的金融合作。据了解，中国对韩国国债的投资中，相当一部分由中国人民银行持有。考虑到相对较高的韩国国债收益率和资本市场开放度等，中国人民银行很有可能继续增持韩国国债。韩国国债收益率不仅比美国等发达国家高，在新加坡、台湾等其他中等发达国家和地区之间也处于较高水平，对中国资金投资具有相当大的吸引力。同时，可以在韩国建立境外人民币债券市场，通过两国债券市场，进一步提升两国的金融合作，并通过协商人民币国际化与债券市场交易规范等，进一步促进两国债券市场的发展，最终形成双赢战略。

中国的债券市场不仅在债券发行规模与交易量迅速增加等量的方面出现了高速增长，在扩大债券市场基础、发行多元化债券产品等方面也取得了质的发展。先后通过允许外资机构在中国境内发行或投资债券（熊猫债券）、在香港扩大人民币债券（点心债券）的发行等措施，加速了债券市场的对外开放。这种扩大中国债券市场对外开放的措施有利于人民币国际化，并且能够大幅扩大人民币在金融市场中的使用范围和规模。不仅如此，债券市场的对外开放通过向国内外投资者提供替代投资去处，有利于中国资本市场的稳定和流动性的管理。与此同时，为稳定债券市场，有望在引进 CDS 产品等的风险对冲手段、建立信用评估制度等领域，进一步扩大中韩两国的金融合作。

从 2009 年开始，中国外汇管理局再次扩大了在国际金融危机爆发以后冻结了的合格境内机构投资者（QDII，Qualified Domestic Institutional Investors）批准规模。其结果，QDII 批准规模从 2009 年 9 月底 56 个机构的 520.1 亿美元增加到了 2010 年 9 月 87 个机构的 669.0 亿美元。韩国应该抓住中国扩大海外投资比重的良好机遇，就像根据市场要求开发各种不同的产品一样，向中国资金提供韩国国内多元化的投资去处，并对在韩国市场进行投资的中国资金提供多种激励政策，以此作为形成促进两国金融合作市场条件的重点。

当时，中国之所以在积极实行 QDII，制度时严格要求资格条件，主要是为了防止境外的投机资本利用这种证券市场开放机会进行恶意的资本流入。据悉，实行 QFII 制度以后，进入中国的境外机构投资者的投资行为逐渐规范，已经形成了逐渐放宽 QFII 资格条件的环境。因此从中长期来看，中国的政策当局就算是不能完全取消 QFII 制度，也应该会朝着放宽资格条件的方向发展。

（二）货币国际化领域

近几年，中国政府考虑让人民币与韩元、俄罗斯卢布及马来西亚林吉特兑换。据了解，目前在山东省已经在一定程度上普遍使用韩元。特别是在国际金融危机爆发以后，在包括中国在内的亚洲各国为主的区域内贸易中，本国货币结算所占的比重日益增大。

得益于中国人民币的国际信任度提升、中国政府大幅扩大试行范围的可能性、中韩两国成熟的贸易关系以及中韩 FTA 等有利因素，在华韩国金融机构与进入韩国市场的中国金融机构在上述业务中合作的可能性很大。据了解，友利银行中国法人之外的其他在华韩国金融机构也正在积极考虑开始人民币贸易结算业务。此外，中国工商银行首尔支行也在积极考虑向与中国企业进行贸易来往的韩国企业提供人民币贸易结算业务和贸易金融服务的方案。这样一来，韩国企业可以在工商银行开立人民币账户之后，通过该账户用人民币收回出口货款或支付进口货款等。

与此同时，中国外汇当局为促进人民币贸易结算，考虑允许韩元、卢布、林吉特用作中国银行之间外汇市场的交易货币。因此，应该积极探索今后在中韩两国贸易中使用两国货币作为结算货币的方案。从过去的情况来看，在签订两国货币实现贸易结算的协议之后，实际上中国却几乎没有用对方货币结算。鉴于这一点，即使是两国实现了本币贸易结算，如果韩元的投资手段或替代投资性不足，在中国的立场上，对韩元结算的需求只能是少而又少。另外，虽然近几年中国机构投资者对韩国股票市场和企业的关注度相对有所提升，但是到目前为止流入韩国股票市场的中国 QDII 投资资金的规模仍然较小。因此，韩国金融投资公司应该进一步开发如 QDII 基金之类的金融产品和多种投资手段。

如果中韩两国实行人民币结算，随着韩国金融市场内人民币供应的增加，韩国对华贸易顺差将会越来越大。持有并使用人民币具有一定吸引力时，人民币贸易结算才能活跃发展。因此，为克服通过贸易在韩国国内积累的人民币在使用方面的局限性，应该在韩国国内建立境外人民币债券市场。例如，就像“泡菜债券”一样，如果允许在韩国发行人民币债券的话，韩国在华企业或分公司可通过境外人民币金融市场，用由贸易顺差带来的人民币实现融资或改善循环投资结构。

此外，中韩双方应该相互努力建立实质性的两国货币结算系统，赋予两国企业用两国货币进行贸易结算的资格。另外，应该通过构建市场化激励制度（market - oriented incentive）优先打造市场环境，确保通过建立对方国家货币的存款制度等，持有并使用对方国家货币。目前，韩元的贸易结算额在韩国贸易总额中所占比例仅为 1.5%。尽管如此，也应该将使用两国货币进行贸易结算的方案作为促进两国金融合作的机遇，并积极探索应用战略。纵观韩国国内银行，除了友利银行具有结算权之外，其他银行由于缺乏人民币结算权，对人民币结算具有一定压力。今后，随着中国债券市场开放力度逐渐增大，预计中韩两国之间相邻的地理位置、经济条件将会有利于形成人民币金融市场和韩国国际金融基础建设的发展。

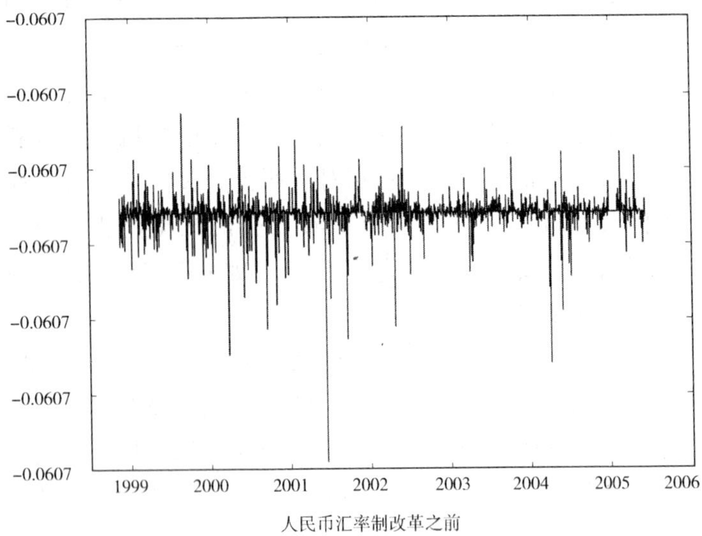

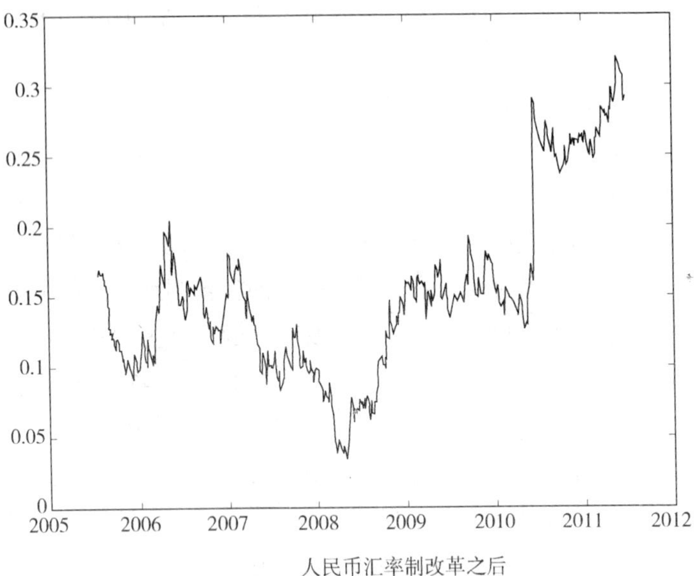

图2　人民币与印度尼西亚卢比的时变相关关系

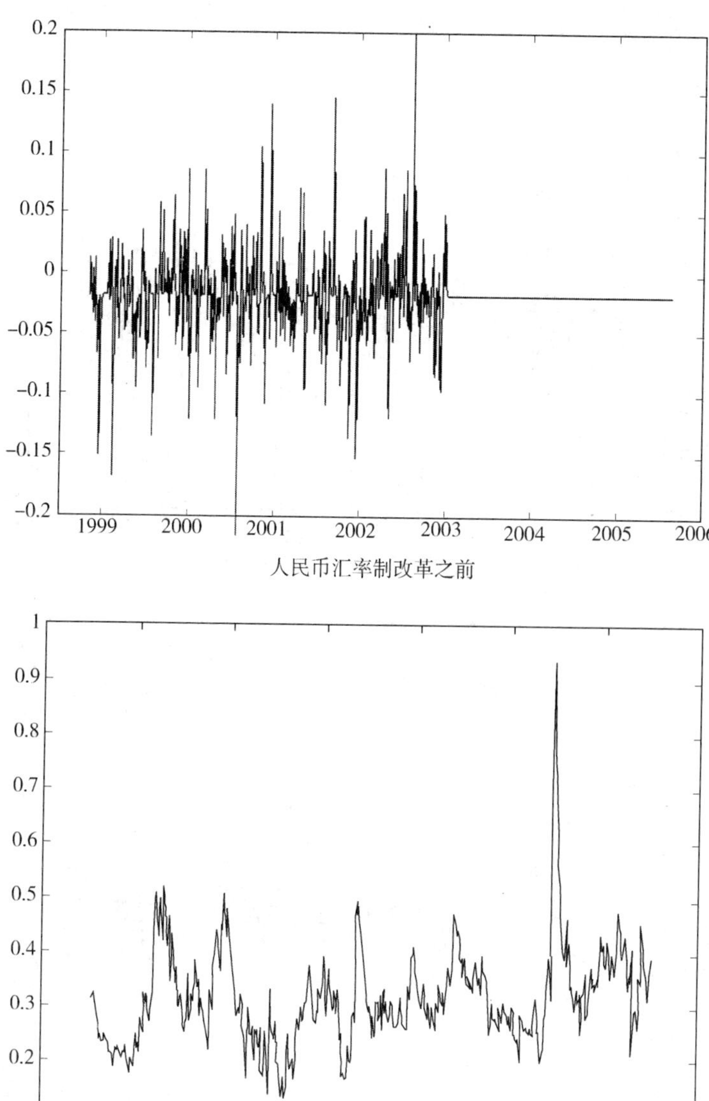

图3 人民币与马来西亚林吉特的时变相关关系

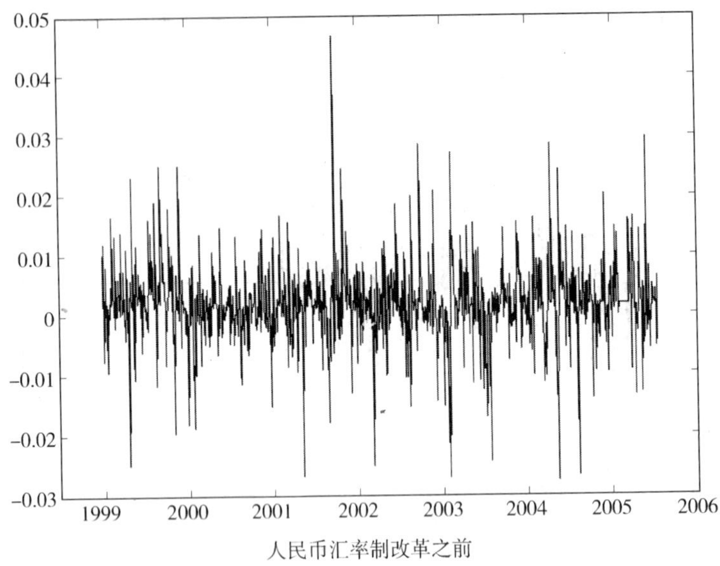

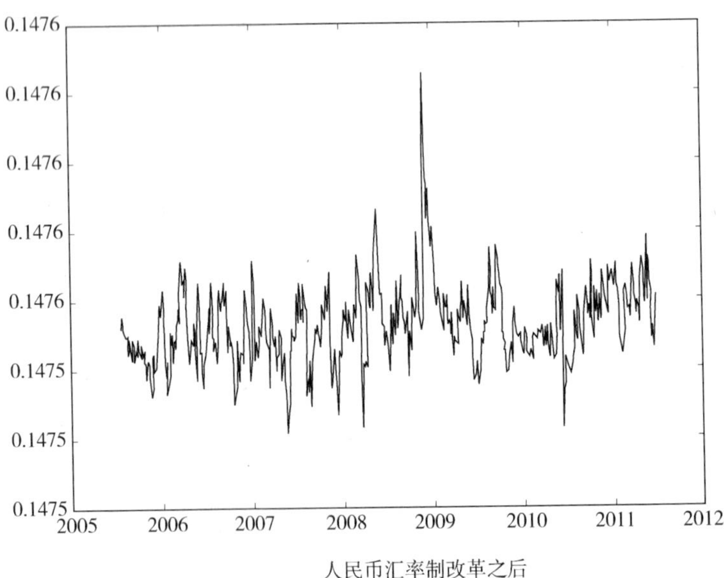

图4　人民币与新加坡元的时变相关关系

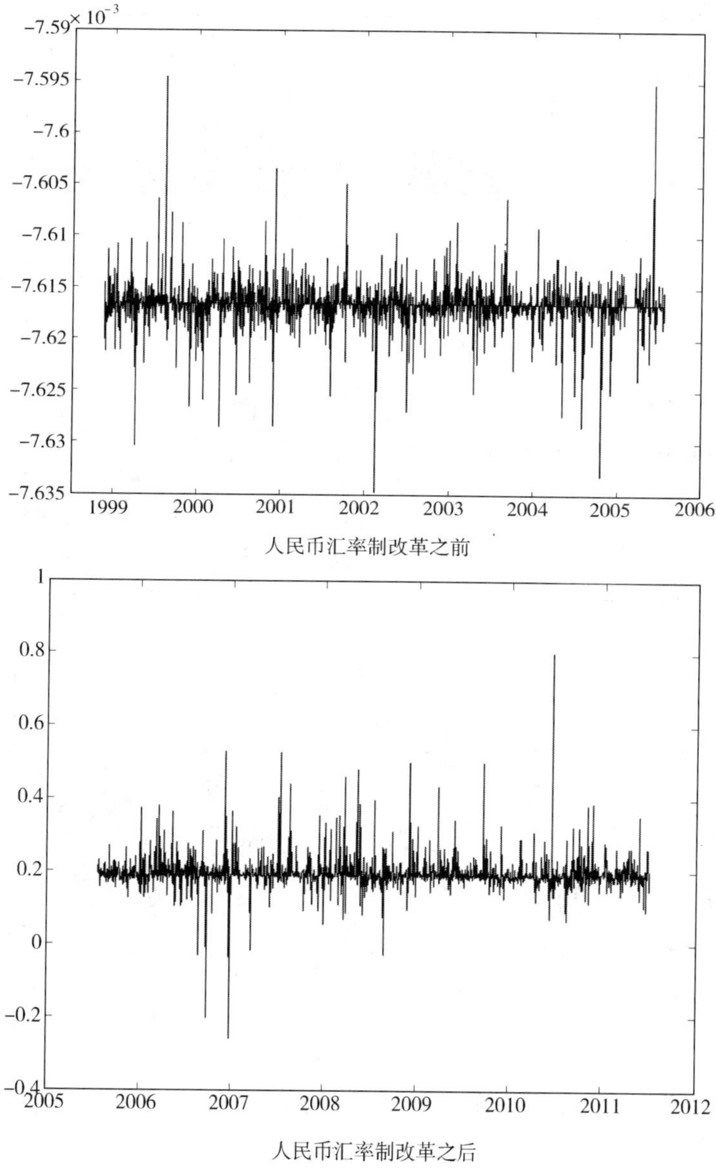

图 5　人民币与泰铢的时变相关关系

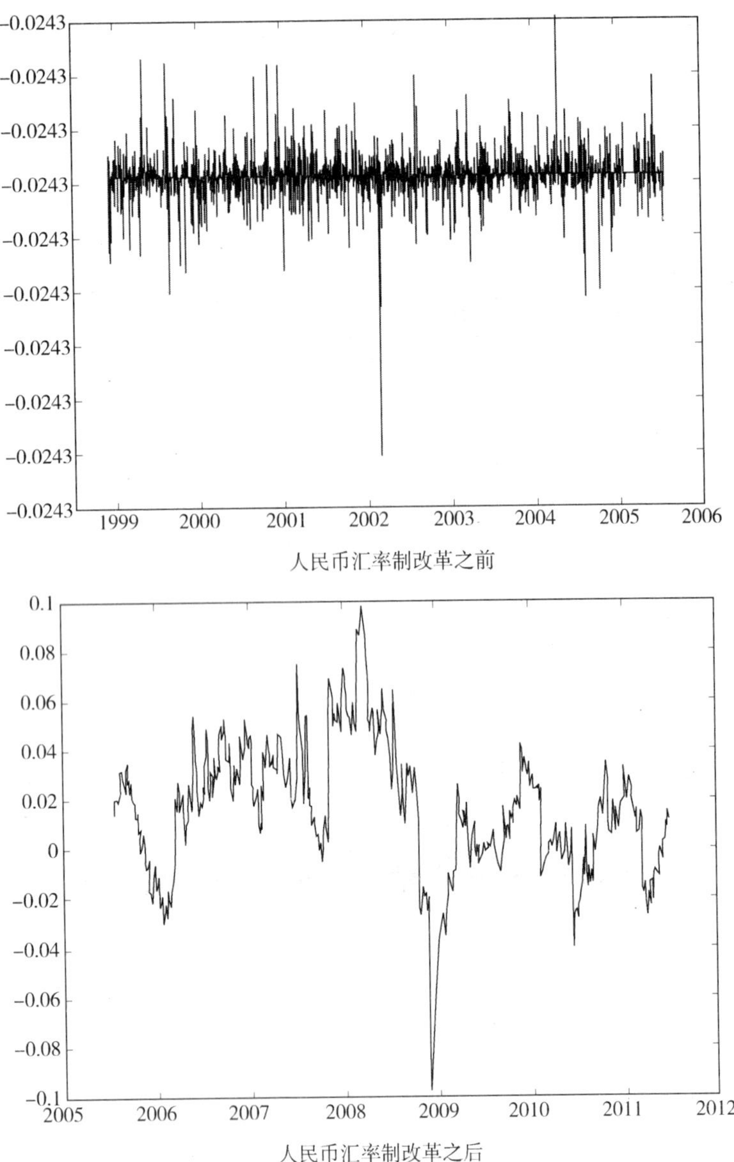

人民币汇率制改革之前

人民币汇率制改革之后

图6　人民币与日元的时变相关关系

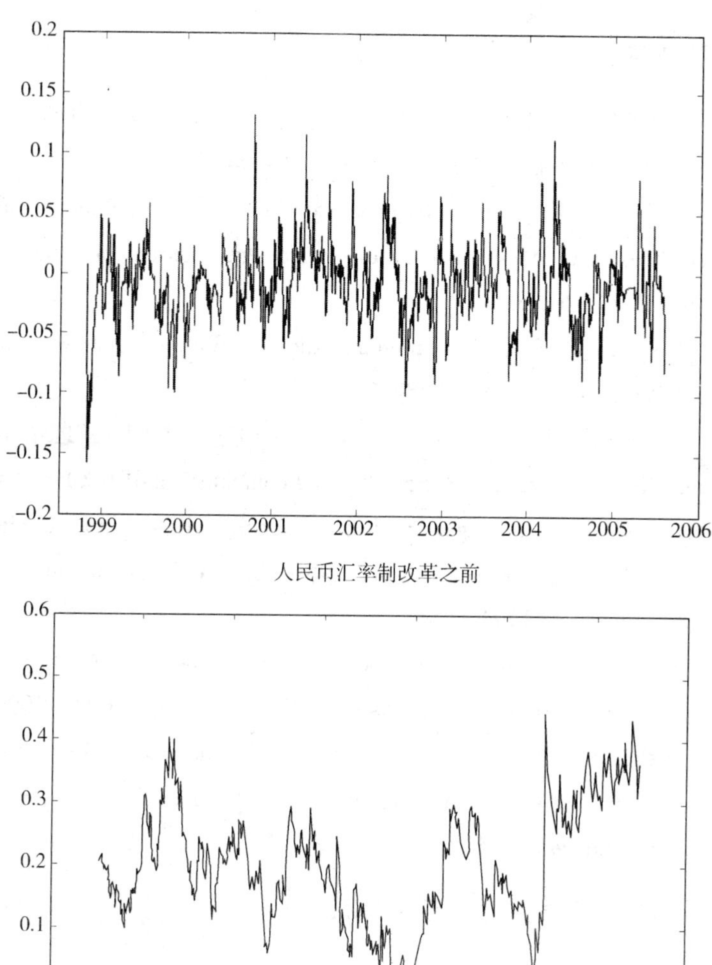

人民币汇率制改革之前

人民币汇率制改革之后

图 7　人民币与韩元的时变相关关系

（朴馥永，庆熙大学教授；朴永俊，亚洲大学教授）

参考文献：

1. 朴馥永等 2011. 中国在国际金融中的地位变化与启示. 韩国对外经济政策研究院 研究报告 11 - 04.

2. Forbes, K., and R. Rigobon. No Contagion, Only Interdependence: Measuring Stock Market Co - movement. Journal of Finance, 57, pp. 2223 - 61. 2002.

3. Barberis, N., A. Shleifer, and J. Wurgler. Comovement, NBER Working Paper No. 8884. 2002.

4. Frankel, J. A. and S. - J. Wei. Yen Bloc or Dollar Bloc? Exchange Rate Policies of the East Asian Economies. NBER Chapters, in Macroeconomic Linkage: Savings, Exchange Rates, and Capital Flows, NBER - EASE Vol. 3, pp. 295 - 333, National Bureau of Economic Research. 1994.

5. Shirono, Kazuko. Yen Bloc and Yuan Bloc: An Analysis of Currency Arrangements in East Asia, IMF Working Paper 09/3. 2009.

6. Prasad, Eswar S. Monetary Policy Independence, the Currency Regime, and the Capital Account in China. Peterson Institute for International Economics. 2007.

人民币国际化与中韩金融合作

李世刚

一、中国作为开放大国的对外经济战略选择

改革开放30多年来，中国经济发展成绩斐然，形成了全方位、宽领域、多层次的对外开放格局。无论是从贸易依存度、外资占比等指标看，还是从宏观经济运行、法律法规、经济政策等层面看，中国已经是一个高度开放的大经济体，外部经济环境的方方面面变化都可能通过某种渠道对国内经济产生影响。同时，世界经济也越来越离不开中国，无论是全球产业分工、经济波动，还是全球经济平衡、国际金融货币稳定，都必须考虑中国因素。本次国际金融危机以及随之而来的全球经济大调整、大变革、大重组中，中国作为开放大国的地位和影响力进一步显现出来。

（一）未来十年全球经济版图中的中国

最近，世界银行行长佐利克及《经济学人》等外媒纷纷发表文章预测，未来一二十年中国经济的发展前景。文章称从过去经济增速的变化轨迹[①]来看，中国很有可能在2030年进入高收入国家序列，人均GDP届时将达到1.6万美元。未来20年是中国从中上等收入迈

① 过去20年，尤其是“十一五”期间，中国经济总量相继超过英国、德国和日本，成为世界第二大经济体；中国人均GDP按可比价计算，过去20年提高了5倍，2010年中国人均GDP为4382美元，进入中等收入国家序列。

向高收入阶段，以及经济总量“超二赶一”的关键时期。

综合国内外对中国经济潜在增长率的研究，① 我们可以对中国2020年乃至2050年的经济发展水平做一个简单的展望，即未来十年中国名义GDP增长率由目前的10.4%降至8%，其中2011～2015年年平均增长率为9%，2016～2020年年平均增长率为8%，2021～2025年和2026～2030年进一步下降至7.5%和7%，2031～2040年维持7%的水平，2041～2050年再降至6.5%。② 预测数见表1。

表1　中美两国名义GDP增速测算（2011～2050）　单位:%

情景假设	时间	美国	中国
乐观	2011～2015	3.0	9.5
	2016～2020	3.5	8.5
	2021～2025	4.0	8.0
	2026～2030	4.5	7.5
	2031～2040	4.0	7.5
	2041～2050	4.0	7.0

① 高增长经济在中高收入阶段增长明显放缓是一个普遍现象。根据我们对高增长经济体何时出现GDP增速的急剧或台阶式下降的国际经验研究，发现中国当前从人均GDP水平看已经进入到经济减速的高概率阶段。未来中国经济增长仍存在着诸多不确定性因素，准确预测未来经济增长有很大困难。对中国未来经济增长影响较大的确定性趋势有人口总量与年龄结构变动导致的劳动力供给条件的变化、由政策和人口结构导致的储蓄率变化和由劳动力再配置导致的全要素生产率的变化。通过生产函数估算发现这些确定性趋势将导致2011～2020年中国经济增长率比2000～2010年期间下降2.9个百分点。这意味着如果中国经济仍沿袭原有发展模式，未来10年就会出现明显的减速。需要注意，在确定性趋势之外，经济增长率还要受到众多难以计量的非确定性因素的影响，如体制改革、技术进步、管理改善、人力资本积累、国际环境等，因而未来中国经济增长减速的过程有可能比较平缓。

② 以上对名义GDP增速的情景假设，已经内含了对人民币升值和通货膨胀的考虑。此外，为了考察较为乐观或悲观的情景，我们将中性假设下各自时间窗口的GDP增速增加或减小0.5%予以表征。对于作为中国赶超目标的美国经济，未来40年的发展情景很难准确清晰预测，我们只能根据其历史数据对其经济增长速度做出假设。

续表

情景假设	时间	美国	中国
中性	2011～2015	2.5	9.0
	2016～2020	3.0	8.0
	2021～2025	3.5	7.5
	2026～2030	4.0	7.0
	2031～2040	3.5	7.0
	2041～2050	3.5	6.5
悲观	2011～2015	2.0	8.5
	2016～2020	2.5	7.5
	2021～2025	3.0	7.0
	2026～2030	3.5	6.5
	2031～2040	3.0	6.5
	2041～2050	3.0	6.0

资料来源：作者根据 World Bank 国别历史数据库测算和假定。

通过较为严谨的测算，我们可以预计，如果不出现特别严重的意外，2025～2030 年，中国将在经济总量上超过美国，人均 GDP 也将进入高收入国家序列；未来 40 年，也就是到 2049 年，在中华人民共和国成立 100 周年之际，中国人均 GDP 有可能赶上或超越美国。因此，可以判断，2020 年是中国经济发展的一个重要时间窗口期的开始。

（二）未来 20 年中国开放经济的三个判断

根据对全球经济的国别比较研究，我们对判断“经济大国”抑或“经济强国”的标准采取三个递进的层次加以衡量：一是基于各种经济要素数量和质量的比较，如人口、资源、土地等；

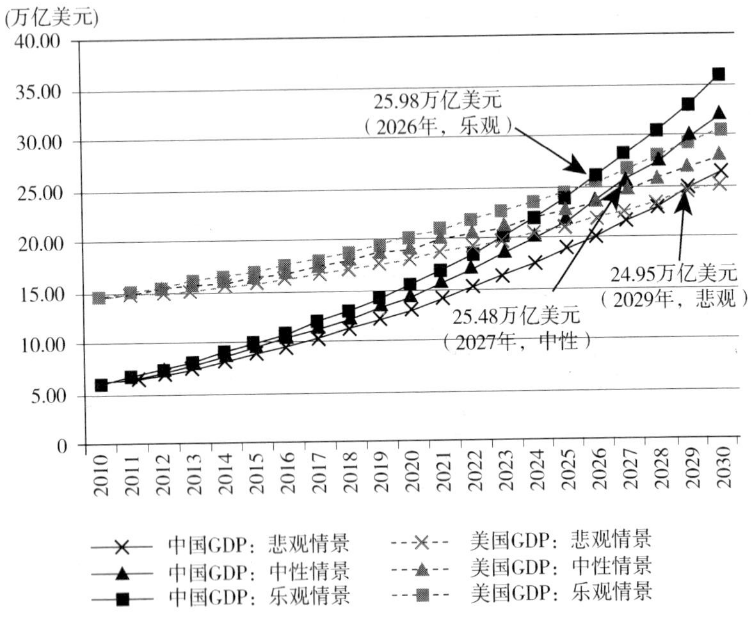

图1　中美经济 GDP 总量预测（2010～2030 年）

资料来源：作者根据历史数据和参数设定的测算。

二是 GDP 总量（在全球经济中的占比）和增速（对全球经济增长的贡献度）；三是对全球经济的影响力，如对国际市场大宗商品和可流动要素价格的影响力，对全球产业结构、分工体系变化和技术进步的影响力，对全球经济的外溢和吸纳能力（双向影响）等。2020～2030 年尤其是 2025 年之后的 5 年，对于中国经济而言将是一个具有新的里程碑意义的发展时期。一方面，中国经济将在这一时期超过美国，成为世界第一大经济体，实现历史性的总量“赶超”；另一方面，中国将在 2025 年左右从中等收入阶段转入高收入阶段，实现历史性的阶段“跨越”。未来一二十年，是中国经济在全球的地位和影响力从第二层次向第三层次跃升的时间窗口期。

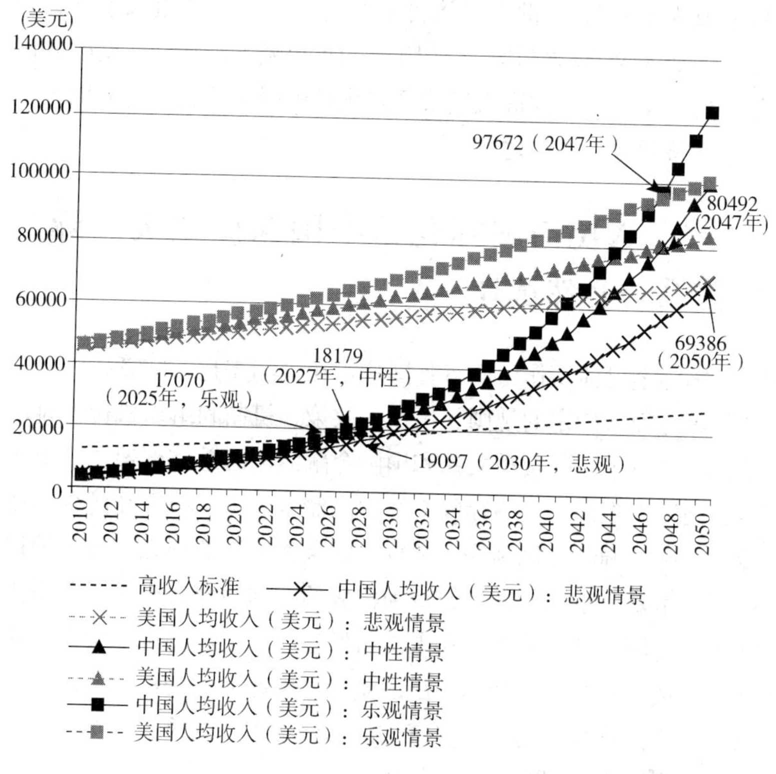

图2　中美人均 GDP 预测（2010～2050 年）

资料来源：作者根据历史数据和参数设定的测算。

根据以上述标准以及对未来 20 年中国经济发展水平的预测，我们有以下三个判断。第一，中国经济将由开放大国向开放强国的方向演进。第二，中国经济对世界经济的影响力将从“贸易投资”逐步拓展到“货币金融”领域。与目前及未来中国经济在全球经济总量和国际贸易量中的占比相比，人民币在国际支付和结算、金融资产计价和交易、储备货币构成等方面的表现，显得很不匹配。本次国际金融危机和欧盟国家主权债务危机的爆发，成为全球经济格局新变化的一个重要转折点。人民币国际化很有可能成为未来10年世界经济再平衡过程中的一个重大事件，也是中国加入WTO之后第二个10年的重要发展趋势。深度融入国际金融体系、稳妥推进人民币国际化是中国由开放经济大国走向开放经济强国的必由之路。

二、人民币国际化是中国深度融入国际金融体系的必然选择

国际金融体系作为调节各国货币在国际支付、结算、汇兑与转移等方面所确定的规则、惯例、政策、机制和组织机构安排的总称，构成了国际货币关系和国际金融活动的总体框架。主要包括：国际汇率体系、国际收支和国际储备体系、国别经济金融政策的国际协调制度机制等。现行国际金融体系的两大支柱，即以国际货币基金组织、世界银行为代表的全球性金融机构以及由美元主导的国际货币体系，在本次由发达国家引爆的国际金融危机和主权债务危机中，受到广泛的质疑，引起人们的深刻反思。未来全球经济格局变动势必将带来国际金融体系的重大变革，世界货币体系亦将呈现多元化的趋势。

（一）人民币国际化是中国参与国际金融体系改革的现实选择

金融危机后，改革国际货币体系的呼声在全球日益高涨。关于国际货币体系的改革方向，主要有四类观点：第一类主张是总体上仍维持现有体系，只作局部调整；第二类主张是发行超主权储备货币取代美元的核心货币地位；第三类主张是用多种主权货币或区域货币合作替代美元；第四类主张是恢复某种形式的金本位制。这四类观点各有其理论依据和现实考量，但也都有某些明显的缺陷和诸多实际困难，至今并

未形成国际共识。

比较人民币国际化、区域货币合作（东亚货币合作或亚元）和建立超主权货币这三种选择，我们认为，适时适度、积极稳妥有序推进人民币国际化，更符合中国主动参与国际金融体系改革的现实条件。

（二）人民币国际化也是中国对外经济战略的重要选择

目前中国对外经济存在一定的非平衡状态，尽管通过贸易和投资渠道，中国经济已经对全球经济具有一定影响力，但在货币和金融领域，对全球经济的影响力甚微。图 3、图 4 显示，中国在世界经济版图中的比重越来越大，新兴经济体在全球经济的份额也在不断扩大，但是从图 5、图 6 也可以看到，人民币并没有像发达国家货币那样，在银行资产、结算交易以及外汇储备结构中占据与其经济体量相应的份额。因此，可以说中国虽然已是一个“经济大国”，但从货币国际化的角度看，还是一个“货币小国”。

为了降低在对外贸易、跨境投资与外汇储备方面对美元的依赖程度，以及增加在国际金融体系中的话语权，中国未来应积极参与国际金融体系改革进程。中国的金融国际化战略分为三部分：人民币国际化、区域货币合作以及积极参与以 IMF 为核心的国际金融体系改革。鉴于区域货币合作和国际金融体系改革面临的实际困难和阻力，人民币国际化将成为中国政府首选的着力目标。国际货币体系重构以及 IMF 改革至少需要在全球主要发达国家和新兴发展中市场国家达成共识，东亚区域货币金融合作至少需要在中日韩和东盟形成共识；而人民币国际化可以由中国政府自主推进，更强的自主性决定了人民币国际化成为中国近期推进经济和金融国际化的重点领域。

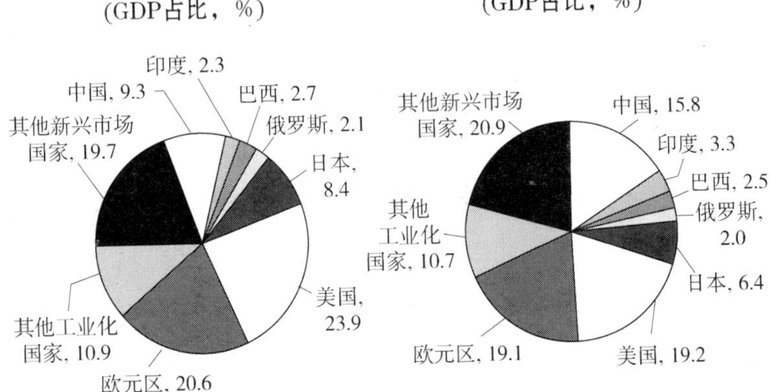

图3　中国经济与世界经济格局预测（2010～2020年）

资料来源：根据世界银行数据库进行计算和预测。

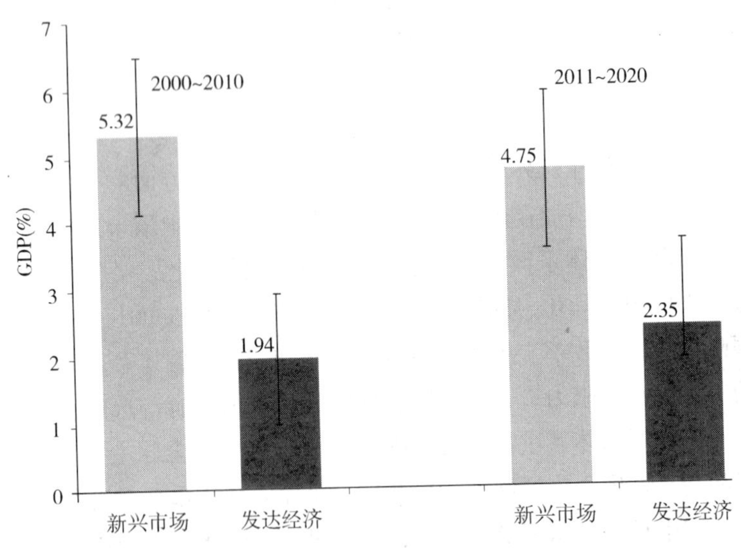

图4　新兴经济体与发达经济体经济增长率预测（2010～2020年）

资料来源：根据世界银行数据库进行计算和预测。

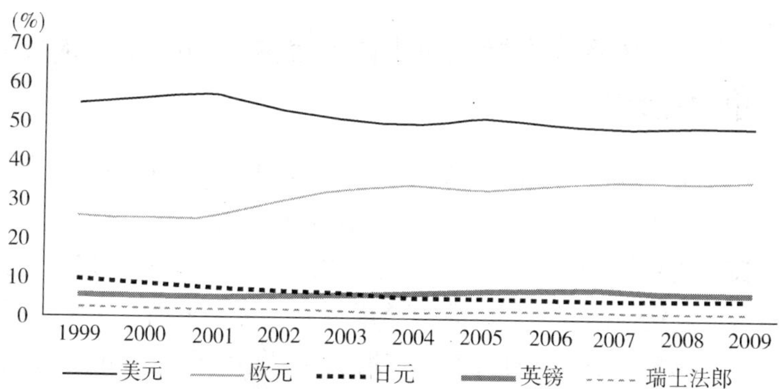

图 5　2010 年各主要国际货币在银行体系资产中的币种结构

资料来源：根据世界银行数据库和 BIS 数据库测算。

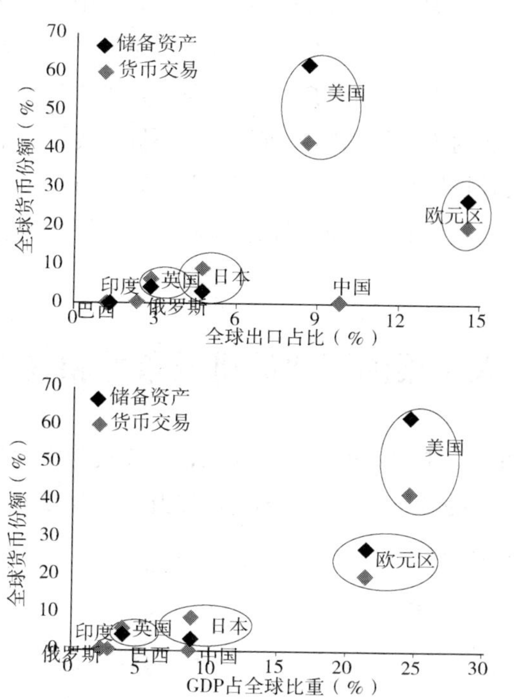

图 6　2010 年各主要国际货币在货币交易和外汇储备中的币种结构

资料来源：根据世界银行数据库和 BIS 数据库测算。

（三）人民币国际化是中国深度融入国际金融体系进程中的重大事件

深度融入国际货币金融体系，是未来十年中国经济“由大到强”的必由之路。一方面，国际金融危机后续影响、欧美债务问题长期化并长期拖累经济增长，提供了一个历史契机，以修正或重构业已锈蚀的现行国际货币金融体系。另一方面，未来10年新兴市场特别是中国良好的经济增长前景也使得“货币多极化”成为可能。因此，人民币国际化将是未来十年国际金融体系变化中的大事件。不过，人民币国际化的目标、步骤和路径，不可能先验设定，其他国家政府态度或政策的调整、全球市场对结算和储备货币的偏好、中国国内金融市场的改革发展、国际货币金融体系改革过程中有关各方的博弈，以及其他难以预见的不确定因素，都可能会对人民币国际化进程产生不同程度的影响。但无论中国对人民币国际化的目标、步骤、路径作何选择，人民币在世界货币体系中地位和角色的变化，都将成为国际金融史上具有标志性意义的大事件。

三、人民币国际化的机遇条件和成本收益

人民币作为主权货币实现国际化，应该成为中国促进国际货币体系多元化的基石，也是中国全面提升其国际政治经济地位的重大战略举措。

（一）人民币国际化的机遇条件

已有众多研究①分析了人民币国际化所具备的条件，我们这里仅对目前人民币国际化所具备的一些重要条件进行衡量。

表2 人民币国际化的条件

主要方面	我国状况的描述	打分
1. 国际政治权力	较强，第一阵营	★★★★★
2. 金融市场对外管制	名义上严格，实际上有漏洞，因此并不严格	★★★
3. 货币政策的稳定	有“通货膨胀目标制”的特点	★★★★
4. 强大、持久及“还原”能力	强大、不够持久，“还原”力较强	★★★★
5. 货币单位价值	介于日元与欧元、美元之间	★★★
6. 通胀情况	高于发达经济体、低于同水平国家	★★★
7. 是否经济、贸易大国	全球第二大经济和贸易体	★★★★★
8. 金融市场是否发达	规模庞大、市场化程度较低	★★
9. 是否市场选择的结果	有市场因素，但主要是政府推动	★★

注：“五星”表示完全满足货币国际化的要求，星数递减满足度亦递减。

---

① 此领域较为理论化的分析主要包括 Krugman（1980）等基于本国和外国货币之间的交易成本的分析、Chrystal（1984）等基于银行间外汇交换市场媒介货币的所谓“所询成本分析”、Devereux and Engel（2001）等基于不同货币购买力状况三类。而政策含义较为明确的分析，来自一些更为综合的研究。Mundell（2003）认为一国货币要成为国际货币取决于人们对该货币稳定的信心，而这又取决于以下因素：一是该货币流通或交易区域的规模；二是货币政策的稳定；三是没有管制；四是货币发行国的强大和持久以及货币本身的“还原价值”。他认为货币作为公共物品，具有内在规模、范围经济。市场的广度、深度是衡量一种货币利用规模经济和范围经济的程度，流通区域越大，货币对付冲击的能力越强。Bergsten（1975）认为，国际货币的条件应包括政治和经济两方面。政治上应具有强大的政治权力并得到国际合作的支持。在经济上，可从外部经济条件和内部经济条件两个角度分析：外部经济条件包括维持可兑换信心、合理的流动性比率和健康的国际收支及结构；内部经济条件包括保持经济增长、价格稳定、经济规模上的相对优势、经济货币的独立性以及发达的金融市场。关于国际货币史研究具有特殊意义。Dwyer Jr. 和 Lothian（2002）详细考察了国际货币的历史，发现国际货币有五个关键特征：一是单位价值高；二是长时间相对低的通货膨胀率；三是由主要的经济、贸易大国发行；四是发行国有发达的金融市场；五是国际货币的出现是人类行为选择的结果而不是人类计划的结果。

从表2可以看出，当前人民币的条件基本具备，欠缺较多的主要是金融深化、市场化、金融开放等方面。此外，还有三个特殊因素也为人民币国际化创造了难得的机遇，即，新一轮货币金融体系重构将人民币国际化推向前台，全球经济新格局要求货币体系多元化，国际金融体系改革面临的实际困难和阻力也是需要推进人民币国际化的一个现实因素。

（二）人民币国际化的成本收益

综合各类文献，人民币国际化的收益主要包括：获得铸币税收入、降低国际贸易投资交易成本、提高货币发行国国际地位、优化储备货币结构、促进世界政治经济多极化、获得经济政策调整的“非对称”优势、加快金融市场深化、减少货币错配风险等方面。

成本主要包括：宏观调控的难度加大、货币政策效力减弱甚至失效、面临更大的流动性和汇率波动风险、货币替代及“特里芬难题”困扰、国际化逆转性风险、外来资本冲击风险、金融监管难度加大、受制于大量持有本币的外国等。

在目前情况下，“积极防御”构成推进人民币国际化的主要动机。对外获得铸币税收入之类，或许不在考虑之列；提升在国际货币体系中的地位、促进国际政治经济多元化，必须从属于国家总体发展战略；继续通过对外开放促进对内金融改革发展，也只是连带的考虑。对于国际化之后的可能遇到种种冲击，目前还停留在理论讨论阶段，尚没有开展系统分析。所谓“积极防御”的动机主要是两方面：一是争取在国际货币格局转换中获得一定的主动权，二是避免以美元为主的高额外汇储备人民币升值出现巨额损失。

前期关于人民币国际化推进的研究，大多是围绕解决人民币国际化尚不具备的条件展开，例如，放开对资本项目管制，实现人民币完全自由兑换，建立发达完善并与国际金融体系密切联系的国内金融市场等。国际金融危机爆发以来，中国推进人民币国际化的实质性政策举措包括以下方面：一是与阿根廷、香港、韩国等签订本国主权货币互换协议；二是开展跨境贸易人民币结算试点；三是用人民币购买 SDR；四是继金融债后在香港发行人民币国债。总的来看，当前人民币国际化的市场力量还未真正形成，主要依靠政府推进人民币国际化的特征较为明显。①

四、人民币国际化的实证分析和前景模拟

（一）衡量一国货币的国际化程度

我们根据国际贸易结算中的币种结构、各国央行外汇储备的币种结构、国际债券中的币种结构三个维度，分析一国货币的国际化程度。此外，主要发达国家主权货币国际化的历史经验还显示，货币国际化一般要经过较长的“市场化”、“演进式”货币竞争和货币替代时期，其间货币国内外政治、经济、金融条件的成熟与否，对货币国际化进程至关重要。

（二）影响货币国际化水平的主要因素

总结 1960 年以后美国、英镑、德国（后为欧元）、日元这四种主要货币国际化的历史经验，根据对近 40 年来四种主要国际

① 目前中国政府推进人民币国际化的措施较为完善：既有促进人民币适度流出的措施，又有拓宽境外人民币投资渠道的考虑，也有提升作为储备货币地位的做法。但核心市场驱动力依然欠缺。境外贸易商短期持有人民币的意愿主要是着眼于人民币升值（持有人民币后在境外远期市场套利），但金融危机后，人民币升值步伐放缓，这一动力显著下降。从长期看，人民币不能依赖其在外汇市场套利的价值推动国际化，否则将成为第二个日元。

货币走势的计量经济学校验后发现，一国货币在各国央行外汇储备中的占比大小，首先取决于该货币发行国的经济和对外贸易规模在世界经济和贸易中的占比，其次取决于该货币实际有效汇率升值幅度，还取决于该货币的汇率波动程度。此外，货币发行国的金融市场规模、经济开放度也呈现出比较重要的影响。

（三）2020 年人民币国际化水平的情景模拟

在回归结果上，我们进一步模拟了未来年主要国际货币在国际储备、贸易结算及国际债券中的比重，特别是在假设人民币可完全自由兑换的前提下，人民币在国际货币中可能占据的比重。在完全可兑换假设和最乐观的预测下，到 2020 年人民币在各国外汇储备中的比重将大幅度上升到 17%，人民币在国际债券中的比重也将提高到 18% 左右。如果这一模拟情景成为现实，2020 年后人民币将成为重要的国际性货币之一。当然，这种模拟前景是在严格的假设前提下最乐观的预测，具有较大的不确定性。

五、人民币国际化的进展

人民币国际化的含义包括三个方面：第一，是人民币现金在境外有一定的流通量；第二，是国际贸易中以人民币结算的交易要达到一定的比重；第三，最重要的，是以人民币计价的金融产品成为国际各主要金融机构包括中央银行的投资工具，为此，以人民币计价的金融市场规模应不断扩大。同时，上述含义也是衡量货币包括人民币国际化的通用标准，其中最主要的是后两点。目前，人民币现金在港澳台地区和周边国家有一定的流通量，但在国际贸易结算与国际投资以及金融产品的计价及交易这两方面，人民币国际化的程度仍然较浅。

（一）跨境贸易人民币结算增长迅速但占比仍较低

人民币在跨境贸易中作为结算工具最初产生于边贸领域①，之后随着中国经济实力的逐步增强，人民币在跨境贸易中作用日益增大。在人民币持续升值的背景之下，鉴于金融危机之后美元汇率波动对中国进出口贸易的影响较大，2008 年 12 月底，国务院决定对广东和长三角地区与港澳地区、广西和云南与东盟的货物贸易进行人民币结算试点。之后在 2010 年 6 月 22 日，央行将跨境贸易人民币结算试点扩大至 20 个省市区，同时将境外结算地扩大至所有国家和地区；2011 年 8 月，央行又决定河北、山西等 11 个省的企业可以开展跨境贸易人民币结算，这样跨境贸易人民币结算境内地域范围扩大至全国。政策突破使得人民币跨境贸易结算增长迅速，但限于买方市场的压力，采用人民币计价和结算的贸易额占贸易总额的比重仍然偏低，特别是在大宗商品贸易中，厂商选择以人民币定价的仍然较少。以 2011 年为例，全国跨境贸易人民币结算金额累计达 2.08 万亿元，比上年增长 3.1 倍，其中货物贸易结算金额为 1.56 万亿元，仅占货物贸易总额的 7%。2012 年第一季度，该占比也只有 8%。虽然国际上一直看好未来人民币在大宗商品贸易作为交易结算货币的可能性，但目前中国石油和金属矿等产品进口商还在使用美元进行结算和支付。同美元在石油等重要战略物资市场上的定价能力和结算支付作用相比，人民币的差距仍然很大。

---

① 早在 1993 年，中国央行就和 8 个周边国家和地区的央行签署了边贸本币结算协定。

（二）以人民币计价和结算的金融产品市场缺乏广度和深度

鉴于人民币还未实现资本项目下的完全可兑换，目前主要依靠建立香港人民币离岸市场来推进人民币在金融产品交易的计价和结算国际化，境内和境外金融市场仍处在相对隔离的状态。以人民币计价和结算的金融产品市场还缺乏足够的广度和深度。

从广度来看，目前，在香港离岸金融市场上，以人民币计价和交易的金融资产总额据估计已达1万亿元[①]，但与境内人民币金融资产总额相比，所占的份额仍然很小。这同美元在全球离岸金融市场中的交易总额与美国境内金融资产总额的比例相差甚远。从深度来看，香港离岸市场上的人民币资产品种较少，同时，人民币回流的渠道和机制尚在建设与完善之中。目前，香港人民币金融资产的品种主要有人民币计价的债券和基金，但数量都较小，离岸人民币多数还是以银行存款的形式存在。因此，迫切需要打通、拓宽离岸人民币回流境内市场的渠道，否则香港人民币离岸市场的建设对人民币国际化不会起到实质性的推动作用。目前的做法，一是容许境外央行、清算行、银行，以及参与跨境人民币贸易试点的金融机构，包括基金公司及保险公司等，可投资内地银行间债券市场；二是允许香港企业的人民币资金以FDI及“小QFII”的形式到内地投资等。人民币离岸市场广度和深度的缺乏表明人民币国际化仍处于初级阶段。

（三）人民币作为国际储备货币仍在萌芽阶段

2010年9月，马来西亚央行买入人民币计价债券作为其外汇储备；2011年9月6日，尼日利亚央行发表声明称人民币将与

① 数据来源于凤凰网 www. finance. ifeng. com/forex/rmb/20110929/4700456. shtml。

美元、欧元和英镑一起成为尼日利亚外汇储备货币。这标志了人民币向国际储备货币迈出了第一步。但是，限于人民币没有实现完全自由兑换以及离岸金融市场广度和深度的缺乏，上述进展对国际储备货币体系尚无实质性意义。

六、推进人民币国际化与中韩金融合作

（一）中韩金融合作现状

中韩金融合作的契机主要是亚洲金融危机，在 1997 年之前的中韩金融合作仅限于官方的信息交流，没有实质性的合作措施。亚洲金融危机之后，中韩两国都认识到开展区域金融合作的必要性。因此，在多边合作的框架下，中韩金融合作开始逐步推进。总体来看，中韩金融合作主要还是以危机预防和救援为导向，合作的广度和深度都还很不够。

第一，中韩金融合作目前主要体现为有限的货币互换协议。以危机预防和救援措施为导向，2002 年 6 月在清迈倡议（CMI）框架下，中韩两国签订了 20 亿美元的货币互换协议；其后，2005 年 5 月在土耳其伊斯坦布尔的“10 + 3”财长会议上中韩把双边货币互换规模扩大到 40 亿美元，并将两国实际融资规模扩大到 40 亿美元，还将两国实际融资规模与 IMF 贷款规划脱钩部分比例由 10% 提高到 20%；再后，2008 年 5 月在马德里召开的“10 + 3”财长会议宣布，13 国同意为筹建中的共同外汇储备基金出资至少 800 亿美元，以帮助参与国抵御可能发生的金融危机。2008 年 12 月 12 日，中国人民银行和韩国银行宣布签署双向货币互换协议，规模为 1800 亿元人民币/38 万亿韩元（按 2008 年 12 月 9 日汇率计算）。中韩货币互换协议的有效期为 3 年，经双方同意可以展期。该项协议旨在向双方金融体系提供短期流动

性支持，并推动双边贸易发展。这是中韩金融合作的重大成果，但仍然是2008年美国次贷危机后中韩双方为预防危机向东亚扩散所采取的合作举措。从上述情况来看，目前中韩金融合作的主要目的是在金融危机发生时互助救援，防止危机对本国经济造成严重损害。

第二，中韩金融合作目前主要表现为多边合作框架下以会议、研讨等形式，缺乏较强约束性的制度安排。从1993年开始，中国人民银行与韩国财经部门共同牵头轮流举办每年一次中韩金融合作会议，主要内容是信息交流、人员培训等方面，还缺乏明确的深度合作目标和有序推进的计划及措施。在2008年12月签署双边货币互换协议前，两国主要在"10+3"的东亚经济合作框架下探讨金融合作，形成了一些合作构想、备忘录等，如中韩两国参与和推动亚洲债券市场的构想（ABMI）、区域金融监督机制与汇率协调机制的构想。2002年12月，中国金融监管部门同韩国的金融监督院签订了业务合作合同谅解备忘录（MOU）。

第三，中韩两国的某些差异使得金融合作存在一定难度。从经济总量看，中国已是世界第二大经济体，韩国是第十四大经济体，中国经济总量是韩国的5倍。但从经济发展水平看，韩国人均GDP已达2万多美元，而中国人均GDP尚在5000美元左右，同时，两国的金融组织体系和金融管理体制有很多不同。另外，韩国和美国在2007年6月30正式签署了韩美自由贸易协定，其后虽经曲折，已于2012年3月15日正式生效，中韩自由贸易区协定正式谈判才刚刚开始启动，扩大和深化中韩金融合作还缺乏足够的动力。

（二）中韩金融合作与人民币国际化的推进

中韩金融合作虽然取得了初步进展，但从中国的角度分析，借由中韩金融合作推进人民币国际化或能取得效果还有待观察。

这主要表现在：

第一，双方经贸结算货币主要还是使用美元，金融合作还没有涉及规避贸易结算风险和增加结算便利性问题，因此人民币在中韩跨境贸易中还未正式使用。中韩自建交以来，双边贸易快速增长。2011 年在国际金融危机拖累全球经济和贸易低迷的背景下，中韩双边贸易额仍达到 2206.31 亿美元，比上年增长 17.1%。其中，韩对华出口 1342.05 亿美元，增长 14.9%，自华进口 864.26 亿美元，增长 20.8%，韩方顺差 477.79 亿美元。但在双边的高额贸易中，采用人民币进行结算的几乎没有。仅在旅游领域，韩国国内有一些便利人民币兑换的措施，目的也在于吸引更多中国客源去韩国旅游。中韩双方采用本币进行贸易结算仍处在理论研究之中。2011 年 5 月 4 日，中日韩三国财政部长在越南河内发表联合声明表示，三国同意就使用本国货币结算相互之间进出口贸易展开可行性研究。鉴于中日韩三国外汇储备分别居全球第一、第二和第七位，如果上述协商进展顺利，则能对推进人民币区域性国际化起到重要作用。

第二，中韩在金融市场的合作尚处在初步发展阶段，韩国金融企业进入中国金融市场热情较高，但还没有形成较大的规模。2006 年中国加入 WTO 5 年金融开放过渡期结束，为中国和韩国金融机构相互进入对方市场创造了有利条件。在银行业方面，韩国几大商业银行通过各种方式拓展在华业务，中资银行相继进入韩国金融市场，在韩国开设分行。保险业方面，已经有 9 家韩国保险公司在上海、北京、青岛等地设立代表处和分公司，主要业务集中在财险和寿险领域。证券业方面，已有 6 家韩国证券公司在华进行投资。韩国证券交易所于 2003 年 3 月与上海证券交易所、深圳证券交易所签订了谅解备忘录，并且每年举行以中国企业为对象的上市说明会，到 2010 年为止，已经有 8 家中国公司在韩国证券交易所上市。目前，中韩两国金融机构在对方国家开办金融服务的主要对象还是以本国企业和居民为主，韩国金融机构涉及人民币业务较少。截至2010年12月31日，申请QFII资格的韩国金融企业只有8家，累计获批金额为10.45亿元，仅占全部QFII总额的5.3%。2012年，韩国国民年金管理公团获准中国A股市场的QFII资格，这是韩国金融机构进入中国市场的一个重要举措，也可以看作人民币区域性国际化的一个新进展。但是目前在韩国金融市场上，还缺乏足够的以人民币计价交易的金融资产，也还没有在韩国形成人民币离岸市场。

第三，人民币有望成为韩国中央银行的外汇储备币种之一，但具体措施还未落实。2011年5月，韩国计划在外汇储备中增加人民币资产，但前提是韩国政府先清除其国内监管部门规定的禁止外汇储备买入人民币资产的政策。因此，人民币能否成为韩国储备货币还需进一步观察。

七、结论和政策含义

未来10年，中国融入国际金融体系的深度，以及人民币国际化的程度，从根本上讲要取决于中国开放经济的发展和金融市场化改革的深化，政府政策选择应遵循市场演化规律，结合国内外经济、金融出现的新情况、新环境，相机动态优化抉择。

（一）人民币国际化的国内配套改革措施

在现行国际货币体系下，虽然每一种主权货币都可能通过竞争获得相应的国际地位，但维系美元霸权和少数发达国家主导的格局仍是现行国际货币体系的基本性质和特征。改革国际货币体系，使之更加透明、更加开放、更为公平，能够较好地适应国际经济格局的变化，竞争的外部压力才有可能强制充当国际货币的主权货币当局执行货币纪律。超主权储备货币目前还只是一种理论设想，人民币国际化才是中国推进国际货币体系多元化的基石。国际货币多元化要将经历漫长曲折的此消彼长过程，不大可能在短期发生戏剧性的变化。推进人民币国际化不能只看到成为国际货币的收益，看不到成本和风险，就仓促推出新的金融开放措施。

未来10年，中国应加快国内金融改革。“十二五”期间，力争在利率汇率市场化、资本项目开放等方面取得实质性突破，以此为基础积极稳妥地有序推进人民币国际化，首先可采取货币互换承诺等手段支持中小货币与人民币挂钩。建立一到两家具有全球影响力的官方国际开发性金融机构，加快上海国际金融中心建设，支持香港国际金融中心可持续发展。支持全球主要金融中心开展人民币离岸业务。支持香港发展与人民币相关的业务，可在近期为推进人民币国际化构建一个重要的“桥头堡”，并取得和积累必需的知识和经验；中长期看，扩大金融开放、建设上海国际金融中心仍是人民币国际化所必需。

（二）利用中韩金融合作促进人民币区域性国际化

人民币区域性国际化是迈向全球性国际化的必经桥梁。在东亚区域内，中国应借助中韩金融合作逐步推进人民币的区域性国际化。在金融危机后世界经济大调整、大变革、大重组的新形势下，中韩金融合作的目标应做必要调整，由目前单纯着眼于预防金融危机冲击和应急救援转向支持两国经济长期持续稳定发展和促进东亚区域经济一体化。

首先，根据前述中日韩三国开展的本币贸易结算可行性研究，中韩两国应尽快协商建立本币贸易结算的合作机制，在东亚区域内改变以美元为主的结算方式。实现本币贸易结算也有助于改善以三国外汇储备美元为主的不利结构，避免外汇储备的贬值。如果中韩两国本币贸易结算能够实现，则人民币可在区域性国际化上取得重要进展。

其次，中国和韩国可共同协商如何使外汇储备保值增值的方法，使两国高额外汇储备合理投资于各种不同的币种和资产。同时，通过适当的机制，协调两国货币汇率政策，避免汇市大幅度波动，中韩两国货币币值基本稳定。

再次，中韩两国应进一步鼓励对方企业在两国证券市场交叉上市，推动亚洲债券市场的建设，促进中韩资本市场的融合。两国应该进一步开放资本市场，支持本国金融机构进入对方资本市场，积极为中韩两国企业在对方国家发行债券创造有利条件，支持两国优质企业在对方证券交易所上市。两国资本市场的逐步融合，将对推进人民币区域性国际化创造重要的支撑条件。

（李世刚，国家发改委经济研究所助理研究员）

参考文献：

1. 中国国家发展改革委员会经济研究所课题组．中国经济高增长何时放缓？内部报告，2011. 12.

2. 李世刚．深度融入国际金融体系，稳妥推进人民币国际化．国家发展改革委员会经济研究所课题组报告，2012. 2.

3. 陈雨露，王芳，杨明．作为国家竞争战略的货币国际化：美元的经验证据——兼论人民币的国际化问题［J］．经济研究，2005（2）．

4. 张宇燕，张静春．货币的性质与人民币的未来选择——兼论亚洲货币合作［J］．当代亚太，2008（2）．

5. 张岸元．对我国参与构建新国际货币体系的几点认识．应对国际金融危机的对策研究简报，第90期，2009. 4. 国家发展改革委宏观经济研究院．

6. 王治华．中韩金融合作存在的问题和对策［J］．中国投资，

2012 (2) .

7. Bacchetta, Philippe and Eric Van Wincoop. A theory of the Currency Demomination of International Trade, Study Center Gerzensee, mimeo. 2002.

8. Gerald P. Dwyer Jr. and James R. Lothian, International Money and Common Currencies in Historical Perspective, Working Paper of Federal Reserve Bank of Atlanta 2002 -7, June 2002.

9. Ronald I. McKinnon, Optimum Currency Areas and Key Currencies. Mundell I versus Mundell II *, JCMS 2004 Volume 42. Number 4. pp. 689 -715.

从分工到一体化：从东亚视角论中韩经济交流的发展变化

郑焕禹

一、从东亚视角论中韩经济关系

经过中韩建交20多年的时间，韩国成为除中华圈（港澳台地区）之外和中国具有最密切经济关系的国家之一。中国是韩国最大的贸易伙伴和贸易顺差来源国，同时也是第二大投资对象国。韩国是中国第三大贸易伙伴（第二大进口国），同时也是第四大投资对象国（参考图1、表1）。

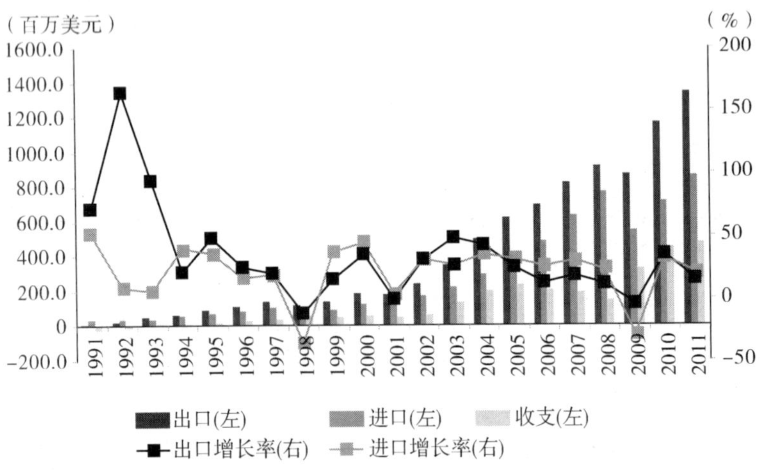

图1　中韩两国贸易发展变化（1991～2011年）

资料来源：kita. net（韩国贸易协会）。

表1　中韩两国贸易发展变化

年份	出口（亿美元）	出口增长率（%）	进口（亿美元）	进口增长率（%）	收支（亿美元）
1991	10.0	71.4	34.4	51.7	-24.4
1992	26.5	164.7	37.3	8.3	-10.7
1993	51.5	94.1	39.3	5.5	12.2
1994	62.0	20.4	54.6	39.0	7.4
1995	91.4	47.4	74.0	35.5	17.4
1996	113.8	24.4	85.4	15.4	28.4
1997	135.7	19.3	101.2	18.5	34.6
1998	119.4	-12.0	64.8	-35.9	54.6
1999	136.9	14.6	88.7	36.7	48.2
2000	184.6	34.9	128.0	44.3	56.6
2001	181.9	-1.4	133.0	3.9	48.9
2002	237.5	30.6	174.0	30.8	63.5
2003	351.1	47.8	219.1	25.9	132.0
2004	497.6	41.7	295.9	35.0	201.8
2005	619.2	24.4	386.5	30.6	232.7
2006	694.6	12.2	485.6	25.6	209.0
2007	819.9	18.0	630.3	29.8	189.6
2008	913.9	11.5	769.3	22.1	144.6
2009	867.0	-5.1	542.5	-29.5	324.6
2010	1168.4	34.8	715.7	31.9	452.6
2011	1342.1	14.9	864.3	20.8	477.8

目前，大多数研究都比较关注中韩两国经济关系在量方面的增长，并认为已经进入了发生质变的阶段。但是，为正确评价过去20年中韩两国积累的交流成果并展望未来，只将重点放在单纯的双边关系和量方面的增长是全然不够的。如果只关注中韩两国之间单纯的贸易量增加或贸易平衡问题，很难看清楚两国经济关系的真实情况。

举例来说，单从近几年欧盟的经济萧条→中国出口不振→韩

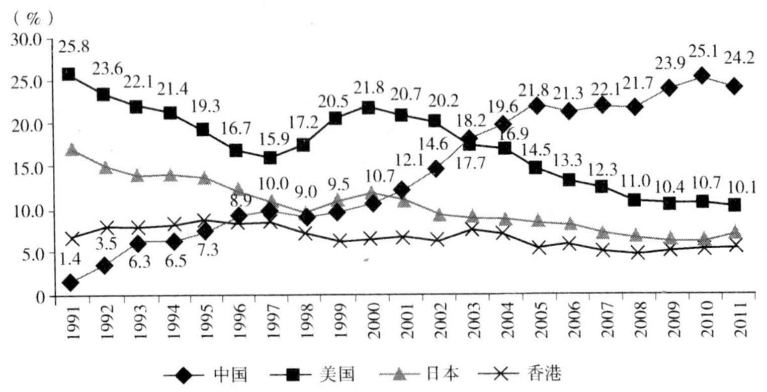

图2　主要国家在韩国出口中所占比重变化

资料来源：kita. net（韩国贸易协会）。

国对华出口减少等情况来看，两国建交以后中国不仅成为韩国最大的出口对象国，两国的进出口更是形成了联动关系。为此，韩国对华出口不仅受到中国本国的经济影响，还受到中国的出口成果，即，中国主要出口对象国家和地区的经济情况影响。这种中韩经济关系特点说明不仅应该关注中韩两国之间单纯的贸易量变化，更应该提出具有结构性的复杂观点。

本研究将通过关注上述中韩经济关系特点，指出应该在东亚地区层面的国际分工关系中分析中韩关系并解决相应课题。综上所述，中韩两国关系在初期（20世纪90年代）形成了以分工为基础的共生发展关系，但是近几年（进入21世纪以后），两国面向经济一体化的压力和必要性在逐渐扩大。这里所说的分工关系或基于分工的共生发展关系指的是，包括韩国在内的东亚国家在中国进行加工生产之后，向域外发达国家市场进行出口的分工方式。另外，一体化指的是通过相互开放市场（进入对方市场）、建立全球商务网络（Global Biz Network）加强企业层面的努力并取消市场准入壁垒、促进合作，最终扩大东亚区域内贸易。

二、共生性分工结构的成果与限制

中韩两国经济关系在中国改革开放之后取得了较快发展。特别是作为在中国20世纪90年代扩大开放和加入世贸组织（2001年）之后进一步推进的重建以中国为中心的东亚及世界经济秩序中非常重要的组成部分，两国经济关系取得了进一步扩大与深化。东亚地区的工业国家把中国看作加工生产基地，并从中国获得贸易顺差。在这一过程中，中国又对美国、欧盟等发达的域外市场保持着庞大的贸易顺差，进而形成了囊括东亚工业国家—中国—发达的域外市场在内的国际分工结构。同时，在这一过程中，韩国顶住了来自出口振兴政策成本上升的压力，而中国同样也顶住了资金不足和就业压力，并以此作为了发展动力，达到了双赢的分工效果。

值得注意的是，中韩两国形成的经济交流方式，分工关系，在其他东亚国家（地区）也有着类似的发展经验。如图3显示，台湾和韩国一样，从日本进口零部件和原料，在台湾经过加工后向中国出口中间产品，并又重新出口到美国等发达地区的域外市场。在这一过程里台湾对日本保持巨大的贸易逆差，却对中国保持贸易顺差的情况也和韩国如出一辙。在台湾地区中间产品占整个出口的比重甚至高于韩国。也就是说，台湾比韩国更好地将中国当作加工生产基地进行利用。

日本虽然与韩国、台湾有所不同，但基本上也形成了类似的贸易结构。日本向韩国和台湾出口零部件和原料为主的中间产品，同时又向中国出口过半以上的中间产品，保持整体上的贸易平衡。[①] 总而言之，日本形成并保持在向整个东亚地区提供中间

---

① 正确来讲，日本海关方面的统计显示日本对中国保持贸易逆差，但是中国海关方面的统计却显示中国对日本保持贸易逆差。

产品发挥供应基地作用的同时，向中国供应中间产品并将中国视为加工生产基地的贸易结构。

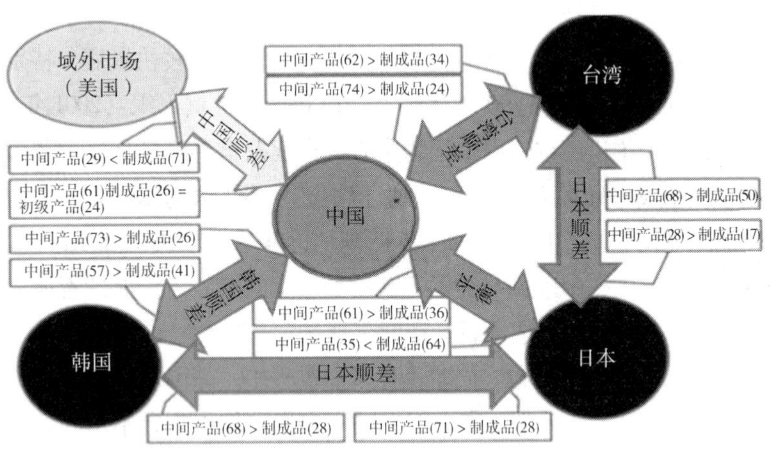

图3　中国中心的东亚及世界分工结构

资料来源：kita. net（中国海关统计）2011年资料，分类标准采用UN BEC代码；日本和台湾的贸易数据采用日本经济厅的数据，韩国和日本的贸易采用韩国关税厅统计；（　）里数字表示在该国的出口中所占比重。

这种结构既是由中国与东亚三个国家和地区（日本、韩国、台湾）的经济发展水平以及地位差异带来的偶然性结果，也是有意的政策结果。即，东亚三个国家和地区将中国视作加工生产基地，这是中国政府有意为之的政策结果。中国在推进改革开放的同时，也开始对加工贸易提供各种优惠政策。将对第三国进行再出口为前提的中间产品归类为加工贸易，并对其提供了免关税（准确来讲是退税）和增值税的优惠政策。其结果如图4所示，在20世纪80年代到90年代期间，加工贸易在中国整个贸易中所占比重快速增长，1998年达到了53.4%。其后，比重虽有所下降，但金额仍然保持着快速增长趋势。

中国实行这种“世界工厂”的加工贸易战略，结果令东亚三个国家和地区—中国—发达国家域外市场（美国、欧盟）之

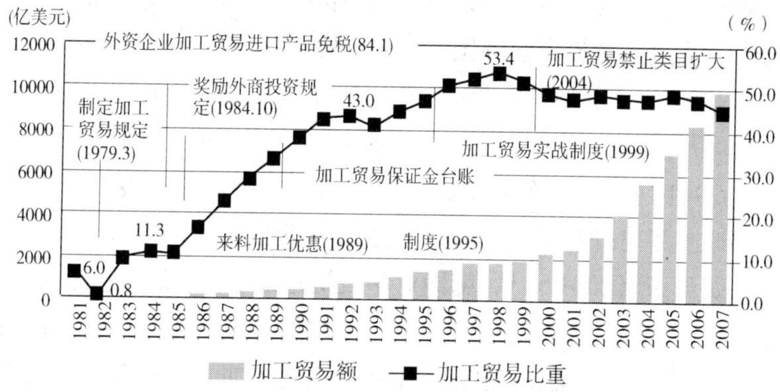

图 4　中国加工贸易政策与比重变化

资料来源：中国国家统计局等资料。

间形成了囊括中韩两国—区域（东亚）以及全世界的全球国际分工结构。

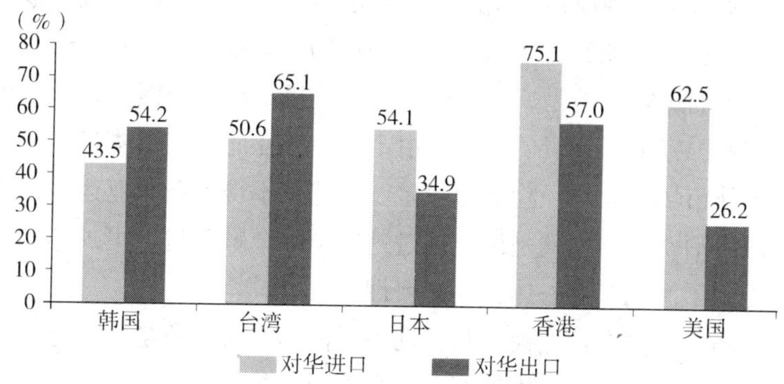

图 5　中国对主要国家（地区）加工贸易进出口比重（2007 年）

资料来源：中国海关信息。

由于中韩两国之间形成了共生的分工结构，中韩两国建交以来的 20 年时间可以说是两国共同发展的过程。韩国对中国的经济交流，特别是对华投资经过了两次投资热和两次调整期。首先，在第一次投资热（建交至亚洲金融危机爆发前）期间，韩国对华投资主要发生在山东省沿海地区，以中小企业的加工生产为主。通过这次投资热韩国的中小企业有效解决了韩国国内生产成本的上升压力，中国的山东省也在解决劳动力过剩问题的同时较为容易地挣得了外汇。接下来便迎来了第一次调整期。在20世纪90年代，由于东亚金融危机的爆发，韩国企业受到重创并大幅减少了对外投资。随着东亚金融危机的结束，特别是中国加入世贸组织（2001年），韩国对华投资迎来了第二次投资热。但是投资方式发生了较大转变。与过去以加工生产为主的第一次投资热不同，这次增加了很多大企业为主的在加工生产及开拓内需方面的投资。在投资地区上也从过去的山东省扩大到华东地区（长江三角洲、珠江三角洲、京津冀地区）等。

2008年的国际金融危机使韩国对华投资由第二次投资热转向了第二次危机。中国为应对国际金融危机和发达国家市场的萎缩，实行了大规模经济刺激计划。这不仅让中国快速摆脱了危机影响，也让东亚其他主要国家（地区）迅速摆脱了国际金融危机带来的影响。但是，这次国际金融危机给包括中国和韩国在内的东亚国家上了宝贵的一课。由于目前东亚的分工结构过度依赖于域外市场，应对风险能力较差。因此，不得不在东亚区域内寻找最终消费者。也就是说，通过这次国际金融危机，更加切实地感受到了实现东亚一体化的必要性。

随着两国在自然商品与劳动力方面的交流有所扩大，通过这种自然交流的增加，中韩两国在自然形成的东北亚分工结构中形成发展了分工关系。相比之下，两国在促进双边关系上所作的人为努力却微不足道。也就是说，虽然在经济合作上取得了一定成果，但是仍然具有相当大的限制。

虽然东亚分工结构已经形成自然的经济交流，并在此基础上实现了共同发展，但是经济合作却相对落后。如果说贸易投资是民间层面的自然交流，那么通商与国际合作指的是政府层面的人

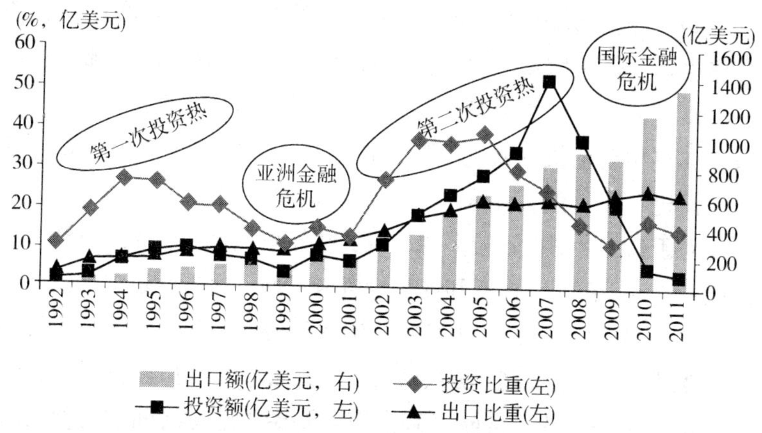

图 6　不同时期韩国对华贸易投资

资料来源：韩国贸易协会（kita. net），输出入银行。

为努力。政府层面的人为努力可分为双边通商与多边国际合作。

在表示双边合作的通商领域上，两国虽然做了多方面的尝试和努力，但仍然落后于自然贸易投资的扩大与深化。也就是说，虽然取得了一定成绩，但在相互放宽市场准入壁垒，甚至实行无差别对待（国民待遇）方面，实现制度化仍有一定距离。

首先，在贸易救济（反倾销、反补贴、保护措施）领域，虽然在经过诸多波折之后稳定下来，但是与实现制度化仍有距离。在反倾销方面，由于韩国对华出口的快速增长和贸易不平衡等问题，韩国成为中国主要的反倾销措施对象国。但是近几年中国对韩国采取反倾销措施的次数和程度出现了有所缓和的趋势。在贸易保护措施方面，两国虽然也经历过大蒜等一些极端事件，但并没有再发生类似事件。在非关税贸易壁垒（NTB）方面的合作也存在诸多改善的余地。第一，虽然技术贸易壁垒（TBT）、卫生与食品安全措施（SPS）等都是迫切需要解决的问题，但是由于中国目前的开放度较低、制度不完善、解决方案复杂等原因，到目前为止还没有得到进一步进展。第二，在非关税措施

(NTM)(包括进出口许可证、配额、进出口便利化等)领域的合作也远远低于贸易与投资的增长水平。在产业合作领域，虽然也尝试过很多，但结果却不尽如人意。虽然自20世纪90年代以来，在重型航空机的共同研发、核能合作、能源合作等多元化领域尝试过合作，但大体来看，其结果都并不理想。

对于韩国对华投资较多的领域，在保护投资者、促进投资方面的成果较多。在促进投资和保护投资者方面，通过制定中韩投资保障协议(2007年修订)、中日韩投资保障协议(2012年)等，提供了法律基础。但是，在双方投资自由化方面却没有达成任何协议。

虽然两国自然经济圈(环渤海经济圈，地方之间的协商与合作机构等)，特别是地方(政府)层面付出了诸多努力，但是仍没有取得实质性的进展。特别是中国的黄海沿岸地区，尽管地方政府领导人因关乎自己“政治命运”积极付出了努力，但仍然没有取得实际性的成果。

表2　中韩两国在各领域中的通商关系现状

领域	合作情况	备注(课题)
贸易救济 ——反倾销、反补贴税、保护条款	虽然在初期阶段反倾销、保护条款相关方面的牵制、摩擦发生较频繁，但是近几年在减少、缓和中	
非关税壁垒(NTB) ——TBT、SPS、NTM	开放与合作水平较低	应该加强相互统一制度、规范
自然经济圈、地方之间的合作 ——“环黄海经济圈”、“东北亚经济圈”、地方之间的合作	虽然有过积极、多方面的尝试，但是成果并不显著	缺乏中央政府层面的合作
RTA(FTA)	开始谈判(2012.5.2)	虽然启动有点晚，但效果应该很好

资料来源：作者整理得出。

虽然有上述的诸多限制，但是相信历经7年时间的准备，于2012年5月进入谈判阶段的中韩FTA将会成为今后中韩经济关系发生变化的重要契机。

尽管中韩两国之间存在上述诸多限制，但是韩国在主要贸易伙伴中对中国保持着最高水平的国际合作（多边合作）。首先，在WTO众多的中国主要贸易伙伴中，韩国成为承认中国市场经济地位（MES）（2005年11月）的国家之一。其次，两国在金融方面的合作可以称得上是在国际合作中取得最多成果的领域。"清迈协议"合作规模有所扩大，并在探索清迈协议成为多边化、制度化（常设化）方面的方案中，中国和韩国发挥着主导作用。[①] 在区域多边机构中，两国也一直保持着较高水平的合作关系。可以说，对于中国加大发挥作用的比重上，韩国大体上保持着"合作性观望"甚至是"合作性中间人"的立场。在G20峰会中，中韩两国保持了合作性支持关系。在中国处于敏感立场的TPP上，韩国也和中国一样持有观望态度。中国也一直积极赞成韩国在2006年提议过的ASEAN＋3（6）方案。不仅如此，两国对东亚地区的FTA以及中日韩FTA也都持有积极的态度。

三、近几年发生的变化

正如前面显示，在进入21世纪以后，中韩两国贸易和投资发生了一些变化。

（一）投资变化

近几年，从包括韩国在内的主要国家（地区）的对华投资趋势来看，中国经济的转型升级、内需市场重要性的加强、通商环境改善的重要性得到了印证。在2003～2007年期间，日本、韩

---

① 2011年10月，韩国银行与中国人民银行决定将韩元—人民币货币互换规模由之前的38万亿韩元（1800亿元）扩大到64万亿韩元，扩大了近两倍规模。

国、台湾等主要国家和地区对华投资呈现了急剧下降的趋势。相反，一直以来所占比重都持续下降的对华最大投资地区香港对华投资从2005年开始快速上升，2011年突破了60.8%（参考图7）。

香港对中国大陆投资的变化，主要是因为进入21世纪之后香港的通商环境发生了变化。根据中国大陆与香港之间的CEPA（2004年生效），2005年开始中国大陆正式对香港地区开放了服务业。之后，中国大陆与香港每年都通过后续的服务业开放协议继续扩大开放幅度。① 这样一来，一度下降到24.8%的香港对中国大

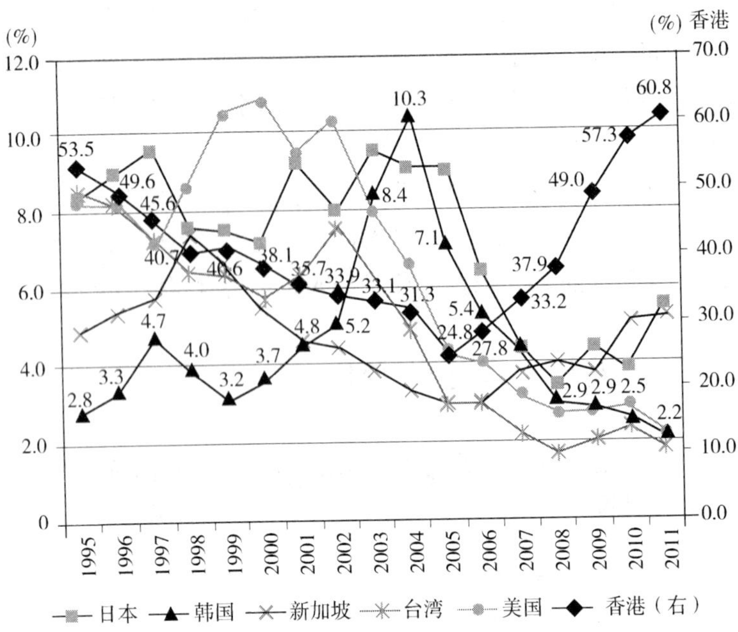

图7 主要国家（地区）对华FDI比重

注：考虑到香港所占比重较大，在右轴上单独标记。

资料来源：CEIC。

① 中国政府（商务部）发表，将在2015年之前实现中国大陆与香港服务业方面的完全开放。

陆的投资，出现了快速上扬趋势。同时，在中国引进的 FDI 中，服务业所占比重也从 2006 年开始快速上升（参考图 8）。这一点通过韩国对华以及对香港的投资也能看得出来。在 2006 ~ 2007 年期间，韩国对华投资的数量和比重都大幅下降。但是韩国对香港地区的投资在韩国整个的对外投资中所占比重有所上升，2008 年达到了 10.9%（参考图 9）。

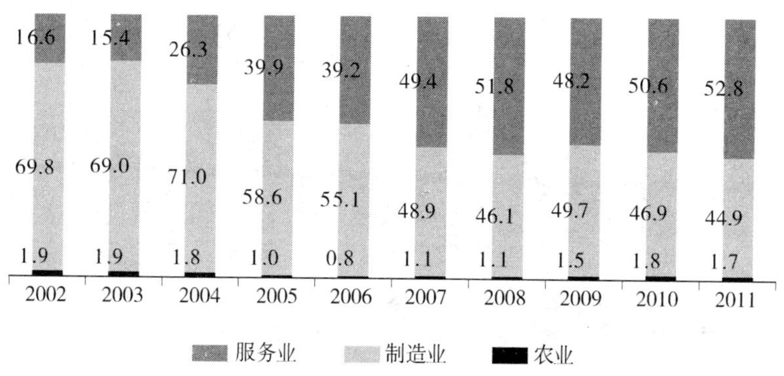

图 8　中国各产业中 FDI 所占比重

资料来源：CEIC。

这种在中韩两国，乃至在整个东亚地区，以中国为中心的投资趋势变化对今后两国经济的交流与合作有着重要的启示。一方面，中国经过经济的高速增长，在产业与市场方面逐渐成熟，做好了以服务业为中心的准备。这样一来，中韩两国之间的投资交流也必须以服务业为主，才能取得良好效果。另一方面，对中韩两国之间的交流而言，改善通商环境尤为重要。中国在加入世贸组织的时候，曾经承诺过一定程度上开放服务业。但是除了大陆与香港的 CEPA 之外，中国在其他任何一个 FTA 中都没有接受更为有意义的服务业开放。这样一来，对于韩国而言，为推进对华投资合作，今后推进更加有意义的服务业开放成为最重要的通商合作课题。当然，对目前通过 CEPA 对香港地区提供排他性优惠

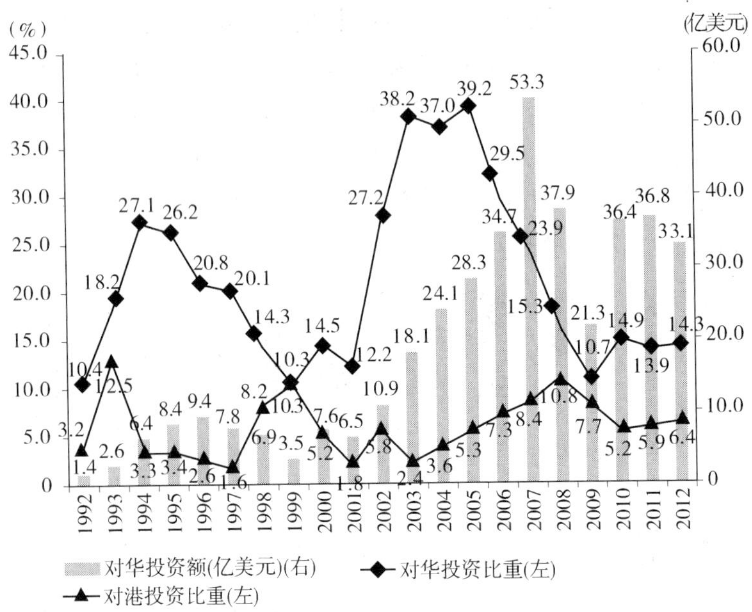

图 9　韩国对华及对香港投资变化

资料来源：韩国输出入银行。

的中国来说，为促进今后更加有意义的开放和交流，对韩国进行服务业领域的开放合作也同样是非常重要的课题。

（二）贸易变化

在贸易方面也出现了一些具有意义的变化。如上所述，象征着中韩分工结构的加工贸易比重持续下降，一般贸易比重持续上升。在 2007 ~2011 年，韩国对华出口中，加工贸易所占比重下降了 5.3%。这种趋势同样也出现在日本与台湾这两个东亚国家（地区）。同样，反映对发达国家市场出口的中国对香港与美国的出口中，加工贸易所占比重也有所下降。这说明中韩之间存在共生关系，但是这种薄弱的分工结构难以抵抗域外市场风险，同时也说明在中韩两国贸易中，中国内需市场变得越来越重要。

但是，在这里值得注意的是，只有韩国一个国家出现了与上述整体趋势相悖的情况。也就是说，只有韩国在对华贸易中加工贸易所占比重出现了上升趋势。2007～2011 年，韩国从中国进口中，加工贸易所占比重上升了 4.2%。同期，台湾的加工贸易比重几乎没有任何变化，日本却下降了 3.4%。这种情况说明，在中国加工生产的半成品或制成品对韩国的出口有所增长。即，韩国的最终制造功能有所弱化（这个被看作是产业空洞化），但同时也意味着围绕贯穿中韩两国的制造工程，分工进一步得到了深入发展。这说明取消以贯通中韩两国的制造工程为主的进出口关税以及对当地生产产品的关税与非关税壁垒非常重要。也就是说，通商合作变得越来越重要。

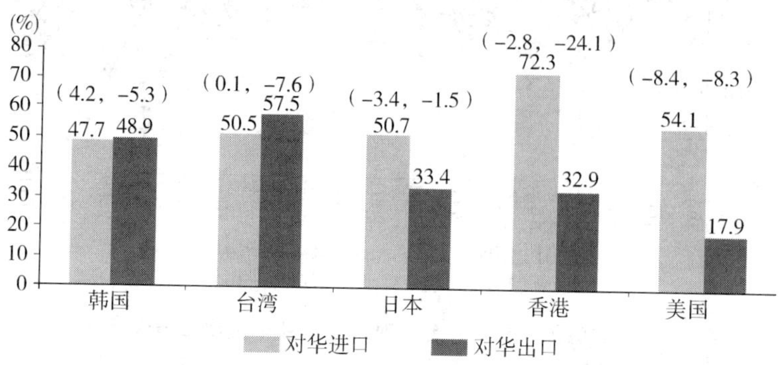

图 10　主要国家对华加工贸易比重变化（2007～2011 年）

注：（　）里的数据表示 2007～2011 年比重的增减幅度。

资料来源：中国海关信息中心。

近几年，以中韩及东亚国家（地区）与中国之间加工生产为基础的分工关系的弱化和中国内需市场的扩大，在相当程度上提高了对域外市场风险的抵抗力。这在 2008～2009 年全面爆发国际金融危机时表现得尤为明显。受到国际金融危机的影响，中国出口增长率下降到 -20% 的情况下，中国政府出台的经济刺激计划使东亚三个国家（地区）迅速恢复了对华出口，同时也成为缓解整个东亚地区经济萧条和恢复经济的原动力。即，通过此次国际金融危机，中国展现了在东亚地区内通过庞大的内需市场应对域外市场经济萎缩带来冲击的能力。实际上，2010 年拉动对华出口快速恢复的正是中国的内需市场。如图 11 和表 3 所示，当时被认为是典型的内需产品的石化、汽车及汽车零部件、施工机械设备等拉动了对华出口的恢复。

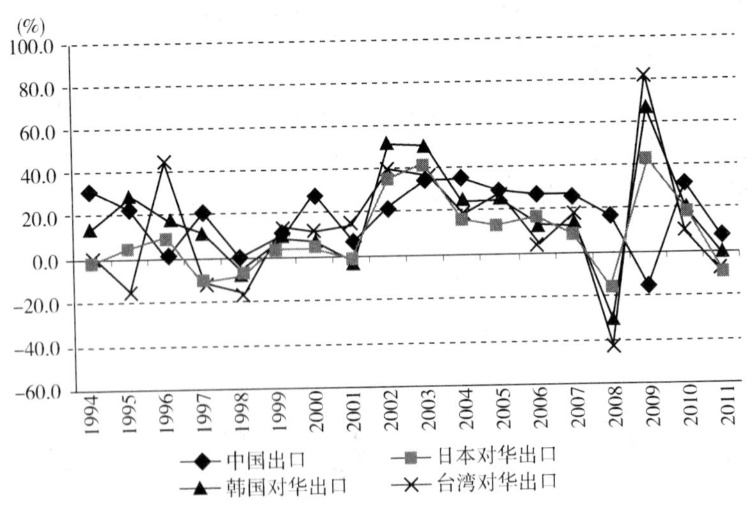

图 11　韩国、日本、台湾对华出口及中国出口增长率

资料来源：CEIC，kita. net（韩国贸易协会）。

表 3　韩国、日本、台湾对华出口及中国出口增长率

单位:%

年份	中国出口	日本对华出口	韩国对华出口	台湾对华出口
1994	31.9	-2.2	14.4	0.6
1995	22.9	4.2	30.0	-15.9
1996	1.5	9.4	18.6	45.9
1997	21.0	-10.0	11.4	-12.9
1998	0.5	-6.7	-8.1	-17.6

续表

年份	中国出口	日本对华出口	韩国对华出口	台湾对华出口
1999	6.1	2.6	9.1	13.4
2000	27.8	4.3	7.9	13.2
2001	6.8	-1.5	-3.4	15.6
2002	22.4	36.1	52.1	40.0
2003	34.6	41.8	51.1	36.2
2004	35.4	16.5	24.7	17.5
2005	28.4	12.6	26.2	28.2
2006	27.2	15.5	14.7	3.9
2007	26.0	9.6	13.8	19.2
2008	17.2	-15.4	-30.0	-44.3
2009	-16.0	42.7	67.5	81.2
2010	31.3	19.8	14.9	11.4
2011	6.9	-8.7	0.0	-7.6

资料来源：CEIC，kita. net（韩国贸易协会）。

表 4　韩国对华出口商品分类（2009 年，2010 年）
（商品分类标准：MTI6 单位）

排序	商品名称	2009 年			2010 年		
		金额（百万美元）	增长率（%）	比重（%）	金额（百万美元）	增长率（%）	比重（%）
	合　计	86703	-5.1	100.0	116838	34.8	100.0
1	LCD 设备	12707	86.3	14.7	17963	41.4	15.4
2	半导体存储器	5466	5.0	6.3	11805	116.0	10.1
3	其他无线通信设备配件	5154	-8.1	5.9	4329	-16.0	3.7
4	汽车零部件	2662	36.9	3.1	3783	42.1	3.2

续表

排序	商品名称	2009年			2010年		
		金额（百万美元）	增长率（%）	比重（%）	金额（百万美元）	增长率（%）	比重（%）
5	对苯二甲酸（TPA）	2522	－10.0	2.9	2857	13.3	2.4
6	处理器、控制器	1956	－8.9	2.3	2384	21.9	2.0
7	航空燃料	1596	－47.6	1.8	2036	27.5	1.7
8	其他蓄电池	1483	7.7	1.7	1686	13.7	1.4
9	建筑用重型装备零部件	907	10.8	1.0	1678	85.1	1.4
10	聚丙烯	1383	4.6	1.6	1603	15.9	1.4
11	重型乘用车	858	－2.1	1.0	1512	76.1	1.3
12	船用柴油机	1425	31.7	1.6	1505	5.6	1.3
13	其他光学器材零部件	1138	－75.4	1.3	1504	32.2	1.3
14	印刷电路	1042	－4.2	1.2	1474	41.5	1.3
15	其他半导体分立器件	497	87.6	0.6	1468	195.7	1.3
16	其他塑料产品	1008	11.8	1.2	1411	40.0	1.2
17	苯乙烯	1112	－26.6	1.3	1393	25.3	1.2
18	其他石化产品	1026	11.8	1.2	1317	28.4	1.1
19	其他石油产品	772	－8.0	0.9	1302	68.7	1.1
20	其他精密化学原料	841	－21.5	1.0	1300	54.6	1.1

注：本表采用韩国关税厅的统计资料，与本文引用中国海关统计数据有一定差异，但没有本质上的差异。

资料来源：kita. net（韩国贸易协会）。

但是，这并不意味着已经解决了东亚地区分工结构上的问题。近几年，虽然发生了一些变化，但是东亚的分工结构仍然基本依赖于域外市场，尚有风险发生的可能性。如图 12 所示，2011 年由于受到进一步恶化的欧债危机影响，中国出口不振，东亚三个国家（地区）对华出口也受到了较大冲击。中国是否会采取 2009 年那样的经济刺激计划，还有待观察。但是只要包括韩国在内的东亚国家（地区）与中国继续保持密切的加工生产型分工结构，所面临的风险就不会减少。不仅是中韩两国，东亚各国（地区）都面临着如何应对的重要课题。

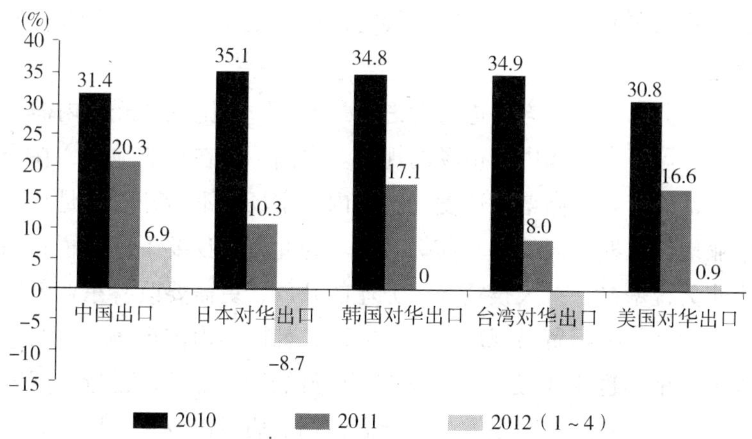

图 12　中国出口与主要国家（地区）对华出口增长率的变化

资料来源：kita. net（中国海关统计）。

四、从分工到一体化：通过中韩合作促进东亚合作

前面分析了中韩两国及东亚地区形成的国际分工结构的成功与限制。在过去 20 年，甚至追溯到中国改革开放初期，在这 30 多年的时间里形成的囊括中韩两国在内的东亚地区分工结构已经到了需要进行发展性转变的时刻。

韩国已成为在非中华圈国家（地区）中，中国最大的东亚

国际分工伙伴。今后应该怎么做？这需要从民间层面的贸易投资和政府层面的通商合作两大方向寻求答案。

（一）贸易投资

在贸易与投资领域中最大的课题仍然是相互扩大市场开放力度。如果要实现东亚地区国际分工结构的长期发展，在东亚区域内扩大最终消费才是终极解决方案。以内需为基础的增长，不仅是中国自身的重要课题，同时也是整个东亚地区的课题。

可分如下两个方面进行考虑：一方面，中国继续开放内需市场、韩国扩大进入中国市场的规模。中国不仅在东亚地区，在全世界都保持着最高增长速度。中国内需市场的不断开放将是整个东亚地区长期发展的基本前提条件。为此，不仅要下调关税，消除非关税壁垒、扩大投资与服务业的开放，更需要改善东亚各国共同面临的国际贸易规范。另一方面，韩国的内需市场开放与进入中国市场也很重要。韩国内需市场的绝对规模无法与中国相比，规模非常小。但是，韩国内需市场的质量以及对中国的意义非常重大。第一，从消费水平和人口规模上来看，在包括东盟的整个东亚地区，除了中国只有日本超越了韩国。第二，韩国消费者的水平和特点使韩国成为世界最高水平的试验台（test bed）。可以说，对中国企业而言，开拓韩国市场，如同走进了世界市场。第三，最重要的一点，就是韩国是整个东亚地区唯一与美国、欧盟等发达国家和地区签订FTA，消除了与庞大发达市场之间贸易投资壁垒的国家。对中国企业来说，韩国作为开拓世界市场的桥头堡，非常重要。

当然，为更好地发挥韩国应有的作用，除了中国进入韩国市场之外，韩国方面的努力也同样重要。韩国不能不消除中国政府和企业所担忧的有形、无形的各种非关税贸易投资壁垒。

更为重要的是，需要建立韩国—中国—东亚，乃至面向全世界的商务网络。虽然韩国与中国、日本与中国、中国大陆与台湾以及大陆与香港、中国与东盟等东亚国家（地区）之间已经形成了相互分工的结构，但是由于贯穿这些国家和地区的东亚商务网络建设还处于薄弱状态，因此，对东亚企业来说，今后建立健全网络将会成为非常重要的课题。例如，建立贯穿韩国—中国—东盟的企业层面的网络，并进一步扩大东亚地区跨国企业的这种商务形态。

（二）经济合作

中韩两国经济合作直接关系着中韩及东亚之间分工结构的发展与限制，以及今后中韩 FTA 等课题。对韩国而言，中韩 FTA 将成为韩国与世界最大的发展中市场、投资对象国以及贸易顺差来源国推进的 FTA。不能否认上述几点是韩国推进中韩 FTA 最重要的目的。

中韩 FTA 将成为东亚地区第一个区域一体化型的 FTA，这是中韩 FTA 最重要的特点。FTA 虽然是典型的区域贸易协议（RTA，Regional Trade Agreement），但实际上并不只限于近距离国家之间签订。根据签订当事国之间的距离，FTA 可分为远距离国家之间的 FTA 和近距离（周边国家、区域内）国家之间的 FTA。出于外交安全、确保区域贸易据点、确保资源等多种目的[①]考虑，远距离国家之间的 FTA 虽然比在世贸组织成立（1995

① FTA 可分为如下几种类型：从外交安全方面考虑强化纽带作用的类型（援助型）：发达国家或旧殖民地国家向过去在殖民地支配下的发展中国家提供市场，或为了继续维持外交安保纽带而签订的 FTA。包括美国与约旦等中东国家签订的 FTA，欧盟与旧殖民地发展中国家签订的 FTA 等；确保据点及市场开拓型：与距离无关，与那些可以提供市场或市场据点的国家签订 FTA。例如，韩国与智利、韩国与美国、韩国与欧盟等韩国到目前为止签订的大多数 FTA 属于这一类型；资源确保型：通过与资源富有国家签订 FTA，进一步促进投资与贸易便利化，并确保资源的一种类型。

年）之前有所减少，但是近几年由于各种理由仍然占不小的比重。实际上，这种类型的FTA在扩大全球水平的贸易投资网络和通过区域内国家之间经济一体化的扩大和深化建立稳定持续的合作体制方面具有一定限制。

相反，区域一体化型FTA，则是邻近（区域内）国家之间的FTA通常以区域经济一体化为目标或出发点。在WTO体制出台之后，全球水平的贸易自由化很难在短期内取得较大成果。在这样的背景下开始扩大的区域一体化型FTA，随着地区主义的发展，成为主流FTA。以在区域内国家之间的分工生产和在域外市场（美国、欧盟等）销售制成品为特点的东亚地区，在经历1997年和2008年两次金融危机之后，迅速对区域一体化的必要性达成了共识。在东亚地区生产的产品更多地在本地区内消费，并逐渐减少对域外市场的依存度，解除全球不平衡的压力是整个东亚地区面临的越来越迫切的问题。

区域一体化FTA虽然有很多积极意义，但由于受经济发展差异、制度差异乃至历史问题等影响，在具体谈判时会时常遇到困难。虽然东亚地区对区域一体化已达成共识，但是相比北美（NAFTA）、南美（MERCOSUR）等共同市场，东亚国家（地区）在FTA等区域一体化方面取得的成果不尽如意。这主要是区域内国家（地区）之间的巨大差异和历史问题等造成的。虽然区域一体化FTA在近几年成为主流，但是在包括韩国在内的东亚地区却难以成形。[①] 这种局限正是东亚经济一体化目前的状况，中韩FTA因此更具特殊意义。

作为东亚地区，特别是东北亚国家之间首个FTA的中韩FTA

① ASEAN（AFTA）是在很久之前，在特殊目标之下推进的区域一体化。但是在发挥实际性的区域一体化向心力上具有一定局限性。2004年以后一度终止谈判的韩日FTA由于是否再启动谈判，尚还不明朗，暂不在本文中进行讨论。

面临的主要课题将会是什么呢？

第一，在东亚地区内建立先进的 FTA 模型。为实现区域一体化，应该推动包括所有区域内国家（地区）在内的多边经济合作。但是东亚地区恰恰缺少这种向心力，这是东亚地区 FTA 的特点也是局限所在。与欧盟、北美自贸区（NAFTA）、南美共同市场（MERCOSUR）、海湾阿拉伯国家合作委员会（GCC）等大多数区域一体化型 FTA 不同，在东亚地区尚无贯通整个区域的多国 FTA。如图 13 所示，东亚地区只有双边、多边 FTA。目前，中日韩三国各自与东盟（ASEAN）、印度推进 FTA。其中，东北亚三国各自按照不同的战略与东盟构建 FTA 网络。尽管如此，东盟作为在整个东亚地区建立了最为广泛 FTA 网络的地区，仍然缺乏主导东亚区域一体化的力量。

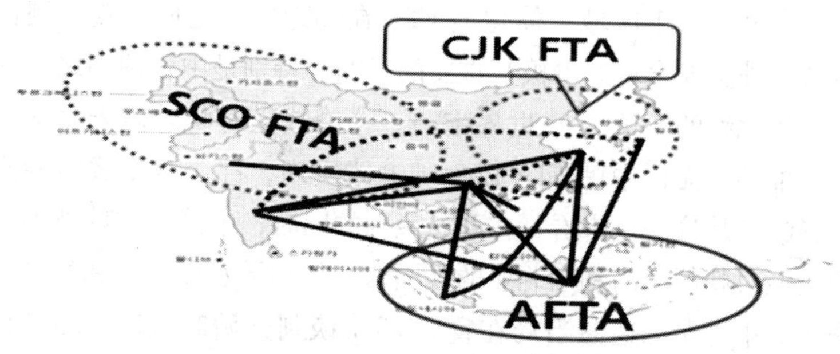

图 13　亚洲地区的主要 FTA 网络

注：实线椭圆表示已经生效的 FTA；虚线表示谈判中的 FTA；椭圆表示多边 FTA；实线表示双边 FTA。

资料来源：参考各种资料整理得出。

如果在同一区域内，同时推动各个不同的 FTA，很可能会丧失经济一体化的推动力并引起区域内混乱与潜在矛盾。因此，如果中韩 FTA 不能成为区域内其他 FTA 的模型，那么目前这种复杂、分段的 FTA 只能变得更加混乱。东亚地区除了中韩两国，还有日本和中华圈（香港、澳门、台湾）等国家和地区。只有在考虑这些国家（地区）之间的FTA推动方向的前提下，建立合作框架，才能避免区域内FTA之间的相互冲突。在这一点上，中韩FTA应该成为引领东亚地区经济一体化的模式。

第二，长期持续推动区域一体化。从国际趋势来看，尤其是东亚地区的发展趋势来看，无法避免区域一体化。但是，实现区域一体化需要付出长时间持续的努力。像东亚地区这样有着复杂的过去和国家之间存在千丝万缕关系及巨大差异的地区，尤为如此。因此，虽然中韩FTA很可能成为实现区域经济一体化的出发点，但是毫无疑问会遇到诸多困难。这些问题不可能一次性得到解决，也不能这样做，这就是FTA意义所在。只有通过持续有力的合作框架，逐渐推动谈判，才能实现FTA意义最大化。

第三，FTA不仅对经济非常重要，对外交安全也有着极其重要的意义。由于区域一体化型FTA在邻近国家之间实现，因此对域内外交安全也有着极其重要的影响。特别是中韩两国之间区域一体化型的FTA将在世界唯一一个冷战敌对状态尚未解除的地方推动。无论中韩FTA以何种方式实现，都会对冷战结构产生影响。从这一点来看，在开始谈判的同时，中国允许域外加工便已经对朝鲜半岛和东北亚的共同繁荣与和平发挥了极其积极的作用。中韩两国通商当局在宣布FTA谈判开始时（2012. 5. 2），承认朝鲜半岛域外加工地区（将在朝鲜生产的产品承认为韩国原产地）是极具意义的事情。图14简单介绍了上述中韩贸易投资发展方向与课题。

（郑焕禹，韩国国际贸易研究院研究委员）

参考文献：

1. Oh Yeongsok. 两国分工结构到产业内贸易增加的转变：韩国应对中国产业结构升级的出口与投资战略［J］. Chindia Jour-

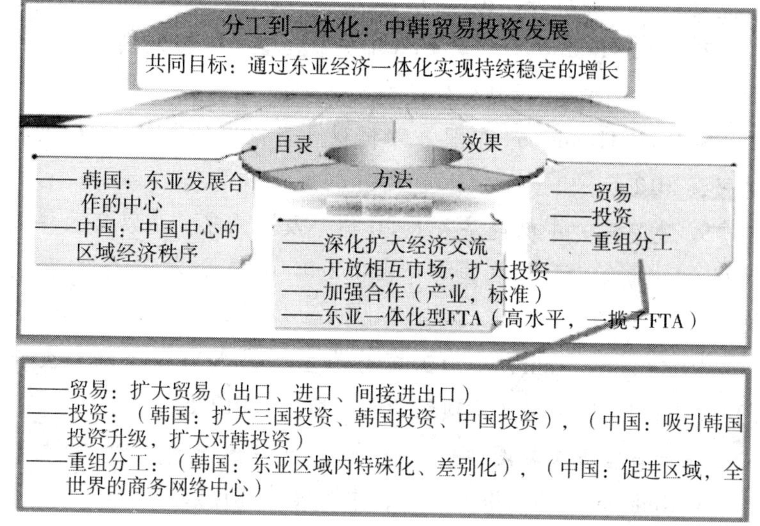

图 14　中韩经济关系的发展方向与课题

资料来源：整理本文内容得出。

nal（浦项经营研究所），2012. 5.

2. Eo Seongil. 对华投资结构变化进行中：通过相互战略性投资合作追求共生发展［J］. Chindia Journal（浦项经营研究所），2012. 5.

3. Lee Siuk，Park Haesik. 中韩经济合作现状与启示. 中韩交流 20 周年回顾与展望研讨会（韩国经济研究院）发表资料集，2012. 2.

4. 李章奎. 中韩经济关系，通过 FTA 将进入新局面：积极应对国际通商环境变化的重要性［J］. Chindia Journal（浦项经营研究所），2012. 5.

5. Jeong Sangeun. 迎接建交 15 周年的中韩经济关系的回顾与展望［J］. SERI CEO Information（三星经济研究所），2007. 8.

6. Jeong Hwanwoo. 中韩 FTA 谈判时投资领域的争议与启示.

国际贸易研究院报告，2012. 5.

7. Jeong Hwanwoo. 中韩 FTA 非关税壁垒争议与谈判启示. 国际贸易研究院报告，2012. 2.

8. Jeong Hwanwoo. 东亚一体化观点来论中韩 FTA. EAL 热点简报，2012. 5.

9. 池晚洙. 中韩经济关系 20 周年及其未来：从动态伙伴关系视角分析. 现代中国学会 2012 年春季学术大会发表论文，2012. 5. 12.

10. Choi Yongmin. 从加工贸易为主到进入内需市场转变中［J］. Chindia Journal（浦项经营研究所），2012. 5.

统计与官方文献网站：

1. Kita. net（韩国贸易协会、中国海关统计）.

2. 中国海关统计信息中心.

3. 韩国输出入银行.

4. 中国商务部网站.

中韩贸易平衡和可持续增长

李大伟

一、中韩贸易整体发展及失衡状况

（一）中韩建交以来，货物贸易总规模整体保持高速稳定增长趋势

根据中国海关提供的数据，1992 年中韩双边贸易额为 50.6 亿美元，其中中国从韩国进口金额为 26.23 亿美元，中国对韩国出口金额为 24.37 亿美元。从图 1 中可以看出，多年来，中韩贸易都保持快速稳定增长态势，只是在 1998 年和 2009 年受亚洲金融危机影响曾一度出现小幅回落。2011 年，中韩双边贸易总额达到 2456.3 亿美元，比 1992 年增长了 47.54 倍；中国对韩国出口金额为 829.5 亿美元，比 1992 年增长了 33 倍；中国从韩国进口金额为 1626.8 亿美元，比 1992 年增长了 61 倍。图 1 给出了 1992 ~ 2011 年中国和韩国的双边贸易总额，进口额和出口额走势。

（二）中韩双边贸易额在两国对外贸易中的份额明显上升

中韩两国地理位置相邻，要素禀赋和产业结构互补性强，两国建交后政治关系发展良好，因此双边贸易发展速度高于两国对外贸易的平均增速。从中国方面看，1992 ~ 2011 年间，中国出

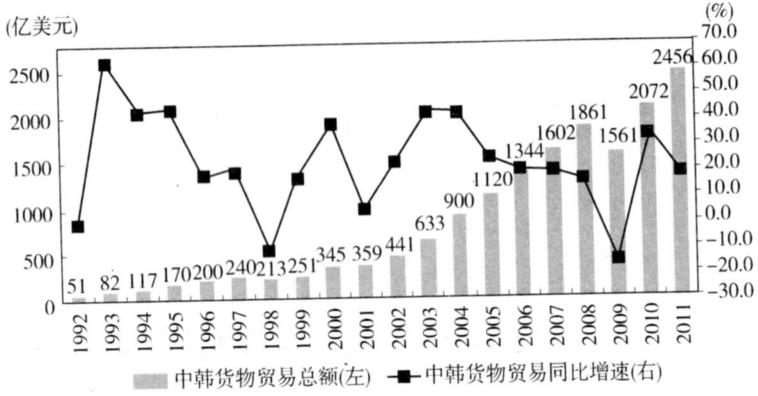

图1　中韩货物贸易总额及同比增速

资料来源：根据中国商务部数据库提供数据测算。

口额和进口额分别增长了21.33倍和20.62倍，均明显低于中国对韩国出口额、进口额增长33倍和61倍的幅度。因此，中国对韩国出口额占中国出口总额比重由1992年的2.9%上升到2011年的4.4%；中国从韩国进口额占中国进口总额比重由1992年的3.25%上升到2011年的9.3%。目前韩国已经是中国第四大贸易伙伴①（仅次于美国、日本和中国香港）。

韩国相应指标的发展趋势和中国类似。测算结果表明，1992年两国建交时，韩国对中国出口占其总出口额的比重仅为3.4%，从中国进口占其进口总额比重仅为4.6%，2011年已经分别升至24%和16.5%。目前中国已经是韩国第一大贸易伙伴。

（三）中韩贸易失衡是一个长期现象

中韩建交以来，中国对韩国的货物贸易一直呈现逆差，且逆差规模由1992年的1.76亿美元增长到2011年的797.3亿美元，

① 如果将欧盟和东盟视为两个整体对象，则韩国为中国第六大贸易伙伴。

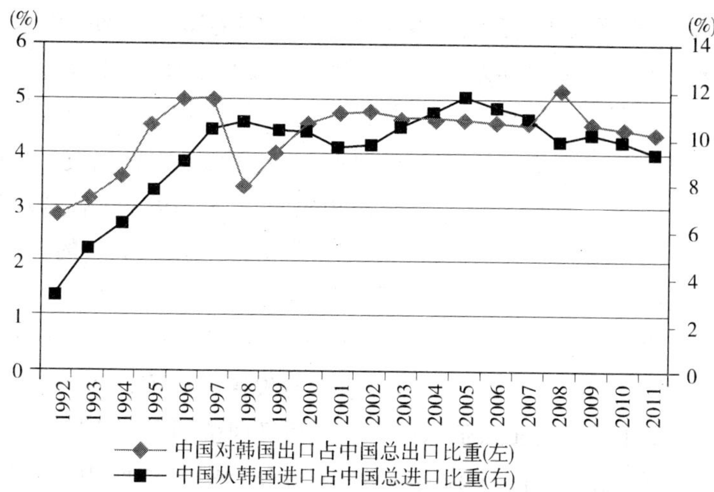

图 2　韩国在中国对外贸易各主要伙伴中的地位

资料来源：根据 UN Comtrade 数据库提供数据测算。

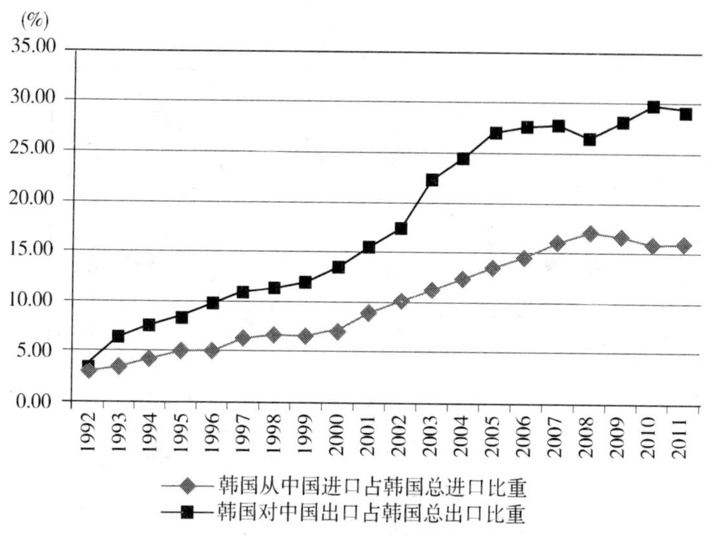

图 3　中国在韩国贸易伙伴中地位的上升情况

资料来源：根据 UN Comtrade 数据库提供数据测算。

在20年间增长了452倍。本文计算了1992～2011年两国的双边贸易失衡度（贸易逆差额和双边贸易总额的比值），用以衡量两国双边贸易失衡状况，结果如图4所示。从中可以看出，1993年是两国正式建交后的第一年，国家关系正常化对两国贸易，特别是韩国对中国的出口有着非常积极的作用，1993年韩国对华贸易顺差同比增长了12.44倍，贸易失衡程度由1992年的3%左右大幅上升到30%左右。此后，两国双边贸易失衡度就一直在20%～40%之间波动，大多数年份维持在30%左右。在国际金融危机爆发的2008年，中韩双边贸易失衡度一度回落到20%，为1996年以来历史最低水平，但随后又回落到金融危机之前的水平。从规模上看，并没有充分的证据认为中国对韩国的贸易失衡状况在显著恶化，1993年以来中国对韩国贸易逆差的增速与中韩贸易总额的增速基本一致。

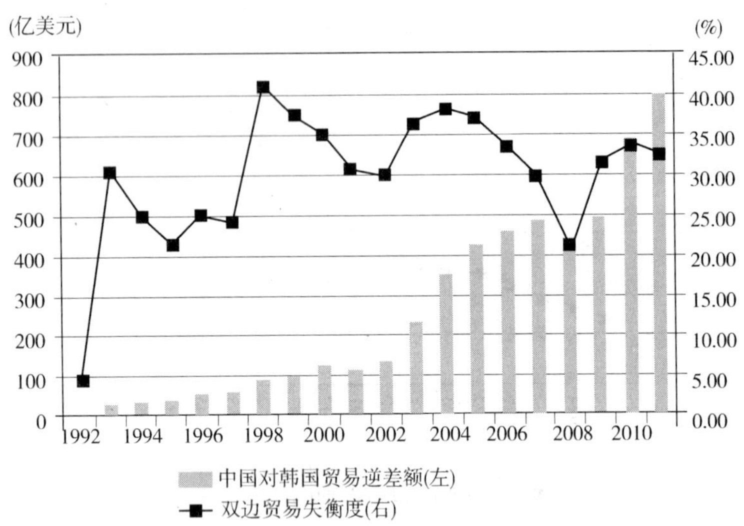

图4　中国对韩国贸易失衡状况

资料来源：根据UN Comtrade数据库提供数据测算。

二、中韩贸易失衡的原因分析

从历史数据看，中韩贸易失衡并不是一个短期现象，而是伴随着20年中韩贸易发展的始终。然而，这并不意味着在不同阶段中韩贸易失衡的推动力量是一致的。双边贸易失衡的原因不同于一国整体的贸易失衡。从整体上看，根据国民收支核算体系，一国整体贸易明显失衡是内需过旺或不足的体现；但具体到两个国家之间的贸易失衡，往往与两国的要素禀赋差异和产业分工相关。

本文选择1993年（中韩刚刚建交）、2001年（亚洲金融危机之后、中国加入WTO之前）和2010年（全球金融危机之后）这三个具有分段式意义的年份，通过对两国双边贸易结构的分析来探究两国贸易失衡的深层次原因。

（一）中韩贸易结构的变化情况分析

1. 中国对韩国出口商品逐渐由初级产品、劳动密集型轻纺产品为主转向机电产品为主

在中韩建交初期，由于两国资源禀赋条件和发展阶段的差异，中国在重化工产品、机电和高技术产品领域相较韩国处于明显比较劣势。而在初级产品处于相对比较优势。因此，初级产品成为中国对韩国出口的主导产品。据测算，1993年中国对韩国出口商品中，矿物燃料和谷物两项初级产品的出口额分居前两位，两者之和占出口额的比重接近1/3。

随着中国经济的快速发展和产业发展水平的提高，劳动密集型轻纺产品和机电类产品在中国对韩国出口中的比重不断提高。2001年中国对韩国出口商品中，针织编织服装及附件和非针织编制服装及附件分别占总出口的5.44%和6.96%，在各

类商品中居第五位和第三位；而电机电子产品及附件所占比重则高达19.85%，在各类商品居第一位。2010年，中国对韩国出口的商品中，电机电子产品及附件占28.62%，核反应堆和机器设备占13.15%，分列前一、二位；而两大服装类产品所占比重已经降至2%以下，矿物燃料仅占2.87%，谷物更是降至1%以下。

2. 韩国对中国出口商品逐渐由重化工产品为主转向机电高新产品为主

中韩建交时，韩国工业化进程已进入后期阶段，对中国出口以重化工产品和机电产品为主。1993年韩国出口中国的商品中，钢铁和塑料等重化工原材料产品占据较大份额，所占份额合计接近1/3，核反应堆和机械设备、电子电机设备两项所占份额合计约为1/5。而2001年，机电类产品所占比重出现明显上升，核反应堆和机械设备、电子电机设备两项所占份额接近1/3，钢铁和塑料两类产品合计所占份额下降为不到1/5；到2010年，排名前三的则是电子电机设备、精密仪器设备和核反应堆及机器，所占比重分别为35.16%、16.88%、10.93%，而钢铁和塑料两类产品所占比重仅为1/10，详见表1、表2、表3。

表1　1993年中韩双边贸易的商品结构　　单位:%

中国从韩国进口	占比	中国对韩国出口	占比
化纤短纤	6.42	棉花	4.27
核反应堆、锅炉、机器及零件	9.52	电机、电视、录音机及零件	5.44
电机、电视、录音机及零件	10.72	化纤短纤	8.83
塑料及其制品	11.09	谷物	14.75
钢铁	20.37	矿物燃料、矿物油、沥青和矿物蜡	16.66

资料来源：根据UN Comtrade数据库提供数据测算。

表 2　2001 年中韩双边贸易的商品结构　　单位：%

中国从韩国进口	占比	中国对韩国出口	占比
矿物燃料、矿物油、沥青和矿物蜡	8.25	针织物、钩编织物及衣着附件	5.44
有机化学品	8.90	核反应堆、锅炉、机器及零件	5.84
核反应堆、锅炉、机器及零件	9.17	非针织和钩编服装及附件	6.96
塑料及其制品	11.49	矿物燃料、矿物油、沥青和矿物蜡	9.66
电机、电视、录音机及零件	23.10	电机、电视、录音机及零件	19.85

资料来源：根据 UN Comtrade 数据库提供数据测算。

表 3　2010 年中韩双边贸易的商品结构　　单位：%

中国从韩国进口	占比	中国对韩国出口	占比
有机化学品	6.65	钢铁制品	3.72
塑料及其制品	7.73	精密仪器设备（如光学设备）	4.34
核反应堆、锅炉、机器及零件	10.93	钢铁	8.97
精密仪器设备（如光学设备）	16.68	核反应堆、锅炉、机器及零件	13.15
电机、电视、录音机及零件	35.16	电机、电视、录音机及零件	28.62

资料来源：根据 UN Comtrade 数据库提供数据测算。

3. 中韩产业内贸易程度日益上升

国际贸易理论将两国双边贸易类型分为产业内贸易和产业间贸易。随着经济全球化进程的推进和现代信息技术的革命性发展，产业内分工逐步取代传统的产业间分工成为国际产业分工的主要形式，相应地，产业内贸易逐渐取代传统的产业间贸易成为国际贸易的主要形式。在产业间贸易中，同一产业产品基本上是单向流动，而在产业内贸易中，则同一类产品呈现出双向流动的态势。一般而言，可以用用 Grubel & Lloyd（1975）提出的 GL 指数来计算中韩两国的产业内贸易程度：

假定某产业 j 下有 N 种贸易品，则该产业的 GL 指数为：

$$GL_j = \frac{\sum_{i=1}^{N}(X_i + M_i) - \sum_{i=1}^{N}(|X_i - M_i|)}{\sum_{i=1}^{N}(X_i + M_i)} \times 100$$

其中，X_i为第 i 种产品的出口，M_i为第 i 种产品的进口。

GL 指数的含义是：产业内贸易是产业贸易总额减去该产业中进出口差额后的余额部分。如某国某个商品只有出口没有进口，或者只有进口没有出口，则该商品的 GL 指数为零，说明某国是某个商品的净进口或出口国，不存在产业内分工；而如果某国某个商品的进出口数相同，其 GL 指数则为 100，说明该商品完全是产业内贸易，产业内分工程度非常高。

为此，本文计算了 1993 年、2001 年和 2010 年三个年度中韩两国的 GL 指数。计算结果表明，中韩两国的 GL 指数 1993 年为 36，2001 年升至 43，2007 年进一步上升到 47，2010 年更上升到 49，呈现明显的持续上升趋势。

然而，中韩双边贸易中，不同产业的产业内贸易程度和方式有所不同。分产业考察，可能存在单向贸易（产业间贸易）、垂直型产业内贸易、水平型产业内贸易和产品内贸易四种形态。对此，应分别就不同产业进行差异化的比较研究。

4. 零部件在中国从韩国进口中的比重持续上升

产业内贸易迅速上升的一个重要原因是，跨国公司的全球生产经营体系在不同国家和地区内布局导致大量的“内部贸易”，即跨国公司主导的在其下属企业及关联企业间基于企业内价值链分工关系进行贸易，这种贸易大多数体现为零部件贸易。本文运用联合国贸易数据库计算了零部件贸易在中韩双边贸易中的比重，结果如图 5 所示。零部件在中国从韩国进口中所占的比重呈现持续上升趋势，由 2001 年的 20% 左右上升到目前的 40% 以上。

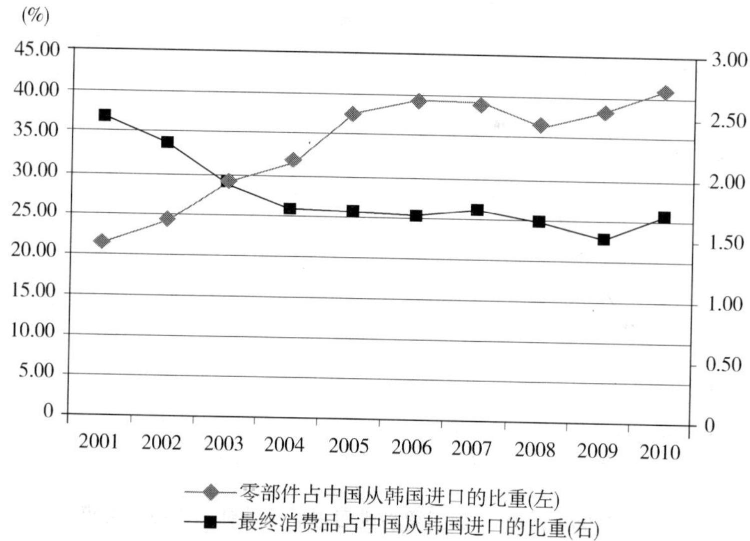

图 5　2001～2010 年零部件占中国从韩国进口的比重情况

资料来源：根据 UN Comtrade 数据库提供数据测算。

5. 加工贸易在中韩贸易，特别是中国从韩国进口中占据重要地位

过去 20 年，在跨国公司的全球生产链中，由于韩国高附加值的零部件具有比较优势，而中国在加工组装环节具有明显的比较优势，因此三星、LG 等韩国制造业企业通过在中国投资建厂，采取加工贸易方式进口零部件进行加工组装生产电子产品的趋势非常明显。如三星公司早在中韩建交的 1992 年就开始在中国设立电子产品生产线，生产电视机等产品。而在亚洲金融危机之后，韩资企业向海外转移低附加值制造环节迅速加快，加工贸易在中韩贸易中的占比也随之上升，2004～2008 年均超过 50%，如图 6 所示。

需要指出的是，中国对韩国加工贸易出口额远低于中国从韩国的加工贸易进口额。2008 年中国对韩国的加工贸易出口额为

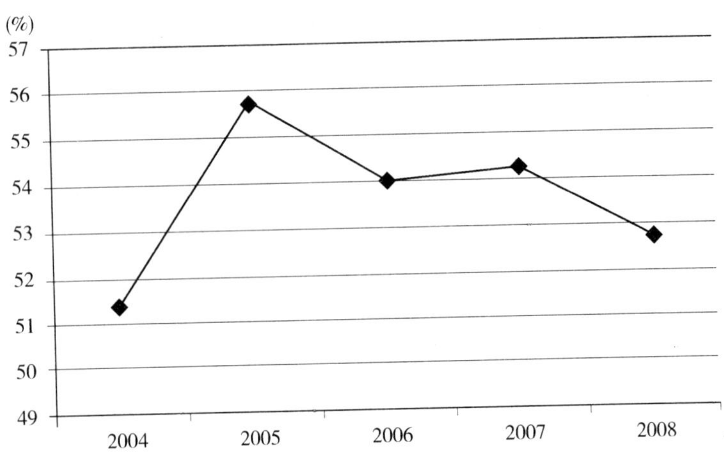

图6　2004～2008年加工贸易进口占中国从韩国进口的比重

资料来源：根据国研网数据库提供数据测算。

321亿美元，中国从韩国的加工贸易进口额达591.33亿美元。这是由于中国从韩国以加工贸易方式进口的零部件所生产的制成品主要销往欧美发达国家市场而非返销韩国本土。

（二）分商品类别的中韩双边贸易比较优势分析

如前所述，中韩两国不同时期不同产业的贸易结构是存在明显差异的。因此，仅仅从总规模上难以准确描述中韩两国的贸易失衡状况，必须就不同类别的产品进行深入分析。本文通过双边贸易专业化指数（RTSC指数）和区域显示性比较优势指数（RRCA指数）的计算分析两国不同年份的比较优势。c国对r国在i产品的RTSC指数的计算方法如下：

$$RTSC_{i,cr} = (EX_{i,cr} - IM_{i,cr}) / (EX_{i,cr} + IM_{i,cr})$$

其中，$EX_{i,cr}$为c国向r国出口的i产品规模；$IM_{i,cr}$为c国从r国进口的i产品规模。

国家c的产业i对国家r的显示比较优势$RRCA_{i,cr}$被定义为：

$$RRCA_{i,cr} = (X_{i,cr}/X_{cr}) / (M_{i,r}/M_r)$$

其中，$X_{i,cr}$表示国家 c 产业 i 对国家 r 的出口值，X_{cr}表示国家 c 对国家 r 的总出口值，$M_{i,r}$表示国家 r 在产业 i 的总进口值，M_r表示国家 r 的总进口值。可见，RRCA 表示的是 C 国出口到 r 国中 i 产业所占的比重与 r 国全球进口中 i 产业比重之比。

一般认为，当 $RRCA_{i,cr} > 1$ 时，说明 c 国和 r 国双边贸易中 i 产品所占比重要高于 r 国 i 产品进口所占比重，说明国家 c 的产业 i 在国家 r 具有比较优势，$RRCA_{i,cr}$越大比较优势越大；而 $RRCA_{i,cr} < 1$，表示国家 c 的产业 i 在国家 r 具有比较劣势，$RRCA_{i,cr}$越小，比较劣势越大。

依据 RRCA 指数指标，两国产业竞争和互补的判定标准如下：

当 RRCA1 >1，RRCA2 <1 时，则可判断国家 1 在该行业竞争力强，对方竞争力弱，是互补性产业且国家 1 具有比较优势。

当 RRCA1 <1，RRCA2 >1 时，可判断国家 1 在该行业竞争力弱，对方竞争力强，该行业是互补性行业且国家 2 具有比较优势。

当 RRCA1 和 RRCA2 均 <1，且双方在全球（或美国）市场占有率都较高时，该产业存在竞争关系，在全球（或美国）市场占有率都很低时可判断该行业既无竞争也无互补。

当 RRCA1 和 RRCA2 均 >1，并且在全球市场（或美国）占有率都较高时，该产业存在产业内贸易，表现出水平分工特征。

但需要注意的是，RRCA 所说明的比较优势并不仅仅是 c 国和 r 国之间的对比，而是 c 国在 r 国市场中和其他所有来源地的商品的对比。完全可以出现这样一种状况，即 c 国相对 r 国的本土产品具有明显的比较优势，但相对 r 国市场上其他国家的产品处于绝对比较劣势，导致 RRCA 远小于 1。因此，在具体计算时，RRCA 指数需要和其他指标结合使用，以准确地判断两国的比较优势。

根据上述分析，本文计算了1993年、2001年和2010年三个年度的中韩双边贸易的RTSC指数和RRCA指数。计算结果见附表1、附表2和附表3。根据计算结果，可以得到如下结论：

1. 中国农产品相对韩国产品一直具有绝对优势，但在韩国本土市场中的占有率已经明显下降

自然资源禀赋是构成资源型产品贸易比较优势的根本要素。相对韩国而言，中国耕地和大多数矿产资源储量远多于韩国，加之中国劳动力成本低廉，因此中国资源型产品的比较优势明显。1993年、2001年、2010年三个年份，在绝大多数资源型产品中国对韩国的RTSC指数均明显大于0，且变化不大（只有在非金属矿物的RTSC指数由1993年的0.87下降到2010年的0.56）。其中，谷物、蔬菜、含油子仁等产品中国对韩国的RTSC指数均显著大于0.95，意味着在这些产品贸易基本呈现中国单边出口的格局。从RRCA指数看，大多数农产品和矿产品相关领域，三个年份中国对韩国的RRCA指数均大于1，而韩国对中国的RRCA指数则普遍小于1。因此，可以认为在相当一部分农产品和矿产品的双边贸易中，中国相对韩国长期具有明显的比较优势。

然而，相较美国、澳大利亚等农矿产品大国，中国在初级产品的资源禀赋有明显差距。加之随着中国工业化迅速推进，中国对农产品和矿产品的需求量大幅度增长，部分资源型产品中国已经由净出口国转变为净进口国，在韩国市场中的比较优势已大幅度减弱，有的产品甚至已经转为比较劣势。从RRCA指数的测算结果可以看出，2010年在食用水果、咖啡茶叶和谷物等农产品双边贸易中，中国对韩国的RRCA指数、韩国对中国的RRCA指数均已远低于1，说明两国在对方市场上均无比较优势，既不存在显著的竞争关系，也不存在明显的互补关系。

2. 在纺织、服装、鞋帽等劳动密集型产品领域，中国相对韩国产品的比较优势显著上升，目前已呈现单边出口态势

如非针织服装（HS 体系下第 62 类），中国对韩国的 RTSC 指数从 1993 年的 0.57 上升到 2010 年的 0.90；鞋帽（HS 体系下第 64 类）的 RTSC 指数则由 1993 年的 0.18 上升到 2010 年的 0.77；玩具类产品的 RTSC 指数由 1993 年的 0.04 上升到 2010 年的 0.95。纺织、服装、鞋帽等劳动密集型产品，中国的 RRCA 指数均显著大于 1，而韩国对中国的 RRCA 指数均显著小于 1。

这三个年份中国在纺织、服装、鞋帽等劳动密集型产品的 RTSC 指数均显著大于 0，且呈现明显上升趋势。从 RRCA 指数看也能得到类似的结论。这些指标的变化趋势说明，相对韩国同类产品，中国的比较优势一直呈现显著上升趋势。GL 指数的测算结果表明，1993 年中韩这几类产品领域的 GL 指数均在 0.5 左右，产业内贸易的特征较为明显，而 2010 年则接近于零，近乎中国单边出口的态势。

3. 在重化工产品领域，韩国对中国的比较优势已较两国建交初期有一定削弱

统计数据表明，中韩建交初期，在各类化工产品，如有机化学品（HS 代码为 29）、鞣料（HS 代码为 24）、肥皂与活性剂（HS 代码为 36）、蛋白类物质（HS 代码为 37）、塑料制品（HS 代码为 39）、橡胶制品（HS 代码为 40）、纸制品（HS 代码为 50）以及钢铁类产品（HS 代码为 74 和 75）等重工业产品的贸易中，中国对韩国的 RTSC 指数均显著为负值，说明当时韩国在这些产品的双边贸易中具有一定的比较优势。RRCA 指数的分析结果也表明，1993 年韩国有机化学品的 RRCA 为 2.81，塑料及其制品为 2.32，纸制品为 1.88，化纤为 2.38，而当时中国这几类产品的 RRCA 指数均显著小于 1，说明当时韩国在这些领域的比较优势较为明显。那时，重化工产品是中国对韩国贸易逆差的主体。1993 年钢铁和塑料两类商品中国对韩国的贸易逆差高达 15. 5 亿美元，占中国对韩贸易总逆差的 60% 以上。

然而，从 RTSC 指数和 RRCA 指数的走势看，目前韩国对中国这种比较优势已经有所减弱，中韩两国在重化工产品贸易的失衡程度日益减轻。如鞣料和燃料的 RTSC 由 -0. 42 升至 -0. 21；肥皂和活性剂由 -0. 88 升至 -0. 45；钢铁由 -0. 81 升到 0. 19；塑料制品由 -0. 94 上升到 -0. 81；钢铁制品由 -0. 54 升至 0. 37。RRCA 指数的分析也能说明这一趋势。相关产品韩国对中国的 RRCA 指数呈现明显下降趋势，有机化学品由 1993 年的 2. 81 降至 2010 年的 1. 92，塑料及其制品由 1993 年的 2. 32 降至 2010 年的 1. 69，纸制品由 1. 88 降至 0. 99，化纤由 2. 38 降至 1. 83；同时，虽然大部分重化工产品中国对韩国的 RRCA 仍然小于 1，但也呈现明显上升趋势，如鞣料由 0. 79 上升到 0. 93，肥皂与活性剂由 0. 02 上升到 0. 43，塑料由 0. 29 上升到 0. 67，钢铁产品已经出现了中国对韩国的 RRCA 和韩国对中国的 RRCA 均大于 1 的情况，表明两国在重化工产品的产业内贸易程度已经较两国建交初期有所提高。

为准确评价两国重化工行业的贸易状况，本文基于 HS6 位码的数据，对钢铁和有机化工两大产业中排名靠前的几类产品进行分析。

在钢铁行业，2010 年中国从韩国进口量排名前五的钢铁产品（以 HS6 位码计算）中，有 4 种是碳素钢，共占中国从韩国进口钢铁产品总量的 40%；而中国对韩国出口产品中，多数为硅锰钢、高速钢等合金钢以及高强度的热轧卷材，这些产品所占比重也高达 40% 左右。这说明中韩两国钢铁产业已由过去的中国基本单边进口发展到产业内贸易，中国主要生产合金钢等产品，韩国则生产非合金钢等产品。

在有机化工行业中，中国从韩国进口的主要是乙烯、丙烯、苯乙烯、对二甲苯和对苯二甲酸等产品，其中对苯二甲酸的主要进口来源地就是韩国；中国对韩国出口的主要是二苯胺、1，3-丁二烯、精河草（一种农药）、庆大霉素和对二甲苯等产品。这说明两国有机化工产业内贸易比较明显，分别在不同的化学品上具有比较优势。

4. 在机械交通设备领域，韩国的比较优势减弱，在轨道交通设备、船舶设备等甚至已处于比较劣势

机械交通设备包括如下几类：HS 代码为 84 的核反应堆、锅炉、机器及零件，HS 代码为 86 的火车、电车及相关设备零件，HS 代码为 87 的其他车辆与零件，HS 代码为 88 的航空器设备与零件，HS 代码为 89 的船舶。这几大类产品中，除 HS 代码为 87 的其他车辆和零件这一大类中韩双边贸易 RTSC 指数由 1992 年的 0.03 下降到 2010 年的 -0.56，中国的比较劣势程度有所上升外，其他各类产品中国的比较优势均明显上升。中韩核反应堆、锅炉、机器及零件的双边 RTSC 指数由 1992 年的 -0.68 上升到 -0.25；火车、电车及相关设备零件由 0.10 上升到 0.92；航空器及零件从 -1 上升到 0.7，船舶则从 -0.8 上升到 0.81。RRCA 指数分析的结果也表明，1992 年中国对韩国各项机械交通设备的 RRCA 指数均小于 1，而 2010 年在核反应堆、锅炉、机器及零件、火车、电车及零件和船舶这三大类商品中，中国对韩国的 RRCA 指数均大于 1；2010 年韩国在这三类产品对中国的 RRCA 指数则分别为 0.88，0.03 和 1.22。这说明在大多数机械交通设备领域，韩国对中国的比较优势日益减弱，由两国建交之初中国的单向进口逐渐转变为两国产业内贸易，其中，船舶、轨道交通设备等中国已经由比较劣势转为比较优势。

5. 电子产品和精密仪器设备两大类是中国对韩贸易逆差的主要来源，中国进口方式以加工贸易为主

电子产品和精密仪器设备在两国贸易中的比重上升非常迅

速，2010 年已占到中国从韩国进口额的一半以上，也占中国对韩国出口总额的 1/3 左右。目前，这两大类产品不仅是中韩双边贸易的主体，也成为中国对韩国贸易逆差的主要来源。2010 年这两类产品中韩贸易逆差分别高达 289 亿美元和 226 亿美元，合计占中国对韩国贸易总逆差的 3/4。

从 RRCA 的计算结果看，两国在电机、电视和电子产品及零件（HS 代码为 85）的 RRCA 指数均大于 1，说明两国在电子产品领域已开始呈现出产业内贸易的格局；在精密仪器设备方面，中国对韩国的 RTSC 指数一直为负值，且在国际金融危机前整体呈现下降趋势，说明韩国的比较优势仍较为明显，基本仍呈现出中国单向进口的格局。

但中韩两国在电子类产品、精密仪器类的产业内贸易和两国在重化工业的产业内贸易的性质有所不同。本文基于 HS6 位码的数据，对电子产业和精密仪器设备中双边贸易排名靠前的几类产品进行分析。

中国从韩国进口排名前列的电子类产品主要是印刷电路、通信设备零件、其他集成电路、用作控制器的集成电路以及用作存储器的集成电路等零部件，而向韩国出口排名前列的主要是电源、柴油机线束、卫星电视解码器、手机和数字式程控电话等，大部分是由进口零部件组装的最终产品。在精密仪器设备中，偏振镜片、显微镜片等光学设备零部件占据双边贸易的主要位置，且中国从韩国进口的规模一般是中国对韩国出口规模的十倍以上，表明在这一领域目前基本上呈现中国单边进口的格局。

因此，在这两大类商品双边贸易中，加工贸易方式占据重要位置。2008 年中国从韩国加工贸易进口的电子类产品（HS 代码为 85）和光学、照相等医疗设备（HS 代码为 90）分别达 274.9 亿美元和 101.7 亿美元，占中国从韩国进口的电子和精密仪器大类产品的比重分别为 73% 和 52%，均显著高于平均水平。

需要说明的是，近年来，随着韩国逐渐将价值较高的中间产品制造环节转移到中国，中韩电子产品双边贸易中也开始出现产业内分工情况。如中国对韩国出口的电子类产品中，集成电路所占比重日益上升，目前已经居于前列。

（三）中韩长期存在贸易失衡现象的深层次原因分析

1. 要素禀赋和市场规模的差异是贸易失衡的根本因素

总体上看，中国在自然资源和中低端人力资源对韩国具有明显要素禀赋优势，而韩国在部分产业技术和人力资本质量上具有要素禀赋优势。这种要素禀赋的差异使得中国在资源型产品和中低技术、劳动密集型产品及加工组装环节具有比较优势，韩国则在一些高技术含量、高附加值的工业制成品和关键零部件具有比较优势。但两国要素禀赋差异带来的不同比较优势并不必然造成双边贸易失衡，更重要的因素在于中韩两国市场规模的巨大反差。中国 GDP 接近韩国的 6 倍，国际市场规模远大于韩国。因此，中国对韩国具有比较优势的产品，因韩国国内市场规模偏小，进口需求有限。如 2010 年韩国从中国进口的非针织服装（HS 体系下第 62 类）为 14.6 亿美元，占韩国该类产品总进口量的 50% 以上，但仅占中国该类产品出口量的 2.6%。因此，中国为韩国产品提供的市场空间远高于韩国为中国产品所提供的市场空间。

2. 两国经济发展阶段不同是对韩贸易逆差的重要原因

近 20 年来中国处在工业化和城镇化快速推进的阶段，对各种能源、原材料和技术装备的需求量大幅度增长，但经济发展方式尚未实现根本性转变，资源环境约束明显强化，自主创新能力不足，这使得中国必须严格控制资源性产品出口，可能大量输出的主要还是劳动密集型的轻纺产品和中低技术机电产品。而韩国工业化城镇化已经基本完成，加之其国内市场容量有限，对中国劳动密集型和中低技术产品的需求量趋于稳定，高技术、高附加值产品出口已具有较强竞争力。中韩两国这种因发展阶段不同带来的进出口结构差异，也是形成中国对韩国贸易逆差的一个重要原因。

3. 加工贸易是近年来中韩贸易逆差迅速增长的最主要推动力

前文的分析表明，在双边贸易的最主要领域——电子产品和精密仪器设备领域，加工贸易是中韩两国贸易的主要方式。这一贸易方式与跨国公司主导的全球生产经营体系有着紧密的联系。在20世纪中后期，加工贸易就是亚洲“四小龙”实施出口导向战略、成功实现经济起飞的重要路径，并为其他发展中国家仿效。进入21世纪以来，随着全球化不断深入发展和信息网络技术更加成熟，生产要素在各国之间流动的障碍日益减少，跨国公司通过跨国投资将价值链不同环节配置在具有不同比较优势的不同国家，并以加工贸易方式将跨国公司的内部交易置于国际贸易中，以实现效率和利润最大化。这种做法已由传统劳动密集型的轻纺工业扩展至高技术产业领域，在IT等模块化程度较高的产业表现得尤为明显。由此，国际产业分工不断深化，由产业间分工日益向产业内分工乃至产品内不同生产经营环节的分工推进。在东亚地区，由于日本、韩国在研发和高端零部件制造领域具有明显的比较优势，中国、东南亚在加工组装环节具有明显的比较优势，因此形成了日韩生产高端零部件、中国和东盟等国进行加工组装，欧美发达国家作为最终市场的分工格局，中国也借此迅速成长为“世界工厂”。

在这一进程中，韩国通过对华直接投资的大幅度增长，将其优势产品生产工序中的劳动密集型环节转移到中国，在本国保留资本和技术密集型环节，形成了韩国电子等行业向中国出口中间产品，中国经加工组装后再销往欧美发达国家的贸易格局。韩国对华出口和投资成为东亚生产网络的重要组成部分之一，导致中国从韩国以加工贸易的方式进口大量零部件产品。从图7中可以看出，韩国对华投资流量的走势和中国从韩国加工贸易进口增长率的走势基本一致。

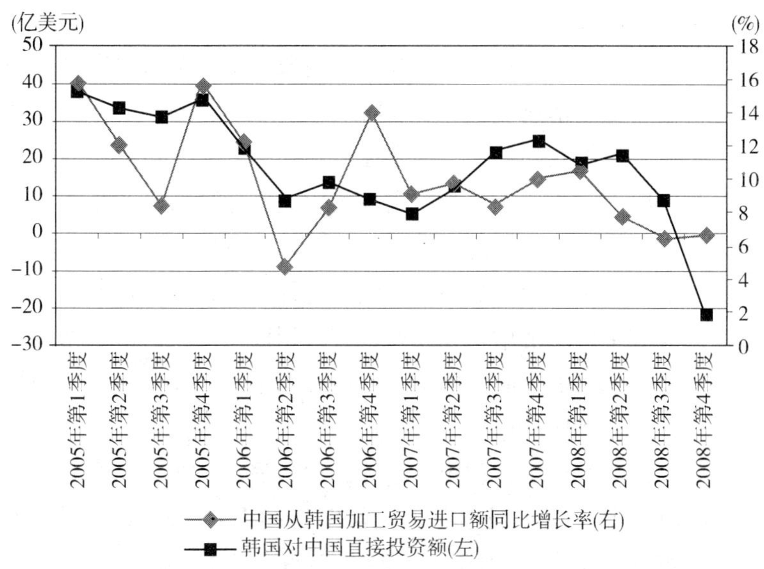

图7　中国从韩国加工贸易进口和韩国对华投资流量对比

资料来源：根据国研网数据库提供数据测算。

中国从韩国加工贸易进口零部件所生产的制成品主要销往欧美发达国家。根据联合国贸易数据库统计，2010年中国从韩国进口的零部件占中国从韩国总进口额的比重高达41%。张岸元（2011）的研究表明，韩资企业在中国当地销售的占比为29%，出口的占比则高达71%，但很少返销韩国，主要是销往欧美。这种贸易格局使韩国对欧美的贸易顺差转移为韩国对中国的贸易顺差和中国对欧美发达国家的顺差。因此，2001年以来，中国同欧美发达国家的贸易失衡程度和韩国与欧美发达国家的贸易失衡程度基本上呈现反向变动趋势。由于大部分制成品最终销往欧美市场，因此中国对韩国的加工贸易出口额远小于中国从韩国的加工贸易进口额，产生了大量的贸易逆差。2008年中国对韩国加工贸易逆差高达270亿美元，占当年中国对韩贸易逆差的70%。如剔除加工贸易，2008年中国对韩贸易逆差仅为112亿美元。

因此，应理性看待中韩贸易失衡现象。这种贸易失衡虽然有两国要素禀赋、市场规模、发展阶段差异等因素的影响，更大程度上是中韩两国共同参与经济全球化和国际分工深化的结果。加工贸易实际上是将原来由韩国出口到欧美发达国家的产品转移到中国实现间接出口，由此导致的中国对韩国贸易逆差伴随着中国对欧美发达国家的贸易顺差。因此，这种贸易失衡在现阶段总体上对韩国和中国经济增长和就业均有着积极作用。但由于韩国主要从事高附加值的中间产品生产，而中国主要从事低附加值的加工组装，因此韩国从中获取的利益要明显大于中国。

4. 汇率因素对中韩贸易失衡的影响有限。

2005年以来，人民币对韩元汇率持续上升，2012年1月人民币对韩元汇率为1：180，较2005年初上升了50%左右。人民币汇率的上升对中韩贸易的影响具有两面性：一方面，人民币汇率的上升相当于降低了进口成本，对增加从韩国的进口，特别是用于中国国内最终产品生产的进口品有一定的积极作用；另一方面，人民币汇率上升也对韩资加工贸易企业对欧美发达国家的出口有一定负面影响，从而不利于韩资加工贸易企业进口零部件。因此，不应高估汇率因素对中韩贸易失衡的作用。

5. 韩国社会文化因素增加了外国产品进入韩国市场的竞争难度

韩国加入WTO之后，逐渐按照WTO规则推进贸易自由化，目前制成品的关税税率已经大幅度降低（如汽车的关税税率降为8%），且对签订自贸区的国家（如美国）大部分产品均实施零关税，只是对农产品等部分敏感产品仍然实行一定的保护政策。

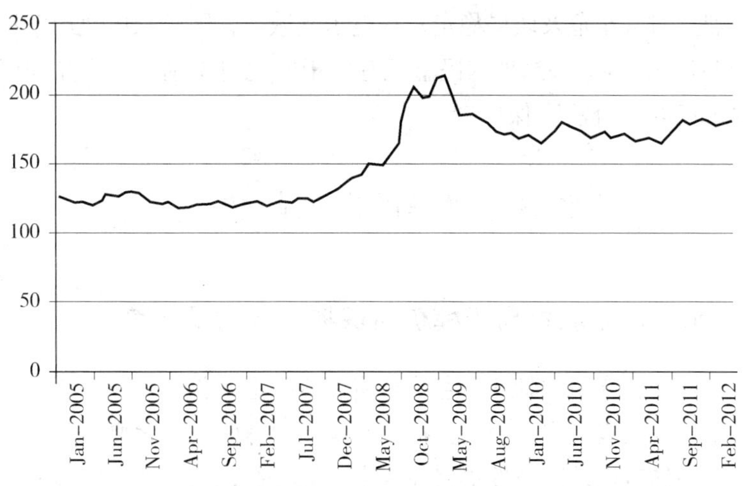

图 8　2005 年以来人民币对韩元汇率变化情况

资料来源：Pacific exchange rate 数据库。

然而，由于历史文化原因，韩国民众对本国产品有很强的民族情结，即便外国产品在品质或价格上更胜一筹，大多数消费者更倾向于购买本国产品。韩国政府也往往主动或被动地借助媒体舆论和民众情绪来对其竞争力较弱的企业、产品实施保护政策。如根据韩国汽车工业协会提供的数据，在汽车行业，2011 年进口车在韩国市场销售份额仅为 5% 左右；而在家电等领域，国外品牌占比也非常低。一般认为，外国产品难以进入韩国国内市场的原因有如下几个方面：一是本国品牌产品竞争力较强，其质量不亚于欧美日发达国家的产品，而且价格相对较低。《中国汽车报》2002 年 2 月 27 日的一篇文章称，韩国人更愿意采用价格相对便宜，质量不亚于日本车的韩国车。二是韩国对进口产品仍征收一定的关税、消费税，对大米等农产品仍采取关税配额等保护措施，导致进口产品和国内产品存在一定的价格差距。三是韩国政府和社会积极推动民众使用本国产品。如在农产品领域，韩国积极鼓励吃本国产的牛肉和大米，开放农产品市场会遭到民众的激烈反对甚至危及政局稳定；在电子领域，韩国民众以使用三星和 LG 手机为荣。这种国民意识有助于实现对本国品牌产品和国内市场的“合法”保护。

三、未来中韩贸易的发展趋势

（一）中韩贸易规模仍将保持稳定增长趋势

首先，未来中韩两国经济均将保持稳定增长趋势，为两国贸易稳定发展提供强有力的支撑。其次，中韩两国要素禀赋和产业结构差异带来的互补性仍将在未来长期存在，从而推动两国的产业间、产业内和产品内贸易不断发展。最后，中韩自贸区建设如顺利实现，将进一步降低两国贸易壁垒，大幅提高贸易便利化程度，对两国贸易发展发挥显著的积极作用。上述因素均将推动中韩贸易规模进一步增长。

（二）垂直分工型产业内贸易在中韩双边贸易中的占比将有所上升，产品内贸易的比重可能有所下降

国际贸易理论表明，当两国要素禀赋差异缩小和发展水平趋近时，两国之间的贸易将由产业间贸易为主转为产业内贸易为主，中韩两国过去 20 年的贸易发展史也证明了这一点，随着未来中韩两国要素禀赋差异的不断缩小，中韩双边贸易的产业内贸易占比将进一步上升。

然而，中韩两国的产业内贸易未来一段时期可能将更多采取垂直分工型产业内贸易的形式，而非产品内贸易。采取垂直分工型产业内贸易是因为两国在同类产业均具备生产能力，但企业技术水平仍有一定差距，技术水平较高的一方更多从事该产业的高端产品生产，技术水平相对较低的一方更多从事中低端产品生

产。而产品内贸易则是两国分处同一产品价值链的不同环节，未来中国在全球价值链中的位置将逐步上升，其产品与韩国同类产品将更多处于价值链的同一环节，因而产品内贸易占比将有所下降。

（三）中韩贸易失衡仍将持续一段时间，但失衡程度可能逐步降低

整体上看，导致中韩双边贸易失衡主要因素在未来一段时期仍将持续存在。韩国仍可能在一些产业领域保持相对的技术优势，中国经济持续平稳较快增长和扩大内需政策将进一步扩大国内市场规模，工业化、城镇化仍将进一步推进，对韩国比较优势较强的精密仪器设备、塑料、化工原材料等产品的进口需求也将持续增加，中国国内特别是中西部地区对发展加工贸易的韩资企业仍具有较强吸引力，人民币汇率继续升值也有利于韩国对中国出口。这些都决定了中韩贸易失衡仍将持续较长时期。

然而，必须看到，在大部分制造业领域，两国要素禀赋和发展水平的差距已明显减小，随着中国产业技术水平的不断提升，中国和韩国的产业内贸易将逐渐成为主要贸易方式，有利于缓解两国双边贸易失衡；同时，随着中国在加工组装环节的劳动力成本优势逐渐减弱，加工贸易在中韩双边贸易中的占比将有所下降，对双边贸易失衡的推动作用也将减弱。因此，中韩双边贸易失衡程度未来有可能逐步降低。

（四）中韩贸易的商品结构仍将不断升级，高新技术产品在中韩贸易中的比重将进一步上升

中国随着国民收入水平提高和资源要素成本上升，未来在劳动密集型产业产品领域的比较优势相较于其他发展中国家将逐渐

削弱，而在资本、技术密集型产业、产品领域的比较优势将逐渐加强，中韩两国企业将在更高的层次上开展合作和竞争。互利合作和良性竞争都有利于推动双边贸易的发展和贸易结构的优化升级。因此，高附加值的高新产品，特别是新一代电子信息产品、生物技术产品、新能源设备、新材料、高端装备等在双边贸易中的占比将不断提升。

四、推进中韩贸易可持续发展的政策建议

（一）加快推进中韩自贸区谈判，共建互惠互利的双边贸易环境

中国已经是韩国第一大贸易伙伴，韩国也是中国第六大贸易伙伴（前五位是美国、欧盟、日本、中国香港和东盟），且中国和韩国产业互补性较强，中韩自贸区的建设将大幅度降低两国之间的贸易壁垒，提高贸易便利化程度，对两国双边贸易投资的增长起到显著的积极作用。此外，中韩自贸区的建设还可促进中日韩自贸区和东盟与中日韩“10+3”自贸区的谈判，有利于中韩两国共同提高在东亚区域经济一体化中的地位，并增强两国在全球贸易中的话语权。

（二）共同落实双边投资协定，实施互惠互利的投资促进政策

虽然中国劳动力成本上升是必然趋势，但中西部地区在今后一段时期仍可保持劳动力成本相对较低的优势。尤其是中国拥有世界最大规模的完整的教育体系，高等教育已进入大众化阶段，迅速积累的人力资本将形成更高层次的要素禀赋优势。同时，中国已具有良好的基础设施网络和体系完整、实力雄厚的产业基

础，现实容量和增长潜力都十分巨大的国内市场，不断深化改革开放在转变经济发展方式和经济结构战略性调整过程中将为外商提供更广阔的投资空间和新的投资机会。今后韩国的跨国公司可以通过对华投资将技术、资本密集型产业的中间产品生产和研发环节向中国转移，将明显提高其生产经营效率；中国中西部地区仍然具备承接劳动密集型加工组装环节的条件。另一方面，中国已在实施"走出去"战略，对外投资能力不断增强。中国汽车、通信等行业对韩投资能够有效地整合双方在市场、技术、产业基础等方面的优势，进一步提升双方在全球市场的竞争力。因此，两国应共同落实双边投资协定，减少两国对对方投资企业的非国民待遇，提高相关政策的透明度，并在跨境支付、电子商务等方面为双方互惠投资提供支持。

（三）加强在标准化建设、检验检疫等方面的合作，推进双边贸易便利化

中韩两国在海关管理、标准化建设、检验检疫等领域加强合作，能够有效地降低交易成本，减少中国相关产品因标准差异、质量问题被召回的可能性；还可以协商在中韩两地设立产业合作区，实现区域间的检验检疫互认，推进双边贸易便利化。

（四）加强沟通协调，化解贸易争端

中韩两国在全球价值链中分处不同位置，经济互补性远大于竞争性，建交 20 年来发生的贸易争端较少，两国贸易迅速发展。然而，未来两国可能有较多产品在价值链中的位置重合，竞争程度将会增强，两国企业间出现贸易争端的可能性将大于以往。两国政府应进一步加强沟通协调，认真研究并落实适当的贸易争端解决机制，共同化解贸易争端，推动两国双边贸易持续健康发展。

（五）共同创造良好的国内市场环境，支持双方知名品牌产品进入对方市场进行公平竞争

中韩建交20年来，两国经济均保持高速发展势头，各自产生了联想、华为、三星、LG等一批国际知名企业和产品品牌。两国均应着力创造良好的国内市场环境，支持双方产品顺利进入对方市场进行公平竞争，倡导理性、包容、开放的消费文化，以利于增进两国消费者的福利。

（李大伟，国家发改委对外经济研究所助理研究员）

参考文献：

1. 小岛清．对外贸易论［M］．天津：南开大学出版社，1987.

2. Mundell，R. A.，International Trade and Factor Mobility［J］．American Economic Review，47（3），321－335，1957.

3. Marchant，M. A.，Cornell，D. N.，& Koo，W.，International Trade and Foreign Direct Investment：Substitutes or Complements?［J］．Journal of Agricultural and Applied Economics，34（2），289－302，2002.

4. LiLi Pan，A study on the Possible Causes of China's Trade Deficits with South Korea after Their Establishment of Diplomatic Relations［J］．Asia Social Science，5（11），2009.

5. Grubel，H. and Lloyd，P，Intra－industry trade：The theory and measurement of international trade in differentiated products［M］．New York，John Wiley & Sons，1975.

6. 蒲华林．产品内国际分工与贸易对中国贸易平衡的影响分析［J］．国际贸易问题，2011（4）．

7. 张岸元．近年来在华韩资企业发展相关热点问题讨论．载于《战略合作伙伴时代下的中韩投资合作》［M］．北京：中国计划出版社，2011.

附表 1　中国对韩国的 RTSC 指数

商品类别	HS 大类	1993 年	2001 年	2010 年
活动物	1	0.951	-0.065	1.000
肉及食用杂碎	2	0.976	0.878	-1.000
鱼类、贝壳等水生动物	3	0.846	0.861	0.761
乳、蛋、蜂蜜等	4	0.944	0.965	0.948
其他动物产品	5	0.455	0.515	0.688
活植物、插花和鳞茎	6	0.310	0.143	0.782
食用蔬菜	7	0.987	0.994	0.979
食用水果	8	0.860	0.539	0.348
咖啡、茶叶及调味品	9	0.977	0.954	0.963
谷物	10	1.000	1.000	0.996
制粉工业产品（面粉等）以及其他淀粉类产品	11	0.894	0.784	0.932
含油子仁及果实、药用植物	12	0.946	0.883	0.919
虫胶、树脂等	13	0.661	0.914	0.815
编结用植物材料等	14	0.976	0.699	0.954
动植物油脂和蜡	15	0.472	0.389	0.691
肉、鱼、贝壳等制品	16	0.999	0.947	0.969
糖及相关产品	17	-0.790	-0.586	-0.224
可可及可可制品	18	0.502	0.703	0.627
谷物制品（包括点心）	19	0.943	0.811	0.586
蔬菜水果制品	20	0.982	0.987	0.929

续表

商品类别	HS 大类	1993 年	2001 年	2010 年
杂项食品	21	0.235	0.787	0.627
饮料、酒和醋	22	0.920	0.861	0.360
食品工业残渣及废料	23	0.989	0.937	0.972
烟草及代用品	24	1.000	0.989	0.606
盐类、硫磺、石膏、水泥等非金属矿物	25	0.876	0.763	0.565
矿砂、矿渣及灰	26	0.468	0.687	0.509
矿物燃料、矿物油、沥青和矿物蜡	27	0.171	-0.229	-0.598
无机化学品	28	0.681	0.437	0.149
有机化学品	29	-0.562	-0.742	-0.651
药品	30	0.502	0.063	0.179
肥料	31	0.972	0.867	0.995
鞣料、染料等	32	-0.423	-0.269	-0.215
化妆品、精油	33	0.293	0.126	-0.370
肥皂、活性剂、蜡烛等	34	-0.888	-0.778	-0.457
蛋白类物质	35	-0.898	-0.692	-0.469
炸药、火柴等	36	0.249	0.970	0.988
照相及电影用品	37	0.682	0.458	0.109
杂项化学用品	38	-0.088	-0.365	-0.113
塑料及其制品	39	-0.943	-0.936	-0.817
橡胶及其制品	40	-0.237	-0.649	-0.652
生皮、皮革	41	-0.959	-0.796	-0.898
皮革制品（如箱包）	42	0.664	0.884	0.836
人造革制品	43	0.038	0.250	0.917
木制品、木炭	44	0.448	0.585	0.963
软木及软木制品	45	0.878	-0.045	0.829

续表

商品类别	HS 大类	1993 年	2001 年	2010 年
编结制品	46	0.988	0.911	0.997
纸浆、回收纸和纸板	47	0.027	0.615	-0.470
纸制品	48	-0.954	-0.894	-0.230
书籍、报纸等	49	-0.818	-0.851	0.103
蚕丝	50	0.008	0.662	0.784
羊毛等动物纤维及毛纺织物	51	-0.178	0.063	0.648
棉花	52	0.421	0.150	0.533
其他纺织纤维	53	0.645	0.818	0.927
化纤长丝	54	-0.721	-0.765	-0.283
化纤短纤	55	-0.153	-0.221	-0.012
毡、特种纱线、绳等	56	-0.785	-0.524	0.184
地毯	57	0.884	-0.014	0.332
特种机织物、簇绒织物	58	-0.663	-0.591	-0.566
涂布等工业用纺织用品	59	-0.935	-0.887	-0.414
针织物及钩编织物	60	-0.851	-0.926	-0.718
针织物、钩编织物及衣着附件	61	0.882	0.955	0.903
非针织和钩编服装及附件	62	0.578	0.921	0.907
其他纺织制成品	63	0.895	0.842	0.866
鞋靴、护腿等	64	0.184	0.173	0.775
帽类及零件	65	0.853	0.789	0.818
雨伞、手杖、马鞭等及零件	66	-0.193	0.993	0.999
羽绒制品、人造花等	67	0.197	0.007	0.559
石膏、云母等类似制成品	68	0.287	0.571	0.768
陶瓷制品	69	0.593	0.837	0.904
玻璃制品	70	0.115	-0.410	0.368

续表

商品类别	HS大类	1993年	2001年	2010年
天然或养殖珍珠、贵金属、宝石	71	0.491	0.018	0.076
钢铁	72	-0.814	-0.639	0.190
钢铁制品	73	-0.549	-0.040	0.371
铜及铜制品	74	-0.965	-0.687	-0.705
镍及镍制品	75	-1.000	0.070	0.888
铝及铝制品	76	-0.096	-0.151	-0.140
铅及铅制品	78	0.747	0.853	-0.121
锌及锌制品	79	0.856	0.758	-0.853
锡及锡制品	80	0.533	-0.653	-0.962
其他贱金属及制品	81	0.892	0.860	0.831
贱金属工具及附件	82	0.433	0.358	-0.314
贱金属杂项制品	83	-0.854	-0.628	-0.219
核反应堆、锅炉、机器及零件	84	-0.811	-0.491	-0.252
电机、电视、录音机及零件	85	-0.574	-0.370	-0.424
火车、电车及相关设备和零件	86	-0.323	0.999	0.926
其他车辆及零件	87	-0.842	-0.454	-0.558
航空器、航天器及零件	88	1.000	-0.122	0.710
船舶及浮动结构体	89	-0.990	0.228	0.810
精密仪器设备（如光学设备）	90	-0.310	-0.579	-0.771
钟表及零件	91	0.017	0.193	0.539
乐器及零件	92	0.668	0.241	0.388
武器相关产品	93	1.000	1.000	0.997
家具类产品	94	0.462	0.714	0.127
玩具、游戏品、运动用品	95	0.048	0.530	0.948
杂项制品	96	-0.339	-0.487	0.291
艺术品、收藏品和古物	97	0.981	0.588	0.693

资料来源：根据UNCOMTRADE数据库计算。

附表 2　中国对韩国的 RRCA 指数

商品类别	HS 大类	1993 年	2001 年	2010 年
活动物	1	1. 0081	0. 0790	0. 4094
肉及食用杂碎	2	0. 1027	0. 1628	0. 0000
鱼类、贝壳等水生动物	3	2. 1665	4. 5444	2. 4580
乳、蛋、蜂蜜等	4	0. 8958	0. 1910	0. 0594
其他动物产品	5	1. 9017	2. 6517	1. 7426
活植物、插花和鳞茎	6	0. 5558	0. 6786	2. 1611
食用蔬菜	7	10. 3407	7. 1265	5. 9465
食用水果	8	1. 8869	0. 5387	0. 2467
咖啡、茶叶及调味品	9	0. 8101	2. 5684	0. 4846
谷物	10	8. 8602	2. 7962	0. 2821
制粉工业产品（面粉等）以及其他淀粉类产品	11	4. 1750	3. 2623	1. 4204
含油子仁及果实、药用植物	12	3. 3466	2. 0666	1. 2084
虫胶、树脂等	13	0. 6365	0. 7709	1. 7845
编结用植物材料等	14	14. 2827	1. 1309	0. 1869
动植物油脂和蜡	15	0. 2838	0. 2890	0. 1825
肉、鱼、贝壳等制品	16	3. 7010	2. 3288	3. 5347
糖及相关产品	17	0. 0697	0. 1809	0. 3570
可可及可可制品	18	0. 1769	0. 1865	0. 0565
谷物制品（包括点心）	19	5. 1888	3. 0265	1. 6948
蔬菜水果制品	20	1. 6899	1. 9302	2. 8244
杂项食品	21	0. 4447	1. 3954	0. 8849
饮料、酒和醋	22	4. 0848	0. 9291	0. 5925
食品工业残渣及废料	23	5. 9370	1. 3536	0. 8925
烟草及代用品	24	1. 2149	0. 3784	0. 3751

续表

商品类别	HS 大类	1993 年	2001 年	2010 年
盐类、硫磺、石膏、水泥等非金属矿物	25	2.6099	3.7407	1.9560
矿砂、矿渣及灰	26	0.1242	0.0603	0.0957
矿物燃料、矿物油、沥青和矿物蜡	27	0.9276	0.4000	0.0994
无机化学品	28	1.9010	1.9122	1.6269
有机化学品	29	0.6630	0.7768	0.9923
药品	30	2.9343	0.2235	0.2416
肥料	31	0.2218	1.8278	1.7929
鞣料、染料等	32	0.7908	1.2894	0.9384
化妆品、精油	33	0.0597	0.1121	0.1360
肥皂、活性剂、蜡烛等	34	0.0271	0.1350	0.4444
蛋白类物质	35	0.0429	0.4835	0.9344
炸药、火柴等	36	0.9990	2.6844	1.0785
照相及电影用品	37	0.0797	0.2352	0.7111
杂项化学用品	38	0.3389	0.4353	0.6470
塑料及其制品	39	0.2988	0.3960	0.6735
橡胶及其制品	40	0.5148	0.5786	0.5637
生皮、皮革	41	0.1536	0.8069	0.1642
皮革制品（如箱包）	42	46.8554	4.9303	2.3469
人造革制品	43	0.4937	1.9114	2.9423
木制品、木炭	44	0.4955	1.1586	0.8834
软木及软木制品	45	0.5575	0.4204	0.5797
编结制品	46	14.6370	7.7437	6.3911
纸浆、回收纸和纸板	47	0.0051	0.0163	0.0647
纸制品	48	0.2016	0.6622	1.0927
书籍、报纸等	49	0.0888	0.0619	0.3653

续表

商品类别	HS 大类	1993 年	2001 年	2010 年
蚕丝	50	2. 3948	8. 3462	5. 8705
羊毛等动物纤维及毛纺织物	51	1. 1956	2. 2584	3. 5218
棉花	52	3. 6079	2. 1951	2. 0132
其他纺织纤维	53	13. 2265	10. 1492	12. 3161
化纤长丝	54	2. 1653	1. 9853	2. 7412
化纤短纤	55	9. 6049	5. 2996	2. 5117
毡、特种纱线、绳等	56	1. 0968	2. 1051	2. 5308
地毯	57	7. 1679	0. 7860	2. 9433
特种机织物、簇绒织物	58	3. 0048	8. 6394	3. 3397
涂布等工业用纺织用品	59	0. 6039	1. 6493	2. 5865
针织物及钩编织物	60	4. 8969	1. 9604	4. 7147
针织物、钩编织物及衣着附件	61	12. 9488	12. 9980	5. 8048
非针织和钩编服装及附件	62	15. 7059	10. 2467	3. 2161
其他纺织制成品	63	15. 6232	6. 9561	4. 5042
鞋靴、护腿等	64	8. 5942	6. 7292	2. 6381
帽类及零件	65	11. 3117	6. 1012	3. 6986
雨伞、手杖、马鞭等及零件	66	2. 9347	3. 7256	7. 6988
羽绒制品、人造花等	67	6. 9309	6. 4931	5. 6353
石膏、云母等类似制成品	68	0. 5233	2. 9931	3. 9556
陶瓷制品	69	1. 1251	2. 1131	3. 0240
玻璃制品	70	0. 8871	1. 0716	0. 8085
天然或养殖珍珠、贵金属、宝石	71	0. 2344	0. 1804	0. 1416
钢铁	72	0. 9091	0. 9068	1. 5343
钢铁制品	73	0. 9435	1. 5631	2. 3630

续表

商品类别	HS大类	1993年	2001年	2010年
铜及铜制品	74	0.0157	0.5648	0.4257
镍及镍制品	75	0.0000	0.0543	1.8930
铝及铝制品	76	0.4834	1.0024	0.8430
铅及铅制品	78	2.1449	7.4043	0.1497
锌及锌制品	79	5.2472	10.5006	0.6891
锡及锡制品	80	0.8843	0.4069	0.0135
其他贱金属及制品	81	1.2339	2.0675	1.7067
贱金属工具及附件	82	0.7032	0.9888	1.6375
贱金属杂项制品	83	0.3937	1.2714	1.8794
核反应堆、锅炉、机器及零件	84	0.1180	0.5035	1.1545
电机、电视、录音机及零件	85	0.3988	0.9693	1.9554
火车、电车及相关设备和零件	86	0.1994	18.8127	6.4125
其他车辆及零件	87	0.1125	0.3991	0.8659
航空器、航天器及零件	88	0.0007	0.0188	0.1273
船舶及浮动结构体	89	0.0023	0.4367	3.5788
精密仪器设备（如光学设备）	90	0.1004	0.2263	1.2254
钟表及零件	91	0.7502	0.6243	0.2485
乐器及零件	92	1.4397	2.0583	1.6261
武器相关产品	93	0.0093	0.0166	0.0027
家具类产品	94	2.0243	1.8364	3.0839
玩具、游戏品、运动用品	95	1.7343	2.1719	2.2294
杂项制品	96	2.0268	1.6599	2.0510
艺术品、收藏品和古物	97	0.1146	0.1215	0.0182

资料来源：根据UNCOMTRADE数据库计算。

附表 3　韩国对中国的 RRCA 指数

商品类别	HS 大类	1993 年	2001 年	2010 年
活动物	1	0.017	0.056	0.000
肉及食用杂碎	2	0.005	0.014	0.001
鱼类、贝壳等水生动物	3	0.154	0.345	0.346
乳、蛋、蜂蜜等	4	0.017	0.002	0.001
其他动物产品	5	1.669	0.379	0.185
活植物、插花和鳞茎	6	0.365	0.644	0.256
食用蔬菜	7	0.187	0.015	0.038
食用水果	8	0.240	0.095	0.075
咖啡、茶叶及调味品	9	0.042	0.289	0.044
谷物	10	0.000	0.000	0.002
制粉工业产品（面粉等）以及其他淀粉类产品	11	0.167	0.330	0.036
含油子仁及果实、药用植物	12	0.271	0.021	0.004
虫胶、树脂等	13	0.169	0.060	0.302
编结用植物材料等	14	0.034	0.034	0.001
动植物油脂和蜡	15	0.036	0.040	0.008
肉、鱼、贝壳等制品	16	0.014	0.652	0.382
糖及相关产品	17	1.147	0.807	1.041
可可及可可制品	18	0.080	0.037	0.013
谷物制品（包括点心）	19	0.218	0.453	0.217
蔬菜水果制品	20	0.070	0.038	0.234
杂项食品	21	0.531	0.324	0.410
饮料、酒和醋	22	0.237	0.152	0.178
食品工业残渣及废料	23	0.028	0.038	0.011
烟草及代用品	24	0.000	0.002	0.072

续表

商品类别	HS大类	1993年	2001年	2010年
盐类、硫磺、石膏、水泥等非金属矿物	25	0.432	0.264	0.182
矿砂、矿渣及灰	26	0.035	0.005	0.007
矿物燃料、矿物油、沥青和矿物蜡	27	1.124	1.148	0.419
无机化学品	28	0.492	0.587	0.970
有机化学品	29	2.814	2.423	1.926
药品	30	0.615	0.133	0.132
肥料	31	0.000	0.012	0.001
鞣料、染料等	32	1.533	1.145	1.116
化妆品、精油	33	0.113	0.275	0.406
肥皂、活性剂、蜡烛等	34	0.464	0.755	0.515
蛋白类物质	35	0.646	1.327	0.992
炸药、火柴等	36	1.078	0.168	0.005
照相及电影用品	37	0.050	0.110	0.533
杂项化学用品	38	0.412	0.662	0.757
塑料及其制品	39	2.326	1.834	1.692
橡胶及其制品	40	0.624	0.918	0.721
生皮、皮革	41	4.127	2.601	0.672
皮革制品（如箱包）	42	3.848	0.755	0.403
人造革制品	43	0.493	0.840	0.098
木制品、木炭	44	0.205	0.127	0.006
软木及软木制品	45	0.011	0.066	0.006
编结制品	46	0.600	1.311	0.045
纸浆、回收纸和纸板	47	0.009	0.002	0.046
纸制品	48	1.887	1.913	0.995
书籍、报纸等	49	0.559	0.411	0.130

续表

商品类别	HS 大类	1993 年	2001 年	2010 年
蚕丝	50	2.555	1.992	1.045
羊毛等动物纤维及毛纺织物	51	0.455	0.369	0.150
棉花	52	0.782	0.650	0.166
其他纺织纤维	53	1.259	0.302	0.106
化纤长丝	54	2.380	2.570	1.830
化纤短纤	55	3.623	2.094	1.346
毡、特种纱线、绳等	56	2.527	2.228	1.004
地毯	57	0.290	0.883	1.392
特种机织物、簇绒织物	58	1.964	3.509	1.999
涂布等工业用纺织用品	59	1.676	3.583	2.163
针织物及钩编织物	60	1.778	3.196	2.104
针织物、钩编织物及衣着附件	61	0.573	0.345	0.779
非针织和钩编服装及附件	62	1.357	0.508	0.507
其他纺织制成品	63	0.674	1.270	0.827
鞋靴、护腿等	64	1.579	4.138	0.614
帽类及零件	65	0.690	2.185	1.336
雨伞、手杖、马鞭等及零件	66	0.032	0.023	0.105
羽绒制品、人造花等	67	2.097	2.381	0.613
石膏、云母等类似制成品	68	0.312	1.092	1.037
陶瓷制品	69	0.223	0.348	0.433
玻璃制品	70	0.646	1.348	0.411
天然或养殖珍珠、贵金属、宝石	71	0.089	0.379	0.068
钢铁	72	1.758	1.716	1.673
钢铁制品	73	0.893	0.884	1.294
铜及铜制品	74	0.392	0.828	0.524

续表

商 品 类 别	HS 大类	1993 年	2001 年	2010 年
镍及镍制品	75	0. 108	0. 048	0. 043
铝及铝制品	76	0. 817	1. 127	1. 070
铅及铅制品	78	1. 884	1. 830	0. 904
锌及锌制品	79	0. 179	0. 561	2. 018
锡及锡制品	80	0. 521	1. 259	0. 759
其他贱金属及制品	81	0. 149	0. 182	0. 189
贱金属工具及附件	82	0. 504	0. 316	1. 358
贱金属杂项制品	83	1. 284	1. 949	1. 378
核反应堆、锅炉、机器及零件	84	0. 429	0. 551	0. 883
电机、电视、录音机及零件	85	0. 874	1. 007	1. 565
火车、电车及相关设备和零件	86	0. 394	0. 004	0. 037
其他车辆及零件	87	0. 180	0. 391	0. 793
航空器、航天器及零件	88	0. 000	0. 003	0. 008
船舶及浮动结构体	89	0. 252	0. 136	1. 225
精密仪器设备（如光学设备）	90	0. 179	0. 448	2. 590
钟表及零件	91	0. 110	0. 083	0. 022
乐器及零件	92	0. 370	1. 069	0. 876
武器相关产品	93	0. 000	0. 000	0. 001
家具类产品	94	0. 354	0. 310	2. 266
玩具、游戏品、运动用品	95	1. 271	1. 205	0. 116
杂项制品	96	1. 627	2. 042	0. 821
艺术品、收藏品和古物	97	0. 021	0. 164	0. 039

资料来源：根据 UN COMTRADE 数据库计算。